ÉVARISTE BOUCHET

SOUVENIRS

D'ESPAGNE

Hæc olim meminisse juvabit.
(VIRGILE, Énéide.)

PARIS

A. LEMERRE, LIBRAIRE-ÉDITEUR

27-31, PASSAGE CHOISEUL, 27-31

1886

SOUVENIRS D'ESPAGNE

IMP. GEORGES JACOB, — ORLÉANS.

ÉVARISTE BOUCHET

SOUVENIRS

D'ESPAGNE

Hæc olim meminisse juvabit.
(VIRGILE, *Énéide*.)

PARIS

A. LEMERRE, LIBRAIRE-ÉDITEUR

27-31, PASSAGE CHOISEUL, 27-31

1886

AVANT-PROPOS

Ce volume a la même épigraphe que celui des Souvenirs d'Italie : *Hæc olim meminisse juvabit* ; l'un et l'autre sont, en effet, un résumé de notes et de souvenirs de voyage. Certains détails pourront paraître arides ou superflus, mais ils ont pour objet de rappeler, au retour et avec plus de précision, les choses vues et les impressions ressenties. L'Italie est très connue ; l'Espagne l'est beaucoup moins. Jusqu'à présent, elle s'est même montrée assez réfractaire à la pénétration étrangère, aussi a-t-elle conservé, en partie, l'originalité de ses mœurs et de ses costumes. L'Espagne est, en outre, riche en œuvres d'art ignorées, en monuments et en beautés pittoresques ; elle seule possède d'admirables restes de l'architecture arabe. Depuis l'établissement des chemins de fer, un voyage dans la Péninsule est devenu facile, et beaucoup de touristes l'entreprennent. Quelques mois ne suffisent sans doute pas pour tout voir, mais ils laissent d'agréables et d'intéressants souvenirs. Ce livre sera un *memento* fidèle ; il pourrait être un indicateur utile.

Octobre 1885.

SOUVENIRS D'ESPAGNE

CHAPITRE PREMIER

L'Espagne

Il n'y a pas longtemps encore, l'Espagne était un pays presque inconnu ; peu de voyageurs s'aventuraient dans l'intérieur par pure curiosité. Cependant elle offre un très grand attrait artistique et pittoresque, et son histoire, riche en souvenirs intéressants, est remplie, comme un roman, d'incidents et de péripéties dramatiques.

Au V⁰ siècle, la Péninsule est envahie par les Barbares ; les Vandales la traversent en la dévastant et passent en Afrique ; puis, les Visigoths y fondent un royaume. Moins de trois cents ans après, des hordes musulmanes débarquent près de Cadix ; une seule bataille leur livre l'Espagne, et le royaume visigoth s'écroule comme un édifice vermoulu. La légende attribue cette catastrophe à une aventure d'amour. Vingt ans après, les Arabes étaient arrivés jusqu'aux Pyrénées ; ils les franchissent, et ils ne sont arrêtés par la masse d'armes de Charles-Martel que dans les environs de Poitiers. Le fils et le petit-fils du guerrier franc les refoulent au midi ; là, ils fondent un kalifat dont la capitale, Cordoue, était au X⁰ siècle le flambeau de l'Occident. Singulière histoire que celle de ces tribus nomades des déserts de l'Arabie qui, en moins de trois siècles, avaient conquis le nord de l'Afrique et l'Espagne, et étaient parvenues, au milieu des ténèbres du Moyen-Age, à une brillante civilisation ! Elle ne devait pas leur survivre ; cependant elle a laissé une empreinte profonde dans les mœurs et dans les usages de la population espagnole.

Dès le IX⁰ siècle, les Visigoths réfugiés dans les montagnes inaccessibles des Asturies commencent leur lutte contre les envahisseurs ; ce fut une bataille qui dura sept cents ans, et qui ne se termina que par la prise de Grenade, en 1492. Pendant cette longue période, Chrétiens et Musulmans, tantôt unis tantôt divisés, alternativement vainqueurs ou vaincus, combattirent comme en champ clos ; les légendes, les romances racontent leurs merveilleuses prouesses. C'était une véritable croisade, aussi les papes avaient-ils dispensé les Espagnols de prendre part aux expéditions en Terre-Sainte. Au XVI⁰ siècle, Charles-Quint, empereur et roi, étendait sa domination sur une partie de l'Europe et du nouveau monde ; il était le plus puissant souverain

de son temps, et son règne est l'époque la plus glorieuse de l'histoire espagnole. Guerrier et diplomate,
après avoir bataillé et négocié pendant près de quarante ans, il dépose toutes ses couronnes et se retire
dans un couvent pour y mourir.

Après lui commence l'ère de la décadence. Son fils,
le sombre et monacal Philippe II, échoue dans presque
toutes ses entreprises et dépeuple l'Espagne par son
fanatisme religieux. Sous ses tristes successeurs
cette décadence se précipite; les efforts de Charles III,
prince intelligent et éclairé, sont impuissants à l'arrêter : pendant les XVIIe et XVIIIe siècles, le royaume
s'appauvrit; sa population, son commerce, son industrie, vont toujours en déclinant.

Aujourd'hui, l'Espagne, avec une superficie presque
égale à celle de la France, est moitié moins peuplée.
Sa population, très inégalement répartie, est assez
dense sur le littoral de l'Océan et de la Méditerranée ;
là, le sol est fertile, le climat doux et égal, et quelques
ports facilitent l'échange des produits ; elle est, au
contraire, très clair-semée sur les plateaux intérieurs,
dans les Castilles, la Manche, l'Estramadure. Ces plateaux, divisés par plusieurs chaînes de montagnes rocheuses, atteignent une altitude de sept ou huit cents
mètres ; aussi le climat y est-il assez rigoureux. Leurs
immenses surfaces, dont les ondulations monotones se
succèdent à perte de vue, sont tristes, presque désertes
et dépourvues de grande végétation ; à peine aperçoit-
on, çà et là, quelques pauvres habitations. Les paysans
espagnols, dit-on, ne plantent pas d'arbres, ou les ar-

rachent, parce que les arbres attirent les oiseaux et que les oiseaux dévorent les récoltes. *Bâtir des châteaux en Espagne* est un dicton qui signifie : faire des projets en l'air, ou se repaître de chimères agréables : en Espagne les châteaux n'existent, en effet, que dans l'imagination. L'aristocratie possède de vastes domaines, mais elle n'y réside pas ; on ne découvre nulle part de demeures seigneuriales, de villas, de maisons de plaisance et de villégiature ; il n'y en a même pas aux environs de Madrid.

Le grand plateau central s'incline vers l'Océan par une pente continue ; sa partie la plus élevée est peu éloignée des rivages de la Méditerranée. C'est là que prennent leur source les grands cours d'eau qui vont se jeter dans l'Atlantique après avoir traversé toute la péninsule de l'ouest à l'est. Aucun de ces fleuves n'est navigable, sauf le Guadalquivir, que les navires peuvent remonter jusqu'à Séville, à vingt lieues seulement de son embouchure : ce ne sont donc pas des routes commerciales. Il en est de même de l'Èbre qui, après un cours de deux cents lieues, vient se déverser dans la Méditerranée au milieu de marécages d'alluvion.

Les communications par terre ne paraissent pas faciles. Les routes dites de première classe, qui ont été construites entre les principales villes, sont assez praticables, mais les autres semblent fort mal entretenues ; elles sont creusées d'ornières profondes et semées de grosses pierres. Que de rudes cahots en perspective ! Quant aux chemins que nous appellerions communaux, ils n'existent sans doute pas. De temps en temps, on découvre une étroite voie tracée à travers champs par des roues de voitures; lorsque cette voie rencontre un torrent ou un ruisseau, elle lui emprunte son lit, et, si le torrent ou le ruisseau a grossi, on ne passe pas; le voiturier attend que l'eau se soit écoulée. L'Espagnol est patient. L'absence de cours d'eau navigables et le mauvais état des routes et des chemins sont, sans doute, les plus grands obstacles au développement du commerce et de l'industrie dans la Péninsule; ils stérilisent même les avantages qu'elle pourrait retirer de l'établissement des voies ferrées, dont l'action, au point de vue du trafic, ne se fait guère sentir que dans les localités que ces voies traversent.

A la fin du XVIIe siècle, Madame la comtesse d'Aulnoy se rendait à Madrid; elle raconte, dans ses lettres, les principaux incidents de son voyage; elle parle des difficultés et des fatigues de la route, du mauvais état des chemins, des affreux gîtes qu'elle trouve, de l'abominable cuisine qu'on lui fait manger et des extorsions des aubergistes. Ce triste état de choses ne s'était pas encore modifié il y a quarante ans, car Théophile Gautier, dans son humoristique et cependant très exact livre de *Tras los montes*, déclare qu'un voyage en Espagne est une chose périlleuse et romanesque, que les chemins sont semés de casse-cous et de fondrières, que les hôteliers sont gens de sac et de corde, et que les hôtelleries n'ont pas été sensiblement améliorées depuis Don Quichotte.

Il n'en est plus ainsi aujourd'hui. Les chemins

de fer ont ouvert la Péninsule aux voyageurs, et l'Espagne peut être parcourue sans danger et sans fatigue ; mais il ne faudrait peut-être pas s'écarter des voies ferrées sous peine de s'exposer aux inconvénients signalés par Madame d'Aulnoy et par Théophile Gautier. On peut apercevoir, en effet, en roulant sur les rails, des routes et des chemins qui promettent de rudes cahots, et, en s'arrêtant aux stations, des voitures dont l'aspect n'est rien moins qu'encourageant. Elles attendent le voyageur pour le conduire dans les localités voisines ; la plupart ont la forme de longs omnibus qui ne sont pas suspendus sur huit ressorts ; elles sont percées d'étroites lucarnes ; les bagages s'empilent sur l'impériale ou se balancent dans des filets attachés entre les roues. C'est dans ces boîtes malpropres et très peu capitonnées que les voyageurs doivent s'entasser et s'étouffer. Six ou huit maigres mules mal harnachées et surchargées de grelots et de pompons les mettent en mouvement.

Le réseau des voies ferrées rayonne sur tout le territoire de la péninsule, et Madrid en est le centre. Il est loin d'être complet ; les lignes ne sont pas reliées entre elles, de sorte qu'un trajet assez court en ligne directe exige souvent un voyage très long. Les trains quotidiens ne sont pas nombreux, et leur vitesse est bien inférieure à celle qu'on obtient sur les railways de l'Europe. Il n'y a de train express que d'Irun à Madrid et de Madrid à Séville, et encore celui-ci ne circule-t-il que trois fois par semaine. La vitesse des express n'est que de neuf lieues à l'heure, celle des directs (*correos*) de sept lieues, et celle des omnibus (*mixtos*) de six lieues. Le service est, en général, assez régulier, sauf cependant sur les lignes andalouses. Là, l'irrégularité est la règle. Dans une station d'embranchement, le voyageur qui attend un train de passage demande-t-il au chef de gare à quelle heure ce train doit arriver, celui-ci répond gravement : « On ne sait pas, Monsieur. » (*No se sabe, caballero.*) En outre, sur ces lignes andalouses, les voitures sont d'une malpropreté repoussante, les gares de méchantes petites barraques en planches et les buffets d'ignobles gargotes. Le personnel est à l'avenant ; les hommes de service sont sales, déguenillés, grossiers. Le désordre et l'incurie sont inimaginables. Réclamer et se plaindre serait perdre son temps ; il est bien reconnu, en Espagne, que les réclamations ou les plaintes qui mettraient une administration en cause n'aboutissent pas, si même elles ne se retournent pas contre ceux qui les ont faites.

On pourrait croire que la vie et la bourse des voyageurs sont toujours menacées et que le banditisme est aussi florissant que du temps de José Maria, car à chaque station on voit descendre du train deux gendarmes qui se rangent sur le quai l'arme au pied, et sont aussitôt remplacés par des camarades. La nuit, entre Burgos et Vitoria, par exemple, ces honorables gardiens de la sécurité publique sont échelonnés le long de la voie à des distances assez rapprochées. On aime à espérer que ces précautions sont inutiles.

L'étranger n'a, heureusement, que de rares relations

avec les administrations publiques, si ce n'est avec celle des postes. Celle-ci paraît se préoccuper assez peu des intérêts ou des convenances de la population. A Barcelone, ville de commerce et d'industrie, le bureau est à l'extrémité de la Rambla, hors de la ville; à Cordoue, la salle d'attente est une cour, et les correspondances se délivrent par une fenêtre. On n'exige sans doute pas des employés des connaissances géographiques bien étendues ; à Valence, un voyageur se présente au guichet et réclame une lettre poste restante (*carta en lista*). Il n'y en a pas, lui répond le commis, après avoir lu avec attention le passeport qui lui est remis. Le lendemain, même demande et même réponse. On s'explique, et le voyageur découvre que, sur ce passeport, le nom de la ville où il réside a été pris pour le sien. C'est ainsi que le singe du fabuliste prenait le Pirée pour un homme.

Les Français croient volontiers que leur langue se parle dans tous les pays étrangers : c'est une erreur complète. En Espagne surtout, il est très rare de rencontrer un indigène parlant ou même comprenant le français, si ce n'est dans quelques grands hôtels. L'ignorance de la langue espagnole peut, dans une foule de circonstances, créer au voyageur des embarras très désagréables, et, dans tous les cas, diminuer beaucoup l'intérêt ou l'agrément du voyage.

L'*olla podrida*, le *puchero*, les *garbanzos*, les ragoûts espagnols sont assez peu appétissants, mais dans les principaux hôtels des grandes villes on trouve une excellente cuisine française et tout le confortable qu'on peut raisonnablement désirer. Depuis Madame d'Aulnoy, même depuis Théophile Gautier, l'Espagne a fait, sous ce rapport, des progrès très dignes d'éloges. L'habitude de fumer, surtout des cigarettes, est générale ; les Espagnols fument partout et sans cesse. Quoique dans les hôtels de premier ordre un écriteau placé dans la salle à manger proscrive cette habitude, il n'est pas rare de voir, pendant le repas à table d'hôte, des voyageurs allumer une cigarette entre chaque plat. Ceux-là sont certainement des indigènes.

Il est assez difficile pour un étranger qui, allant de ville en ville, passe quelques mois seulement dans la Péninsule, de se former une opinion bien exacte du caractère national ; il pourrait faire comme l'Anglais qui prétendait qu'à Calais toutes les femmes étaient rousses. Il remarquera cependant que les Espagnols paraissent graves et flegmatiques, ce qui n'est sans doute qu'une apparence. Un acheteur entre-t-il dans un magasin, le marchand, au lieu de venir à sa rencontre et de s'enquérir de ce qu'il désire, reste impassible sur sa chaise ou derrière son comptoir, et attend qu'on vienne l'interpeller. C'est encore la manière de faire des marchands arabes. S'étonne-t-on de leur façon de comprendre ou d'apprécier certaines choses, les Espagnols répondent que ce sont des choses d'Espagne (*cosas de España*). Ils montrent peu de sympathie pour les étrangers et semblent leur dire qu'ils feraient aussi bien de rester chez eux.

Madame d'Aulnoy signalait cette humeur peu hospitalière, il y a deux cents ans. « Les étrangers, dit-elle,

1.

ne viennent pas s'établir en Espagne parce qu'on ne les aime pas et que les Espagnols se tiennent naturellement *recatados*, c'est-à-dire particuliers et réservés entre eux, sans vouloir communiquer avec les autres nations pour lesquelles ils n'ont que de l'envie et du mépris. » Ces expressions sont un peu vives; Madame d'Aulnoy n'aura sans doute pas été satisfaite de l'accueil qui lui a été fait à la cour de Charles II. Sans remonter aussi loin, il peut être curieux de connaître l'opinion d'un Espagnol de notre temps sur ses compatriotes. Eugenio de Ochoa, littérateur distingué, après avoir passé plusieurs années en France et en Angleterre, revenait à Madrid, il y a environ trente ans, et il formule ainsi les premières impressions du retour : « Lorsqu'on se promène dans les rues de Paris, l'expression du visage des personnes que l'on rencontre et qui vous regardent en passant (je parle des personnes inconnues) est généralement bienveillante; à Londres, elle est indifférente; à Madrid, elle est hostile (1). Un de mes amis, dit-il, prétend que lorsqu'il croise dans la rue un inconnu qui, en passant, le regarde de travers et comme s'il voulait l'avaler, il a envie de l'arrêter et de lui demander très poliment : « Dites-moi, Monsieur, que vous ai-je fait, pour que « vous me regardiez ainsi (2)? » Mais il ajoute qu'on ne

---

(1) « Cuando uno va por las calles de Paris, la expresion de las caras que encuentra en la calle, y le miran al paso (hablo de las caras desconocidas) es, por lo comun, benevola; en Londres, es indiferente; en Madrid, es hostil. »

(2) « Pero, digame Vd, caballero, Que le he hecho a Vd, para que me mire asi? »

tarde pas à s'habituer à cette expression générale de malveillance qui assombrit les physionomies madrilègnes (1). Quoi qu'il en soit, le tableau est un peu chargé et les *physionomies madrilègnes* ne sont pas aussi sombres qu'il le prétend.

(1) « Luego nos acostumbramos a esa expression general de malevolencia que anubla las fisionomias madrileñas. »

CHAPITRE II

Les beaux-arts en Espagne

JUSQU'A la fin du XVe siècle, les petits rois espagnols
bataillant sans cesse entre eux ou contre les Musulmans, cette agitation guerrière et sans trêve était
peu favorable à la pratique des beaux-arts. Quant aux
Musulmans plus civilisés et de mœurs plus raffinées,
la religion du Coran leur interdisait la représentation
des êtres animés. Ce n'est qu'après la prise de Grenade, et surtout lorsque Charles-Quint eut unifié poli-
tiquement l'Espagne, que la culture artistique put se
développer librement ; elle fit alors de rapides progrès.
Le XVIe siècle peut déjà se glorifier d'avoir produit un
grand nombre d'artistes dont plusieurs sont justement
célèbres, et, au milieu du siècle suivant, la peinture
était arrivée à son apogée. Cette brillante carrière
fut de courte durée ; la décadence commença dès la fin
du XVIIe siècle.

De Giotto à Raphaël et au Titien, c'est-à-dire pendant une période de près de trois cents ans, la pein-

ture, en Italie, s'est élevée par un progrès continu jusqu'à la perfection. Au XVIe siècle, l'évolution était complète ; c'est le siècle d'or qu'illustrent les œuvres de Raphaël, du Titien, du Corrège, de Michel-Ange. A cette époque, l'art, en Espagne, était encore dans l'enfance.

Les historiographes de la peinture espagnole signalent plusieurs écoles : à Valence, à Cordoue, à Tolède, à Séville, à Madrid. Cette classification est un peu arbitraire. Chacune de ces villes a pu être, à un moment donné, le centre d'un enseignement institué par un artiste éminent, mais non le siège d'une école se distinguant des autres par le faire, par le sentiment ou par le mode d'interprétation. Il y a eu des personnalités très différentes, mais non des groupes formant école. En réalité l'école espagnole est une, et fortement caractérisée.

En fouillant dans les archives capitulaires des XIVe et XVe siècles, on trouve des noms d'artistes, ou soi-disant tels, dont le métier consistait à colorier des ornements et des statues en bois; ils sont qualifiés de peintres. Quelques-uns, cependant, ont produit des œuvres originales, tout en imitant la manière des anciens maîtres flamands. On cite Alfon, Pierre de Aponte, Pierre Berruguete père d'Alonzo, Diaz Gonzalès. On ignore ce que sont devenus leurs tableaux. Antonio del Rincon, peintre de Ferdinand et d'Isabelle, est considéré comme le véritable fondateur de l'école espagnole, parce qu'il abandonna le style gothique pour celui de la Renaissance; il était élève du Ghirlandajo. La plupart de ses ouvrages ont péri dans l'incendie du Prado, en 1608. Pendant le XVIe siècle, l'art se développe rapidement sous l'influence des leçons et des exemples donnés par Juan de Juanès, Luis de Vargas, Yanès, Navarrete, Ribalta, Théotocopuli, Roëlas; tous ces artistes avaient étudié en Italie : c'est enfin au XVIIe qu'il atteint son plus haut degré de perfection. Il suffit de rappeler les noms illustres de Ribera, de Zurbaran, de Velasquez, de Murillo, de Claudio Coello. Après eux l'art déchoit et il ne s'est pas relevé.

Le progrès si rapide qui s'accomplit pendant le XVIe siècle provient de ce que la plupart des grands artistes de cette époque avaient visité l'Italie. Ils en rapportèrent de fécondes inspirations et y acquirent une connaissance complète des procédés de la peinture ; ils n'eurent pas à passer par les tâtonnements de l'enfance et les hésitations de la jeunesse; l'art était parvenu à sa maturité. Ils apprirent, par les modèles qu'ils avaient sous les yeux, les règles de la composition, du dessin, du coloris. L'école espagnole procède donc des écoles de l'Italie; elle en diffère cependant en ce qu'elle a conservé l'empreinte du génie national, sombre, sévère, profondément religieux et surtout essentiellement réaliste. Ce n'est qu'en Espagne que l'Inquisition a pu devenir une institution politique, les au-to-da-fé une fête et les courses de taureaux un divertissement populaire. L'idéalisme des grands artistes de la Renaissance n'aurait pas été compris. Platon et Aristote n'étaient pas souvent du même avis;

l'un disait que l'art est l'interprétation de la nature, l'autre que son but doit en être l'imitation. Les peintres espagnols pensent comme Aristote; ils s'attachent à reproduire la réalité des choses, même dans ce qu'elle a de plus vulgaire, de plus répugnant ou de plus horrible. Tous leurs tableaux sont religieux; ils aiment à peindre des moines, des saints émaciés, des extases, des christs couverts de sang, à représenter des scènes de martyre avec leurs détails les plus repoussants; ils dessinent correctement, mais avec sécheresse; leur coloris est noir et dur, et ils recherchent les oppositions heurtées d'ombre et de lumière. Tel est le caractère général de leurs œuvres; il y a cependant quelques brillantes exceptions.

Les peintres espagnols sont presque inconnus hors de la Péninsule; Velasquez et Murillo sont les seuls qui aient acquis quelque célébrité; il en est cependant d'autres qui en seraient dignes. Pour connaître l'école espagnole, il faut nécessairement aller en Espagne, et se livrer même à des recherches souvent très laborieuses. Malgré les travaux biographiques et critiques de Palomino, de Cean-Bermudez, de Fiorillo, de Charles Blanc, une histoire complète de l'école espagnole est encore à faire, et cette histoire présentera les plus grandes difficultés. Les églises sont remplies de tableaux encadrés dans les retables ou cachés dans la profondeur des chapelles, et l'obscurité qui règne dans ces églises permet à peine de les voir; en outre, le nom de l'auteur est souvent ignoré. Les rares établissements religieux qui n'ont pas été supprimés con-

servent encore quelques ouvrages de peinture ; quant
à ceux qui appartenaient aux couvents atteints par la
désamortisation, ils ont été, pour la plupart, transportés dans quelques chefs-lieux de province. Là, ils
sont suspendus aux murs de grandes salles et de
cloîtres mal éclairés, beaucoup sont noircis par la
fumée, encrassés par une poussière séculaire et dans
le plus triste état. Ils ne sont ni classés ni catalogués,
et le nom de l'auteur est souvent inconnu ou inexact.
Les musées de Madrid, de Séville et de Valladolid font
cependant exception ; le premier est tenu avec un soin
irréprochable, les deux autres possèdent des cata-
logues qui, malgré leur insuffisance, permettent de se
livrer à quelques études. Pour mettre un peu d'ordre
dans ce chaos, il faudrait faire d'abord de longues recherches dans les archives des municipalités, des
églises, des couvents, puis procéder à d'indispen-
sables restaurations, enfin, construire des locaux ap-
propriés. Ce serait un immense travail que les administrations civiles et religieuses seraient seules en état
d'exécuter, et il ne paraît pas qu'elles s'en préoccupent
beaucoup. On pourrait citer comme exemple de cette
indifférence pour les choses de l'intelligence un fait
tout récent. *Fernando Colombo,* fils de Christoforo, était
un lettré et un bibliophile émérite ; pendant ses
voyages en Europe, il avait réuni un nombre considérable d'ouvrages et de documents rares et curieux qui
formaient une collection de près de vingt mille volumes
connue sous le nom de *Bibliothèque colombine.* Le Chapitre de Séville en hérita. Ses excellents chanoines,

par ignorance ou par incurie, ont laissé depuis longtemps mettre au pillage cette inestimable collection,
et, dernièrement, des livres et des manuscrits ayant
appartenu à Fernando Colombo arrivaient à Paris avec
de vieilles tapisseries; ils avaient été fourrés dans les
caisses à cette seule fin de garantir lesdites tapisseries
contre les avaries du voyage, et quelques-uns ont été
vendus à vil prix. Le gouvernement espagnol, averti,
a répondu « qu'il n'attachait pas d'importance à toutes
ces paperasses ». C'est là un trait bien caractéristique.

Les églises renferment une quantité innombrable de
statues et de bas-reliefs de toutes dimensions représentant des apôtres, des saints, des moines, des
scènes de l'Ancien et du Nouveau-Testament. Les
chapelles en sont peuplées, ainsi que les retables à
plusieurs étages qui en garnissent le fond; mais toutes
ces œuvres de sculpture sont en bois colorié de teintes
criardes. Les yeux, les sourcils, les cheveux des saints
personnages sont du plus beau noir, et leurs vêtements
enjolivés de dorures et de dessins imitant de riches
étoffes, sans trop de souci de la vérité historique. Le
goût des Espagnols pour le clinquant et pour le naturalisme se manifeste ici dans toute sa naïveté; il va
même jusqu'à affubler les statues d'oripeaux et de
vêtements véritables. La plupart de ces sculptures ne
sont pas antérieures au XVIIe siècle. Il y avait, à cette
époque, une foule d'artistes, ou d'artisans, travaillant
le bois avec plus ou moins d'habileté; mais leurs
œuvres, empâtées de couleurs discordantes, ne sont
pas toujours des œuvres d'art.

L'Espagne peut cependant citer avec orgueil quelques grands sculpteurs, tels que : Alonzo Berruguete, Bigarny, Hernandez, Juani, Montañes, Mora, Ordoñez, Ortiz, Diego de Siloé, Solis, Cano qui, par la noblesse du style et la correction de l'exécution, pourraient rivaliser avec ceux de la France et de l'Italie ; mais la plupart de leurs œuvres sont en bois peint, et, dans ces conditions, elles ne peuvent avoir ni les reflets du bronze et du marbre, ni la fermeté d'accent du burin ou du ciseau. Le naturalisme n'est d'ailleurs pas sculptural. La sculpture est un art sévère qui doit exprimer la beauté plus que la vérité, ou du moins idéaliser celle-ci, et ses moyens d'expression sont tout autres que ceux de la peinture. La préférence donnée au bois provient sans doute de la pénurie des marbres statuaires dans les montagnes de la Péninsule, et des frais considérables qu'aurait occasionnés leur transport de l'Italie ou de la Grèce. Cependant, on peut admirer dans les cathédrales de Grenade, de Tolède, de Burgos et à la chartreuse de Miraflores de magnifiques tombeaux en marbre blanc, qui peuvent soutenir la comparaison avec les monuments funéraires les plus renommés.

Quelques grandes villes ont décoré leurs places et leurs promenades de statues en bronze exécutées dans les XVIII⁰ et XIX⁰ siècles. La plupart sont d'un style banal et d'une exécution médiocre.

Dans un autre genre, la sculpture en bois a produit, en Espagne, des œuvres très remarquables et d'une grande importance ; ce sont les *sillerias*. La partie de la nef principale des cathédrales affectée au chapitre s'appelle le *coro*, et l'ensemble des stalles réservées aux chanoines, la *silleria*. Ces stalles, quelquefois au nombre de plus de cent, sont disposées sur deux rangs et couronnées de dais et de galeries ; au fond s'élève le trône de l'évêque. Le dossier, les bras, le siège même de chaque stalle, sont décorés de bas-reliefs, de statuettes, d'ornements variés, non peints, qui révèlent une grande fécondité d'invention et dont l'exécution est admirable. Les sillerias de Cordoue, de Malaga, de Valladolid, de Burgos, sont des chefs-d'œuvre ; de grands artistes, tels que Berruguete, Bigarny, Michaëli, y ont consacré plusieurs années.

Dans l'antiquité, les Phéniciens, les Carthaginois, les Romains, ont successivement occupé l'Espagne. Les premiers avaient fondé des colonies sur le littoral de la Méditerranée ; les derniers s'y établirent en conquérants, et, sous l'Empire, la Péninsule formait plusieurs provinces qui ont donné au monde romain des empereurs et des littérateurs célèbres : Trajan, Hadrien, Lucain, les Sénèques, Martial, etc. Les Romains étaient de 'grands bâtisseurs, et ils ont certainement construit dans leurs villes principales des temples, des forums, des thermes. Tous ces monuments sont encore enfouis dans le sol et aucune recherche n'est faite pour les découvrir. Les Espagnols n'ont sans doute pas beaucoup de goût pour l'archéologie. On a retrouvé, cependant, à Tarragone, près de Murviedro, de Tolède, de Séville, de Ségovie, les ruines d'un palais, d'un théâtre, d'un cirque, d'aqueducs. Mais que de découvertes précieuses pour les arts et pour l'histoire ne ferait-on pas si des fouilles, dirigées par une érudition intelligente, étaient pratiquées dans le sol des anciennes cités romaines !

Les provinces méridionales ont été longtemps occupées par les Maures ; elles ont conservé quelques monuments de l'architecture arabe qui témoignent d'un goût raffiné et d'un état de civilisation très avancé. Les plus remarquables sont la mosquée de Cordoue et l'Alhambra de Grenade ; ils sont splendides, leur style architectural est tout oriental, et rien en Europe ne peut leur être comparé. Il faut les avoir vus pour s'en faire une idée.

Les grandes cathédrales ont été construites dans le style ogival par des architectes venus du Nord ou par les élèves qu'ils ont formés. Elles sont imposantes par leur masse ; quelques-unes s'appuient à de vastes cloîtres, et la plupart sont entourées de chapelles, de sacristies, de salles capitulaires d'une époque très postérieure à celle de la construction primitive ; elles ne présentent donc pas, à l'extérieur, cette unité de conception et de style et cette harmonieuse symétrie de lignes qui donnent à nos églises du moyen âge un caractère si grandiose. Peu éclairées à l'intérieur, elles sont très richement décorées. Par la grandeur des proportions, la hauteur et la hardiesse des voûtes, elles ont un aspect solennel qui le serait plus encore s'il n'était pas défiguré par l'usage d'affecter au chapitre deux ou trois travées de la grande nef, à partir du transept. Cet espace s'appelle le *Coro*. L'aire qu'il occupe est entouré, sur trois côtés, par des murs peu élevés, décorés, extérieurement, d'autels du style moderne le plus banal, et surmontés de deux grands jeux d'orgues qui braquent l'un sur l'autre leurs tuyaux horizontaux. Cette fâcheuse disposition détruit tout l'effet perspectif des grandes lignes de l'architecture ; le maître autel est entièrement masqué, et, lorsqu'on entre par la porte principale, on ne voit devant soi, et à courte distance, que le mur du *Trascoro*. Le rituel le veut sans doute ainsi ; mais cette exigence a été déplorée même par des artistes espagnols. A ce sujet, Cean Bermudez, dans un discours sur l'architecture, s'exprimait ainsi : « Plût à Dieu que les cathédrales d'Espagne n'eussent pas le chœur au milieu de la nef principale ! Il entrave la circulation des fidèles et les empêche de jouir librement des augustes cérémonies du saint sacrifice qui se célèbre au maître autel (1). »

Dans toutes les églises, le maître autel s'appelle *capilla mayor*, et, dans les cathédrales surtout, il justifie bien ce nom ; c'est, en effet, une véritable chapelle, et des plus vastes. Elle occupe souvent deux travées au fond de la grande nef et est entourée d'un mur qui monte jusqu'à la voûte et qui est couvert, sur ses deux faces, d'une profusion d'ornements. L'autel s'appuie à un haut retable ordinairement doré et décoré

(1) « Ojala ! no tuvieran las catedrales de España el coro en medio de la nave principal, estorbando el paso a los fieles y el poder gozar con mas desahogo la vista de las augustas ceremonias del santo sacrificio que se celebra en el altar mayor. »

de statues peintes, de bas-reliefs et de tableaux. Une immense grille ferme l'entrée du sanctuaire.

Le *Retable* est une partie importante et très caractéristique de la décoration des églises espagnoles. Derrière les autels s'élève une construction, grande comme une façade de maison, qui garnit tout le fond de la chapelle. Ses trois ou quatre étages sont divisés en compartiments encadrés de colonnes, flanqués de statues, surchargés d'ornements, qui renferment des tableaux ou des groupes en bas-relief de figures peintes ou dorées. Les artistes les plus célèbres n'ont pas dédaigné de concourir à la décoration de ces retables. Dans les grandes cérémonies du culte, lorsque la lumière des cierges les éclaire, ils produisent un bel effet décoratif.

Chaque individu a un goût personnel ; il en est de même des nations, et chacune prétendra naturellement que le sien est le meilleur. Les Espagnols aiment l'ornementation à outrance ; pour eux, elle n'est jamais trop touffue ; aussi ont-ils créé, à leur usage, deux styles qu'ils pourraient appeler nationaux : le *plateresque* et le *churrigueresque*. Le premier s'inspire du genre de décoration employé dans l'orfévrerie, *plateria ;* le second, auquel l'architecte Churriguera a donné son nom, est un rococo lourd et exagéré. Si les étrangers trouvent que cette complication excessive de l'ornementation est de mauvais goût, ils ne peuvent cependant pas lui refuser un certain mérite d'invention et d'ingéniosité.

Les Espagnols ne se sont pas contentés des anciens

ordres ; ils en ont inventé un nouveau, l'ordre *salomonique,* dont la caractéristique est la colonne torse, et ils en ont mis partout. C'est un contre-sens architectural ; la colonne est un support ; son profil doit être droit et ferme ; elle ne doit pas se tordre, comme si elle pliait sous le poids du fardeau qu'elle paraît porter.

Dans un genre tout différent, qui pourtant se rattache à l'architecture, l'art de la serrurerie, en Espagne, a produit des œuvres très remarquables par leurs dimensions, par l'élégance et la variété des dessins et par la perfection de l'exécution. La plupart des grandes chapelles et des coros sont fermées par des grilles monumentales, en cuivre ou en bronze, souvent incrustées d'argent, dont les rinceaux, les arabesques, les mascarons, se combinent et s'entrelacent de la façon la plus heureuse. Le nom de quelques-uns des artistes (*maestros rejeros*) qui ont exécuté ces œuvres magistrales a été conservé. Cet art est toujours florissant. Dans toutes les villes on remarquera des balcons ventrus, des cierros, des grilles de patios dont les enroulements capricieux sont d'une grande élégance.

En résumé, l'Espagne, au point de vue des beaux-arts, est très intéressante à visiter ; elle les présente sous un aspect tout particulier et très original. Toutefois, pour les bien comprendre et les apprécier, il faut se pénétrer du goût espagnol. Si l'Italie est plus riche en œuvres artistiques anciennes et modernes, l'Espagne possède des monuments arabes uniques en Europe, des cathédrales somptueuses et une école de peinture dont les nombreux chefs-d'œuvre sont encore inconnus.

CHAPITRE III

Figueras. — **Barcelone.** — La ville. — Le port. — Le Monjuich. — Barcelonnette. — La cathédrale. — Le cloître. — La fête des Rameaux.

Tarragone. — Le port. — La ville. — La cathédrale. — Le cloître. — Le musée.

Tortose. — **Sagonte.**

L A chaîne des Pyrénées, s'élevant comme une haute et longue muraille entre la France et l'Espagne, isole complètement celle-ci du continent européen; deux passages seulement, l'un du côté de la Méditerranée, l'autre près de l'Océan, mettent ces pays en communication. Entre eux se dressent d'âpres montagnes qu'aucun chemin de fer n'a encore traversées, qu'aucune bonne route carrossable ne franchit. L'itinéraire d'un voyage en Espagne est donc tout tracé; il faut entrer par une des portes et sortir par l'autre.

Du côté de la Méditerranée, la première station espagnole est celle de *Portbou,* petit hâvre de pêcheurs. La voie ferrée a déjà pénétré dans le massif des Pyrénées; elle suit la côte festonnée de baies, s'enfonce dans de nombreux tunnels, franchit sur des ponts et sur de hauts viaducs des torrents à sec et de profonds ravins, et vient déboucher à *Perelada,* dans une plaine arrosée par un assez large cours d'eau. Cette extrémité orientale de la chaîne pyrénéenne est assez pittoresque, mais d'un aspect triste ; le sol est rocailleux et presque nu ; on aperçoit ça et là des bouquets d'oliviers et quelques grands vignobles. La maigre terre végétale qui recouvre les escarpements est soutenue par de petits murs de pierres sèches disposés en gradins, et tellement rapprochés que, de loin, ils font l'effet de hachures horizontales. Un peu au delà, *Figueras* étale ses maisons sur le penchant d'une colline ; une citadelle formidable la domine. Cette ville est, dit-on, la place forte la plus importante de l'Espagne ; elle commande le débouché des Pyrénées. Là, le pays a complètement changé d'aspect ; la plaine du *Lampourdan,* qui s'étend devant Figueras, est riche, peuplée et bien cultivée. A gauche, le cap *Creuss* s'avance au loin dans la mer, et protège la courbe profonde du golfe de *Rosas ;* à droite, s'élèvent les derniers contreforts des Pyrénées ; au delà, les cimes neigeuses de la grande chaîne ferment l'horizon.

Après *San-Miguel,* qui a conservé une vieille tour arabe, on rentre dans la montagne ; le pays est moins fertile : le chemin de fer côtoie l'*Ossa* et suit une jolie vallée. Les flancs de la montagne sont couverts de pins parasols, de chênes verts, de chênes-lièges dépouillés d'une partie de leur écorce, et des fleurs jaunes de grands genêts égaient la sombre végétation forestière.

Girone est, comme Figueras, une place forte destinée à défendre l'accès de la Péninsule du côté des Pyrénées Orientales ; ses maisons s'échelonnent sur les pentes d'une montagne couronnée d'imposantes fortifications. *Hostalrich*, perchée sur un mamelon, présente une masse de maisons noires entourées d'un mur flanqué de tours, reste de constructions mauresques. *Granolers* est ensuite la seule localité importante qu'on rencontre avant d'arriver à Barcelone. La route, tracée entre deux lignes de montagnes boisées d'un beau profil, pénètre dans de profondes tranchées et franchit de nombreux cours d'eau. On aperçoit de tous côtés des habitations groupées ou isolées et de belles cultures. En approchant de la capitale de la Catalogne, la vallée s'élargit ; *San Andrès de Palomar* et *el Clot* font déjà partie de sa banlieue. Ces deux dernières stations sont des villes tout industrielles, hérissées de hautes cheminées d'usines et enveloppées d'un nuage de fumée à travers lequel brillent les feux toujours allumés de grands établissements métallurgiques.

BARCELONE est, après Madrid, la cité la plus populeuse de l'Espagne, et, après Marseille et Gênes, le port le plus important de la Méditerranée ; il fait, à lui seul, plus du quart du trafic maritime de la Péninsule. Barcelone est aussi une ville industrielle. Depuis un demi-siècle, la vapeur, appliquée aux transports par terre et par mer, a donné aux échanges internationaux une telle activité que le commerce est maintenant l'élément le plus puissant de la prospérité des villes. Tolède, Grenade, Cordoue, capitales autrefois riches et peuplées, sont aujourd'hui des villes mortes ; Barcelone, au contraire, grandit de jour en jour : c'est là que sont le mouvement et la vie. Cette prospérité a eu, il est vrai, pour effet de lui ôter toute physionomie originale, caractéristique. Sans quelques particularités de costume, la mantille et l'éventail pour les femmes, le manteau pour les hommes, et, pour les paysans des environs, le long bonnet de laine rouge retombant sur l'épaule, Barcelone ressemblerait à un port de mer français, à Marseille par exemple.

La ville s'étend dans une plaine entre la mer et les derniers contreforts des montagnes de la Catalogne. Une large avenue, la *Rambla*, la traverse de part en part. Cette avenue de plus d'un kilomètre s'allonge, entre deux rues, du port à la place *Cataluña* ; elle est plantée de beaux arbres, bordée de hautes maisons et de boutiques de tout genre. C'est le rendez-vous des promeneurs, des étrangers et des oisifs, s'il y en a dans une ville aussi affairée que Barcelone. La section dite des *Capuchinos* est la plus fréquentée ; c'est le centre d'un mouvement incessant de piétons, de voitures, de tramways, d'omnibus. C'est sur la Rambla que s'élèvent les théâtres de *Santa-Cruz* et du *Lyceo* et que débouchent les principales rues de la ville. Au milieu de l'avenue viennent se grouper, autour d'un grand candélabre, les porte-faix (*mozos de cordel*) portant sur l'épaule un faisceau de cordes, au lieu d'une hotte ou d'un crochet : c'est encore sur la Rambla que se tient le marché aux fleurs dont les produits variés font honneur aux horticulteurs catalans.

La partie de la ville qui s'étend à gauche de la Rambla, en partant du port, est assez bien percée ; celle qui se trouve du côté opposé forme, au contraire, un dédale de petites rues étroites et irrégulières ; c'est l'ancienne Barcelone, avec sa cathédrale, son palais provincial, son palais municipal et la plupart de ses églises. Les maisons sont, en général, très élevées et terminées en terrasses ; les rez-de-chaussée, surtout dans les grandes rues de *Fernando VII*, de *la Union*, de *Conde del Asalto*, sont occupés par des boutiques élégantes et bien approvisionnées. La rue de la *Plateria* est, ainsi que son nom l'indique, affectée spécialement aux bijoutiers et aux orfèvres. On peut admirer, dans leurs riches devantures, de beaux ornements d'église, des objets d'orfévrerie destinés au culte et de magnifiques écrins. Les bijoux sont artistement travaillés, quoique un peu lourds de formes. Les Espagnols ont la passion de ce genre de parure ; toutes les femmes portent des chaînes, des colliers, des médaillons, des pendants d'oreilles, et la plupart des hommes surchargent leurs doigts de chapelets de bagues. Les *Figaros* et les nettoyeurs de chaussures (*limpia botas*) sont nombreux et paraissent très occupés ; les salons où ils reçoivent leurs clients sont luxueusement meublés de glaces et de divans. Dans toutes les rues circule une population active, affairée, proprement vêtue. Barcelone a bien l'aspect d'une ville riche et laborieuse ; c'est une exception en Espagne. Son ancienne enceinte, formée par une ligne demi-circulaire de boulevards, est maintenant trop étroite; au delà, se construisent de nouveaux quartiers. Les terrains qui leur sont destinés ont été divisés, comme les cases d'un damier, par des rues qui se couperont toutes à angle droit; ils s'étendent très loin autour de la ville. Si cet *Ensanche* (élargissement) se réalise un jour, Barcelone comptera plus d'un million d'habitants; cette ambition espagnole est un peu excessive. Ce projet n'existe guère que sur le papier, cependant beaucoup de maisons s'élèvent du côté de la ville de *Gracia*, qui se compose en grande partie de guinguettes, de restaurants, d'habitations d'été (*torres*), et dont la population est déjà de plus de vingt-mille habitants. Gracia est un but de promenade et un lieu de villégiature pour les Barcelonais : elle s'appuie à une colline assez élevée, dite de *San Pedro martyr*, du haut de laquelle on jouit d'un panorama très étendu sur Barcelone et ses environs.

A l'ouest de la ville, une grande promenade, *el Parque*, occupe l'emplacement d'une ancienne citadelle. Des allées sinueuses entourent de leurs replis des massifs de gazon et de fleurs plantés de beaux arbres et arrosés d'eaux vives distribuées dans des bassins et des rigoles. Au milieu, s'élève un palais pour les expositions et pour les fêtes et un *Château d'eau* qui laisse échapper des cascades étagées; des chimères lancent des jets puissants dans le bassin inférieur. La disposition de cet édifice a, dans son ensemble, quelque ressemblance avec celle du Trocadéro de Marseille.

2.

Non loin de là se trouvent la *Douane* et la *Bourse*, établissements très importants pour une ville aussi commerçante que Barcelone. Ce sont deux grands et lourds bâtiments d'un style banal. Sur la place de la Bourse, les candélabres à gaz, surchargés d'ornements bizarres, sont coiffés d'un casque hérissé de pointes ; au milieu de la place du Palais, près de la Douane, s'élève une grande fontaine en marbre blanc, assemblage incohérent et prétentieux de rochers, de génies, d'hippocampes, de figures allégoriques. Le goût des Espagnols pour les décorations compliquées se révèle déjà.

La fameuse *muraille de mer* n'existe plus ; elle est remplacée par un quai et par un large terre-plein bordé d'une double rangée de palmiers souffreteux qui semblent regretter le chaud soleil de l'Andalousie. Au fond s'élèvent de hautes maisons et le palais du capitaine-général de la Catalogne, d'un aspect peu monumental. L'entablement de sa façade est surmonté d'un écusson royal et de bustes qui font l'effet de têtes coupées. Le quai se prolonge ensuite jusqu'à l'extrémité de la Rambla.

Le PORT est vaste et bien abrité ; il est protégé par deux longues jetées qui ne laissent entre elles qu'un passage d'environ trois cents mètres. On y voit beaucoup de grands navires à voiles et à vapeur, mais les surfaces de déchargement sont sans doute insuffisantes, car ces navires se tiennent debout au quai et serrés les uns contre les autres. Un port comme celui de Barcelone devrait posséder un outillage complet en docks, en cales couvertes, en bassins de construction et de carénage. Sous ce rapport, il paraît laisser beaucoup à désirer.

A l'ouest se dresse un rocher abrupt haut de deux cents mètres, le *Monjuich*, que couronne une citadelle construite sous Philippe IV; elle domine la ville, la tient sous le feu de ses canons et paraît plutôt destinée à réprimer la turbulence des Catalans qu'à les défendre contre une agression étrangère. Du haut du Monjuich, la vue s'étend sur la mer, le port, la ville, la riche plaine qui l'entoure et la ceinture de montagnes qui ferme l'horizon. Ce panorama est magnifique.

Le faubourg de BARCELONETTE est situé de l'autre côté du port, en face du Monjuich. C'est une petite ville de plus de dix-mille habitants, assez originale par sa régularité. Elle a la forme d'un triangle et se compose de six grandes rues parallèles, coupées, à angle droit, par un grand nombre de rues plus petites, également parallèles entre elles. Vue sur un plan, elle représente un grillage. Ses maisons, presque toutes semblables, ont rarement plus d'un étage; elles sont habitées par des marins, par des ouvriers et surtout par des cabaretiers. Là se trouvent plusieurs établissements industriels pour les besoins de la marine, la construction ou la réparation des machines à vapeur. D'un côté est la pleine mer, de l'autre le port; des tramways mettent ce faubourg en communication facile avec la ville. Derrière Barcelonette sont les gares des chemins de fer de France et d'Aragon, et le cirque des taureaux, vaste barraque en planches n'ayant rien de monumental, et peu digne d'une grande cité où ce genre de divertissement n'est pas moins apprécié que dans le reste de l'Espagne.

Quoique Barcelone soit une très ancienne ville, puisque sa fondation est attribuée aux Phéniciens, et qu'elle ait été colonie romaine, elle ne possède aucun monument antique. Comme toutes les villes espagnoles, elle a sa *Place de la Constitution*, autrefois *San-Jaime*, sur laquelle s'élèvent, face à face, la *Casa de la Deputacion* et la *Casa Consistorial*, grands édifices sans caractère. Cependant, dans l'intérieur du palais de la Députation, on remarquera un joli *Patio* entouré de bâtiments à fenêtres ogivales au premier étage, et en berceau au deuxième. De puissantes gargouilles s'avancent au-dessus de l'entablement.

Les églises offrent peu d'intérêt ; la CATHÉDRALE, néanmoins, mérite d'être visitée en détail. C'est une église de style ogival dont la façade, élevée sur un haut perron, est restée inachevée. Elle est flanquée de deux tours massives ; l'une d'elles est surmontée d'une sorte de cage en fer renfermant une énorme cloche. Un gros serpent se dressant sur sa queue porte la lanterne à gaz destinée à éclairer le perron. L'idée est bizarre : c'est peut-être une allusion à la légende du premier tentateur.

Intérieurement, l'église est très vaste, à trois nefs et si sombre qu'on y peut à peine lire ; elle ne reçoit de lumière qu'à travers des vitraux chargés de couleurs. Les piliers qui séparent les nefs sont formés de colonnes assez minces réunies en faisceau ; ils portent des arcades en plein cintre, tandis que les voûtes des nefs sont divisées par des arrêtes d'arcs ogivaux. Le maître autel est isolé et entouré de piliers sur lesquels s'appuie une demi-coupole ; on y accède par des escaliers latéraux entre lesquels s'ouvre, derrière une grille, une crypte profonde qui renferme les restes vénérés de sainte Eulalie, patronne de Barcelone. Cette crypte est éclairée nuit et jour. L'abside et les nefs latérales sont creusées de chapelles sombres qui renferment des tombeaux, et dont les autels s'appuient à de hauts retables dorés.

Le chœur (*coro*) occupe, comme dans toutes les cathédrales de l'Espagne, une grande partie de la nef principale. Chaque stalle de la *silleria* est encadrée d'ornements et de figurines d'un grand fini d'exécution, et surmontée d'une élégante petite coupole ajourée et dentelée. C'est un remarquable travail de sculpture en bois. Les noms et les armoiries des chevaliers qui furent décorés de l'ordre de la Toison-d'Or par Charles-Quint, le 5 mars 1519, sont peints sur les dossiers. La chapelle du *Trascoro* (arrière-chœur) est ornée de beaux bas-reliefs en marbre. Dans une chapelle latérale, on voit, suspendue sous un jeu d'orgue, une tête colossale en bois peint avec une longue barbe noire. Cet appendice bizarre doit se rapporter à quelque légende.

Le *cloître* attenant à la cathédrale communique avec elle par une belle porte ogivale, *la Puerta San-Severo*. Ce cloître est dans un état de dégradation déplorable, et il est bien à regretter qu'il ne soit pas mieux entretenu. Les arcades de ses portiques s'appuient sur d'élégants piliers dont les chapiteaux sont animés de figurines représentant des scènes de l'Ancien et du Nouveau-Testament. De belles gargouilles font saillie au-dessus de l'entablement. Le pavé est formé de pierres tombales dont quelques-unes remontent au XV⁰ siècle. L'une d'elles, enchâssée dans la muraille, porte, en haut relief, la statue de *Mossen Borra,* bouffon du roi Alphonse V d'Aragon ; des grelots sont attachés à sa ceinture et son bonnet est surmonté d'une ai- grette. De profondes chapelles s'ouvrent sous les por- tiques ; quelques-unes, servant encore au culte, sont ornées de grands retables dont les peintures sur fond d'or, dans l'ancien style flamand, offrent de l'intérêt. Les autres sont abandonnées.

Le *Patio* est planté de beaux palmiers ; au milieu s'arrondit un grand bassin dans lequel des oies blanches, et non des cygnes, prennent leurs ébats. Il en a sans doute toujours été ainsi, car le bassin s'appelle *Fuente de las ocas.* Dans un angle se trouve une jolie fontaine, *el Lavadero,* portant une statuette de saint Georges. En sortant du cloître on passe de- vant une grande chapelle dont le beau portail est de pur style roman. Le quartier où s'élève la cathédrale doit être le plus ancien de Barcelone. Des moulures et des ornements des XIV⁰ et XV⁰ siècles se voient en- core sur les murs extérieurs de plusieurs vieilles mai- sons.

On peut visiter aussi *Santa-Maria-del-mar,* près de la bourse, grande église ogivale, sombre, à trois nefs séparées par des piliers octogonaux, et *Santa-Maria-de-Belem*, décorée dans un style rococo du plus mauvais goût.

Le jour des Rameaux, Barcelone prend une physionomie toute particulière et très originale. Dès la veille, la Rambla se garnit d'une double rangée d'ateliers et de boutiques en plein air où se confectionnent et se vendent des palmes et des sucreries. C'est l'Andalousie, et la ville d'Elche surtout, qui fournissent les palmes. On dessèche les branches sur l'arbre même, en les réunissant en faisceaux liés par des cordes; privées ainsi d'air et de lumière, elles deviennent blanches ou plutôt d'un beau jaune paille; leur hauteur est de trois ou quatre mètres. On les expédie ensuite dans toute l'Espagne. Elles sont tressées de mille façons, enjolivées d'aigrettes, de nœuds, de panaches, et, pour la plus grande joie des enfants, on y suspend des grappes de sucreries. Le samedi, il y a affluence d'acheteurs sur la Rambla; la ville entière vient s'y approvisionner.

Le dimanche, toute la population sort en habits de fête et se rend aux églises. Hommes et femmes se parent de leurs plus beaux bijoux; les enfants portent les rameaux. C'est un spectacle curieux que celui des églises pendant et après la messe. A l'intérieur, on n'aperçoit dans l'obscurité des nefs que de longues palmes blanches qui se balancent dans tous les sens : aussitôt la bénédiction donnée, les portes s'ouvrent et les fidèles sortent à flots pressés, leur rameau à la main; c'est une forêt qui marche. Des lauriers son aussi présentés à la bénédiction. Ce sont des arbres entiers, et, sous le porche, des industriels armés d'une serpe les dépècent et les vendent. Pendant toute la journée, les rues sont remplies de gens portant des palmes; les chevaux et même les voitures en sont empanachées; elles sont ensuite attachées aux balcons des maisons, où elles restent jusqu'à l'année suivante, afin de les préserver de la foudre.

C'est sur la place *Cataluña,* au haut de la Rambla, que se trouve la gare du chemin de fer de Valence. La voie traverse la riche plaine qui entoure Barcelone en décrivant une grande courbe au milieu de cultures maraîchères et de jardins fleuris, passe à *Sans* et à *Bordeta,* petites villes industrielles dont les hautes cheminées d'usines vomissent d'épais nuages de fumée, puis, après s'être frayé, par une profonde tranchée, un passage à travers un contrefort de la montagne, elle débouche dans la vallée qu'arrose le *Llobregat.* D'un côté court une chaîne de hautes collines qui cache la vue de la mer, de l'autre se dressent les cimes en dents de scie du *Montserrat.* On aperçoit bientôt, à droite, *Martorell* perchée sur un rocher, et, à gauche, un pont ogival d'un effet très pittoresque par la hardiesse de son profil et sa grande élévation au-dessus de la rivière. C'est le *Pont du Diable,* construit, dit-on, par Annibal. Un arc de triomphe en décore l'entrée. Après Martorell, le pays paraît moins fertile; il est rocheux, raviné, tourmenté; la végétation est tout autre; les pins parasols, les palmiers, les baies d'aloès et de cactus lui donnent un caractère plus méridional.

A Vendrell, petite ville dominée par une haute tour à plusieurs étages, on découvre la mer qui se perd à l'horizon. Le chemin de fer côtoie d'abord une plage plate et aride, puis s'engage dans un massif de rochers, et arrive enfin au pied de Tarragone.

Lorsque Scipion vint combattre les Carthaginois en Espagne, c'est à TARRAGONE qu'il débarqua. Pendant l'Empire romain, Tarragone était la résidence des proconsuls, la ville la plus importante de la Péninsule, sa capitale politique et administrative. Son enceinte mesurait, disent les historiens, soixante-huit kilomètres, et sa population s'élevait à plus d'un million d'habitants. Ces évaluations sont sans doute un peu exagérées. Quoi qu'il en soit, Tarragone était, il y a dix-huit cents ans, une très grande cité hispano-romaine; elle devait renfermer des forums, des théâtres, des thermes, des temples, des palais. Tous ces monuments ont été détruits par les invasions successives des Barbares; il n'en reste plus rien que quelques pans de muraille, une grosse tour carrée et, en dehors de la ville actuelle, plusieurs arcades d'un magnifique aqueduc à deux étages. Des débris de sculpture et d'architecture, trouvés par hasard en creusant les fondations de maisons modernes, ont été recueillis dans un petit musée, mais des fouilles méthodiques et bien dirigées produiraient certainement des résultats du plus haut intérêt pour les arts et pour l'archéologie.

Aujourd'hui Tarragone n'est plus qu'une petite ville de commerce; son port, assez bien abrité et défendu par deux jetées, ne manque pas d'animation; l'expor-

3

tation des vins y est considérable. Derrière le quai s'ouvre une place plantée d'arbres et décorée d'une fontaine du milieu de laquelle émerge, sur un fût de colonne, une statue coiffée du pétase ailé, tenant une bourse d'une main et un caducée de l'autre. C'est bien un Mercure, le messager de l'Olympe, le dieu du commerce et aussi des voleurs, mais on l'a espagnolisé en l'affublant d'un long manteau, vêtement assez incommode pour l'exercice de ses multiples fonctions.

La ville de Tarragone est assez laide, mais très pittoresque; elle a la forme d'un long rectangle qui grimpe du port au sommet d'une haute colline. Ses maisons s'étagent sur une pente assez rapide; entre leurs toits grisâtres, d'élégants palmiers montrent leurs têtes couronnées d'un large bouquet de feuilles vertes. Des promenades plantées (*Ramblas*) traversent la ville dans le sens de sa largeur. La *Rambla de San Juan* est la principale; elle est bordée d'assez belles maisons de construction récente. C'est là que se trouve le théâtre; le répertoire français n'y est pas inconnu; les Tarragonais y ont vu jouer *La Mascotte*. La vieille ville couvre le faîte de la colline de ses hautes maisons noires et délabrées et de ses rues sombres, étroites, tortueuses et pas même pavées; la circulation des voitures y est presque impossible.

Aux XVe et XVIe siècles, Tarragone était entourée d'une enceinte fortifiée avec bastions, courtines et murailles crénelées; cette enceinte tombe en ruines de tous côtés, et l'on a commencé à la démolir. Entre la porte *del Rosario* et la porte *del Socorro* subsistent encore de vieux murs dits Cyclopéens, c'est-à-dire Celtiques ou Phéniciens, formés d'assises superposées d'énormes pierres presque brutes; elles ont été placées là il y a peut-être trente siècles. Ces vénérables murailles ont un aspect vraiment imposant. De la porte del Socorro la vue s'étend sur le *Campo* de Tarragone, la vallée de *Francoli* et les montagnes qui ferment l'horizon. On aperçoit aussi, près de l'enceinte, une grosse tour carrée, noire, fruste, percée de quelques étroites ouvertures : c'est le *Torreon de Pilatos;* elle faisait partie d'un palais d'Auguste, et elle sert maintenant de prison.

Malgré son peu d'importance actuelle, Tarragone a conservé son siège archiépiscopal. Sa cathédrale, dédiée à sainte Thècle, est un des beaux édifices religieux de l'Espagne. La façade, élevée sur un assez grand nombre de degrés est très imposante, quoiqu'elle ne soit pas achevée. Elle a été construite au XIVe siècle et se compose d'un immense portail ogival très profond surmonté d'une large rosace encadrée par deux épais contreforts. Au fond de ce portail s'ouvrent deux portes séparées par un trumeau orné d'une statue de la Vierge portant l'enfant Jésus. Dans les ébrasements sont rangées des statues colossales d'apôtres et de saints, bien posées, bien drapées, d'une belle tournure et d'un grand style. Elles ont été exécutées en 1376 par un artiste barcelonais, Jayme de Castayls, et elles offrent un spécimen très intéressant et très remarquable de l'art de la sculpture en Espagne à la fin du XIVe siècle. Les vantaux des portes sont revêtus de plaques de métal artistement travaillées ; les heurtoirs sont des chefs-d'œuvre de serrurerie. Les parties latérales de cette façade doivent être plus anciennes, car elles sont percées de portes de pur style roman.

Intérieurement l'église est vaste, sombre, solennelle ; ses hautes fenêtres ne laissent passer qu'une lumière affaiblie par la riche coloration des vitraux. Elle est très sobrement ornée ; les voûtes sont peu élevées et leurs arcs ogivaux ne sont dessinés que par de gros tores sans moulures. Jusqu'à naissance de ces voûtes le style architectural du vaisseau est roman.

Derrière le maître autel (*Capilla mayor*) s'élève un grand retable en albâtre, sculpté, au commencement du XVe siècle, par Pedro Juan et Guillen de la Mota ; c'est une œuvre très remarquable dont les sujets ont été empruntés à la vie de Jésus-Christ et à celle de sainte Thècle, patronne de Tarragone. Le tabernacle, très riche et très orné, est gothique. A droite, sous une arcade, est le tombeau de l'archevêque don Juan d'Aragon. L'expression de la tête du prélat couché sur un cénotaphe est admirable de noblesse et de sérénité.

Le *Coro* occupe presque toute la grande nef ; à l'entrée sont deux beaux ambons en marbre de style ogival. Les stalles en bois noir de la *silleria* sont décorées de figurines et d'ornements très finement travaillés. Le buffet d'orgue est tout doré et d'une richesse excessive d'ornementation ; un groupe de statues dis-

posées en cul-de-lampe porte le siège de l'organiste.
Le buffet se compose de tuyaux verticaux et, en outre,
d'une rangée de tuyaux horizontaux braqués comme
des pièces d'artillerie; ils ne servent à rien et produisent un singulier effet. Cette disposition bizarre est
adoptée dans beaucoup de cathédrales, et les buffets
sont placés, non au-dessus du portail d'entrée comme
dans nos églises, mais au-dessus des stalles, sur l'un
des côtés du coro; souvent même il y en a deux en
face l'un de l'autre. A gauche du Trascoro est le tombeau du roi Jacques d'Aragon, mort en 1276; c'est une
œuvre du XIIIᵉ siècle, intéressante par son ancienneté;
elle a été habilement restaurée en 1856.

A gauche du maître autel s'ouvre une jolie chapelle
pentagonale de style ogival, festonnée d'une élégante
balustrade à jour ornée de huit statues. Du même côté
est une chapelle basse qui renferme un groupe représentant le Christ mort entouré de ses disciples et des
saintes femmes: les figures sont plus grandes que nature. Cette œuvre bizarre n'a pas d'autre mérite que
celui d'un naturalisme naïf. Un large bassin rectangulaire en marbre, trouvé dans les ruines du palais d'Auguste, sert de cuve baptismale; il repose sur un soubassement élevé de six degrés et est flanqué de deux
lions couchés.

Un grand nombre de chapelles profondes s'ouvrent
sur les nefs latérales; quelques-unes ont été défigu-
rées dans le détestable style greco-romain moderne.
La troisième chapelle à gauche renferme deux tombeaux en marbre blanc d'un travail très fini et très

délicat, mais trop surchargés de statues petites et grandes et d'ornements de tout genre ; l'un d'eux, par ses attributs, doit être celui d'un homme de guerre. Le retable est doré sur toutes ses faces; autour de ses colonnes torses s'enroulent des guirlandes de feuillage et des figurines d'anges. Des statues dorées surmontent l'entablement, enfin la coupole est divisée en caissons dans lesquels sont peintes des figures d'apôtres et d'évêques. Cette chapelle est plus remarquable par la richesse que par le bon goût de sa décoration. La chapelle correspondante de la nef de droite est dans le style élégant de la renaissance; elle est recouverte d'une coupole et ses parois sont ornées de médaillons, de guirlandes, de statues et de grands bas-reliefs.

La cathédrale communique avec son cloître par une belle porte romane; les chàpiteaux des colonnettes, les feuillages et les animaux fantastiques sculptés dans le tympan, méritent de fixer l'attention. Ce *cloître* est un des plus élégants qu'il y ait en Espagne, et, fort heureusement, il est bien conservé. Les arcs sont romans et les voûtes ogivales. Chaque travée comprend trois arceaux portés par des colonnes accouplées en marbre blanc, et elle est percée de deux ouvertures circulaires dans sa partie supérieure. Les chapiteaux sont peuplés de figurines; celles des piliers d'angle représentent des scènes de l'Ancien et du Nouveau-Testament avec une naïveté toute primitive ; l'exécution en est très soignée. Le *Patio* est planté de beaux arbres verts dont le feuillage complète harmonieusement la décoration du cloître. On ne saurait imaginer un lieu plus favorable au recueillement et à la méditation.

Au fond d'une grande chapelle très nue, on aperçoit un énorme édifice en bois flanqué et surmonté de statues; c'est le retable de l'autel. Au milieu, et sous une demi-coupole, un groupe composé d'un grand nombre de personnages représente *Jésus au milieu des docteurs*. Cette œuvre importante de sculpture a dû être exécutée vers la fin du XVIIᵉ siècle.

L'Espagne n'est pas riche en collections d'antiquités, et elle ne paraît pas s'en soucier beaucoup. Le Musée de Tarragone est encore peu considérable, mais avec le temps et des recherches intelligentes il pourrait devenir très intéressant; le sous-sol de la ville et de ses environs doit recéler un grand nombre de restes curieux de la cité romaine. Aujourd'hui, ce Musée n'occupe que trois salles dans lesquelles sont réunis divers objets trouvés par hasard en creusant les fondations des maisons de la nouvelle ville. On y a recueilli des bustes d'empereurs, entre autres d'Hadrien et de Marc-Aurèle, de Lucius Verus, ce bellâtre dont les images remplissent les musées de l'Italie, des statuettes et des ustensiles en marbre et en bronze, des monnaies, des mosaïques (l'une d'elles, de grande dimension, représente une tête de Méduse), des fragments de colonnes, de chapiteaux, d'entablements. Une salle est consacrée au moyen âge; elle renferme des statuettes, des bas-reliefs, des débris d'architecture, deux grands boucliers, le tombeau de don *Jayme el conquistador* et son épée, vieille lame rouillée, sans garde. Tous ces objets sont bien classés et rangés en aussi bon ordre que le permet l'exiguité du local.

Les touristes s'arrêtent rarement à Tarragone; cependant sa cathédrale, son cloître, ses vieilles murailles romaines et celtiques, sont très dignes d'intérêt.

De Tarragone à Valence le chemin de fer suit le rivage de la Méditerranée; il traverse d'abord le *campo* de Tarragone, fertile, bien cultivé, planté de vignes et d'oliviers. A droite, une ligne de montagnes aux sommets arrondis ferme l'horizon; à gauche, les eaux bleues de la mer vont se confondre avec l'azur foncé du ciel·

D'*Hospitalet* à *Amella* le pays change d'aspect; il est inculte, nu, rocheux, sillonné de torrents desséchés· On entre ensuite dans le *Delta de l'Èbre*. Les alluvions de ce grand fleuve, dont le cours est de près de deux cents lieues, forment une plaine qui s'avance au loin dans la mer, et qui paraît très fertile. De nombreuses rigoles alimentées par des norias l'arrosent dans tous les sens; elle est plantée de vignes, d'oliviers, de caroubiers. Le chemin de fer la traverse en contournant les croupes des derniers contreforts de la montagne et en entamant d'immenses tas de cailloux roulés arrachés aux flancs des Sierras de l'Aragon. Puis il passe devant TORTOSE, vieille ville d'assez triste apparence dont les maisons bordent une rive de l'Èbre ou s'échelonnent sur un versant dominé par une ancienne citadelle aux murs crénelés; enfin il franchit le fleuve qui roule ses eaux limoneuses entre deux rives plates. Quoique tout près de son embouchure, la largeur de son lit n'est pas considérable.

Après Castellon de la Plana, ville assez importante, s'étend une belle plaine couverte de plantations
d'orangers chargés de leurs fruits d'or, sillonnée de
canaux d'irrigation et cultivée comme un jardin. Plus
loin est Murviedro, assise au pied du rocher où fut
Sagonte. On voit encore, sur la cime de ce rocher, les
ruines d'un château et d'une enceinte crénelée ; mais
il n'existe plus que quelques débris de la ville antique
si célèbre par le long siège qu'elle soutint contre
Annibal, entre autres les restes d'un théâtre. En fouillant le sol, on ferait certainement de précieuses découvertes. La longue résistance de Sagonte peut,
s'expliquer par sa position topographique. Avec les
moyens obsidionaux que possédaient les Anciens, la
prise d'une ville bâtie sur le sommet d'un rocher
escarpé et protégé par une rivière *(la Palencia)* devait
présenter de grandes difficultés. On arrive enfin à
Valence, après avoir traversé une partie de sa magnifique *Huerta.*

La bande de terre qui s'étend de Portbou à Valence,
entre la Méditerranée et les plateaux de l'intérieur, est
la partie la plus peuplée de l'Espagne. Sur un parcours
de cent trente-sept lieues, le chemin de fer ne dessert
pas moins de soixante dix-neuf stations. En outre, on
aperçoit sur les pentes des montagnes un assez grand
nombre de petites villes entourées de murailles ou
assises au pied d'un vieux castel ruiné, repaire d'un
seigneur au moyen âge, ou défense contre les incur-
sions des pirates barbaresques.

3.

CHAPITRE IV

Valence. — Le Cid. — La ville. — Le marché. — La bourse. — La cathédrale. — Les églises. — La semaine sainte. — Le musée. — Le port du Grao. — La Huerta. — Route de Valence à Cordoue. — Cervantes et *Don Quichotte*. — Bataille de las navas de Tolosa.

R̄uy Diaz de Bivar est la grande figure légendaire de l'Espagne au moyen âge, la personnification la plus complète de la lutte patriotique et religieuse des chrétiens contre les musulmans. Cinquante ans à peine après sa mort, il était le héros d'une longue épopée populaire où la fiction se mêlait à la réalité, et qui consacrait déjà le surnom glorieux de *Cid Campeador*.

> *Ferid los, Cabulleros, por amor de caridad,*
> *Io so Ruy Diaz, el Cid campeador de Bivar.*

criait-il à ses compagnons, dans une sortie contre les Maures qui assiégeaient la forteresse d'Alcocer.

En 1094, les Maures furent chassés de Valence par le Cid, qui s'y établit comme dans une vice-royauté et la gouverna jusqu'à sa mort, en 1099. Deux ans après, elle retombait au pouvoir des Almoravides, et, en

1238, Jayme d'Aragon, dit le *Conquistador*, en faisait la conquête définitive.

Le Cid naquit près de Burgos et mourut à Valence. Chacune de ces deux villes revendique la gloire du héros; celle-ci a même pris le nom de *Valentia del Cid*, et ses habitants se qualifient modestement de fils du Cid.

Il ne reste plus rien de la cité héroïque et de la cité arabe; mais la ville actuelle est encore renfermée dans une ancienne enceinte du XIVe siècle, dont il subsiste quelques parties qui se rattachent à des portes monumentales, telles que celles *del Cuarte* et de *Serranos*. Celle-ci a été construite par Miguel Serrano, au XIIIe siècle; elle est flanquée de deux énormes tours octogonales couronnées de créneaux. La porte *del Cuarte*, qui ne date que de 1444, s'ouvre entre deux grosses tours rondes attribuées aux Arabes; elle sert de prison militaire. L'une et l'autre sont noires, massives et d'aspect sinistre.

Le *Turia* ou *Guadalaviar* coule au nord de la ville dans un large lit de cailloux; mais, avant d'arriver à Valence, il a laissé la plus grande partie de ses eaux dans les canaux d'irrigation de la *Huerta*. Sur la rive opposée à la ville s'étendent les promenades de l'*Alameda* et du *Jardin-de-la-Reine*, bien ombragées, bien entretenues, mais peu fréquentées; celles que le public paraît préférer sont le *Paseo de la Glorieta* et la place du *Prince-Alphonse*, plantées de palmiers et de beaux magnolias, et situées dans la ville même, à l'extrémité de la rue *Puerta del mar*.

La ville, bâtie en plaine, a une forme presque circulaire ; elle se compose d'un dédale de ruelles et de rues courtes, étroites, tortueuses : celles de *Cuarte*, de *los Caballeros*, de *San-Vicente*, bordées de maisons modernes, sont les plus longues et les plus régulières. C'est dans la rue *Saragoza*, qui aboutit à la cathédrale, que se trouvent les boutiques les plus riches et les plus élégantes. Les maisons sont généralement très élevées, mais sans aucun caractère architectural. Cependant, les stores, en étoffes rayées ou en sparterie, suspendus devant les fenêtres pour garantir les appartements contre les ardeurs du soleil, et les cierros appliqués aux façades donnent aux rues une physionomie assez originale. Les *cierros* sont de hautes cages en verre, en saillie au-dessus des balcons ; ils sont ornés de fleurs et de rideaux de couleurs gaies. C'est dans ce réduit que les dames espagnoles viennent s'asseoir, causer et regarder ce qui se passe dans la rue.

On remarquera, sur la place *Villarasa*, un palais qui a la prétention d'être monumental. Sa façade principale présente un entassement confus et compliqué d'ornements de tout genre et de grandes statues, en haut et en bas-relief, strapassées et dans des poses d'une violence exagérée. Ce travail, tout en marbre blanc, a été exécuté par Ignace Vergara : c'est de l'art en pleine décadence.

La grande et longue place *del Mercado*, située au centre de la ville, était autrefois le théâtre des réjouissances publiques, des tournois, des courses de taureaux et aussi des auto-da-fé. C'est aujourd'hui, ainsi que son nom l'indique, le principal marché des comestibles. Tous les matins, elle se remplit d'une foule bruyante de marchands et de paysans qui y étalent leurs denrées et de ménagères qui viennent s'y approvisionner. Jusqu'à midi, elle offre un spectacle très curieux et très animé. Le costume des femmes n'a rien de bien caractéristique; celui des hommes est plus original. Le paysan valencien porte de larges braies de toile blanche, de hautes guêtres et des souliers de cordes (*alpargatas*), une veste courte, un gilet de velours garni de piécettes d'argent et une large ceinture rouge ou violette. Il se rase la tête et l'entoure d'un mouchoir de couleur éclatante que recouvre un petit chapeau de feutre à bords retroussés. Une couverture bariolée et garnie de longues franges (*manta*) est rejetée sur l'épaule. Cette manta est d'un effet très pittoresque, c'est le vêtement national; la ville de Valence est renommée pour sa fabrication, et une des rues qui aboutissent au marché porte le nom de *Calle de las Mantas*.

La population de Valence avait autrefois une assez mauvaise réputation; c'est parmi elle, dit-on, que l'aristocratie espagnole recrutait des assassins à gages; Mme d'Aulnoy raconte, à ce sujet, de tragiques histoires. Si les *Bravi* ont disparu de Valence, les mendiants y pullulent, comme dans toutes les villes de l'Espagne. Les établissements de charité y sont cependant très nombreux; c'est peut-être pour cela que la mendicité s'y pratique si ouvertement.

Valence est, après Barcelone, la ville la plus considérable de l'Espagne par son commerce et par son industrie. Son importance date de loin car, dès le commencement du XIVe siècle, les marchands y possédaient un édifice affecté à leurs transactions. La bourse actuelle (LA LONJA) a été construite à la fin du XVe siècle par Jean Iborra. Sa longue façade s'élève sur le Mercado ; elle se compose de deux corps de hauteur inégale, couronnés de merlons dentelés et séparés par une grosse tour carrée qui paraît inachevée. Le corps principal est percé seulement d'une grande porte et de deux fenêtres de style ogival fleuri. Dans son ensemble, ce massif édifice est lourd et triste ; rien d'ailleurs ne caractérise sa destination spéciale. Intérieurement, une immense salle meublée de tables, de bancs et de chaises grossières sert de lieu de réunion aux négociants. Les voûtes, d'une grande élévation, s'appuient sur des colonnes, les unes isolées, les autres appliquées aux murs latéraux. Ces colonnes, sans chapiteaux, s'épanouissent pour dessiner des arrêtes d'arcs ogivaux ; elles sont tordues en spirale, et leur diamètre, trop faible pour leur hauteur et pour la masse qu'elles supportent, les fait paraître grêles plutôt qu'élégantes. La salle manque de proportion. Dans la corniche, une inscription d'une latinité médiocre invite les négociants à l'honnêteté, leur promettant, à cette condition, la fortune dans ce bas monde et le paradis dans l'autre (1).

(1) « Inclita domus sum annis ædificata quindecim. Gustate et

Sur le côté opposé de la place s'élève une grande
façade plate percée de deux portes encadrées de colonnes portant un fronton triangulaire. Entre ces deux
portes, une sorte de niche en encorbellement abrite
une statue assise de la Vierge. Dans la frise s'ouvrent
un grand nombre de fenêtres qui font l'effet de trous,
et une lanterne renaissance assez élégante, flanquée
des statues des deux saints Jean, le baptiste et l'évangéliste, surmonte l'attique. Cette façade est celle de
l'église de Los Santos-Juanes; elle est lourde et
sans caractère. Derrière l'édifice se dresse un haut
campanile carré couronné d'une balustrade et terminé
par un lanternon.

L'intérieur de l'église se compose d'une seule nef
dont la voûte et le chœur ont été peints à fresque par
Palomino, le *Vasari* espagnol. C'est une œuvre capitale
et très remarquable de cet historiographe de la peinture; la composition en est très bien ordonnée, et les
grandes figures des pendentifs sont hardiment posées
et d'un bon style. Le retable du maître autel, avec ses
trois étages tout dorés, ses colonnes torses, ses statues
et ses bas-reliefs, est éblouissant. Les chapelles latérales s'ouvrent sous des arcades dont les tympans
sont surchargés d'arabesques et de rinceaux peints
en blanc. Entre chaque arcade on voit, à mi-hauteur
des piliers, de grandes statues assez banales qui re-

videte, concives, quoniam bona est negotiatio, quæ non agit
dolum in linguâ, quæ jurat proximo et non deficit, quæ pecu-
niam non dedit ad usuram ejus. Mercator, sic agens divitiis re-
dundavit et tandem vitâ fruetur æternâ. »

présentent des rois ou qui personnifient des tribus d'Israël. Les devants d'autel sont en argent repoussé avec des figurines d'anges et des branches de feuillage; au fond se dressent de grands retables dorés. Toute cette décoration est bien dans le goût espagnol; elle est plus somptueuse qu'élégante.

Valence est le siège d'un archevêché; sa CATHÉDRALE a été commencée en 1262, continuée pendant les siècles suivants et restaurée plusieurs fois à la moderne. La porte principale, près de la tour du *Miguelete,* est décorée de statues lourdes et maniérées d'Ignace Vergara et d'ornements rococo; celle *de los Apostolos* est ogivale et celle *del Palau,* romane. L'abside est également romane; mais les piliers qui séparent les nefs sont revêtus de pilastres corinthiens. Cette église n'a aucune unité de style; certaines parties extérieures ne sont même pas achevées. Elle est enveloppée de vieilles maisons délabrées; elle n'offre donc que peu d'intérêt architectural. Cependant, la porte de *Palau* est d'un roman très élégant. Sous sa corniche sont rangées sept têtes d'homme et autant de têtes de femme qui représentent, dit la chronique, les chefs des sept familles dont la noblesse de Valence se prétend originaire. La porte de *los Apostolos* est d'un gothique de la bonne époque; elle est ornée de statues et surmontée d'une belle rose à vitraux coloriés; mais elle est inachevée et si mal entretenue qu'on ne prend même pas la peine d'arracher les plantes parasites qui poussent entre les pierres et qui les disjoignent.

Près de la porte principale s'élève une grosse tour

octogonale (*el Miguelete*) que termine une plate-forme entourée d'une balustrade et surmontée d'un petit campanile qui renferme les cloches et l'horloge. Du haut de cette tour, on jouit d'un panorama très étendu. La masse compacte des maisons se serre autour de sa cathédrale; de tous côtés se dressent des tours, des clochers et des coupoles dont les grandes tuiles vernissées font, par leurs vives couleurs, une diversion très gaie à la teinte grisâtre des toits. Tout à l'entour s'étend une grande plaine parsemée de villages et couverte d'une riche végétation : d'un côté, la mer fuit à l'horizon; du côté opposé, une chaîne de montagnes dessine son profil sur le ciel.

L'intérieur de l'église est imposant par ses vastes proportions (cent mètres sur soixante), quoique les voûtes de ses trois nefs soient basses et lourdes. Le maître autel (*capilla mayor*) est renfermé dans une enceinte demi-circulaire qui le sépare d'une abside profonde à chapelles rayonnantes; il est adossé à un immense retable à deux ordres de colonnes encadrant des compartiments remplis de bas-reliefs et de statues peintes. Les moulures de la demi-voûte qui le recouvre sont surchargées d'ornements de tout genre : rinceaux, guirlandes, figurines, etc., etc. Cette décoration est riche, mais excessive.

Le 9 octobre 1238, le roi don Jayme le Conquistador fit son entrée solennelle à Valence, après en avoir chassé les Maures. Le bouclier et les éperons qu'il portait ce jour-là furent donnés au chapitre, en 1316, par Jean de Pertusa; on les voit suspendus à gauche du maître autel, au-dessus de l'écu armorié du donateur. Devant ce maître autel est un beau lustre en cristal de roche, qui, au dire du sacristain, ne compte pas moins de 82,284 pièces; il était destiné à Saint-Pierre de Rome, mais il fut jugé insuffisant pour l'immense basilique, et le chapitre de la cathédrale de Valence en fit l'acquisition pour la modeste somme de 22,000 réaux (environ 5,500 fr.). Ce lustre est une curiosité rare; quelques pièces sont d'une très grande dimension, les cristaux sont d'une limpidité parfaite, et, sous les rayons du soleil, ils produisent de magnifiques jeux de lumière. Près du chancel est une chaire gothique dans laquelle prêchait, à la fin du XIVe siècle, saint Vincent Ferrer, dominicain espagnol.

Au-dessus de la croisée du transept s'arrondit une haute coupole suspendue sur un double étage de larges fenêtres ogivales avec galeries et balustrades à jour. La lumière entre librement par ces grandes baies et se répand dans toute la partie moyenne et supérieure de l'édifice. Les pendentifs sont décorés de statues colossales de docteurs. Le *coro* n'offre rien de remarquable; cependant, sa face postérieure *(el Trascoro)* est ornée de beaux bas-reliefs en marbre représentant des scènes du Nouveau-Testament. La sacristie des chanoines possède une collection très considérable de reliques et un beau christ en ivoire attribué à Michel-Ange. Mais que n'attribue-t-on pas à l'illustre artiste florentin ?

Les chapelles latérales renferment un grand nombre de tableaux; plusieurs sont de Juan de Juanès, célèbre peintre valencien ; ils sont si mal éclairés qu'il est impossible de les voir. Celui de la chapelle des fonds baptismaux a pour sujet *Le Baptéme du Christ;* il est bien composé, d'un dessin correct, mais le coloris en est noir et dur. Presque tous ces tableaux sont, d'ailleurs, en assez mauvais état ; près de la porte du transept de gauche, celui qui représente l'*Ange visitant saint Pierre* dans sa prison est percé au milieu d'un grand trou : on ne songe même pas à le réparer.

L'église de SANTA CATALINA, non loin de la cathédrale, est surmontée d'une tour hexagonale assez élégante ; on voit encore, près de l'entrée, une logette dans laquelle les pénitentes se renfermaient pour expier leurs péchés. SAINT-BARTHÉLEMY possède une *Sainte Famille* attribuée à Juan de Juanès. A SAINT-THOMAS on remarquera le retable du maître autel, en bois presque noir et sans dorures, particularité assez rare ; malgré la surchage habituelle de l'ornementation, son ensemble est imposant. Sur un côté extérieur de SAINT-MARTIN, un grand groupe en bronze représente le patron de l'église coupant un pan de son manteau pour le donner à Jésus-Christ déguisé en mendiant. C'est de la sculpture primitive.

Il y a beaucoup d'autres églises à Valence, mais elles n'offrent que peu d'intérêt ; elles sont décorées avec plus de richesse que de goût. La plupart n'ont qu'une seule nef sur laquelle s'ouvrent des chapelles profondes et obscures dont les autels sont surmontés de grands retables plus ou moins dorés, avec colonnes torses, ornements de tout genre, tableaux et statues peintes.

Pendant la semaine sainte, les villes, en Espagne, prennent un aspect tout particulier. La circulation des voitures est interdite à partir du mercredi soir ; le lendemain les boutiques restent fermées et la population, revêtue de ses plus beaux habits, se répand dans les rues. Les femmes, habillées de noir et coiffées de la mantille, se parent de tous leurs bijoux, même de diamants. Comme les cérémonies religieuses sont très longues et qu'il n'y a pas de chaises dans les églises, les dames de la classe aisée portent suspendu à leur bras, ou font porter par la camériste qui les accompagne, un petit pliant qui leur sert de siège. Les autres s'accroupissent par terre et les hommes s'agenouillent sur leur mouchoir soigneusement déplié. Les écoles, les confréries, les soldats sans armes conduits par leurs officiers, se transportent d'église en église. Dans toutes, les fenêtres sont voilées par des rideaux ; il y règne une obscurité profonde. Devant le maître autel, et entre des faisceaux de cierges, est étendu le corps du Christ, de grandeur naturelle, en bois peint d'une couleur tout à fait cadavérique, montrant ses plaies saignantes. Chacun passe devant cette statue, lui baise les pieds, et dépose son offrande dans un plateau. Près de la porte d'entrée, des patronesses d'œuvres de bienfaisance sont assises devant de petites tables et reçoivent les aumônes des personnes charitables. Le vendredi soir, une grande procession parcourt les rues principales. Le sentiment réaliste des Espagnols se manifeste très naïvement dans la mise en scène de cette procession. D'abord s'avancent des soldats costumés soi-disant à la romaine, avec des tuniques rouges et des casques à cimier ; puis Jésus-Christ attaché sur la croix ; ensuite une descente de croix composée de cinq statues peintes ; la Vierge debout étend le bras d'un geste désespéré. On voit défiler des enfants avec des ailes attachées aux épaules, un grand Christ couché dans une cage en verre à panneaux dorés, enfin une croix sur laquelle s'appuient deux échelles. Toutes ces figurations sont élevées sur des brancards portés par des hommes vêtus de robes noires ou rouges et coiffés de hautes cagoules coniques. Le clergé, revêtu d'habits étincelants d'or et d'argent, est groupé autour du dais qui abrite l'archevêque ; les membres de toutes les corporations, un cierge à la main, forment la haie, et la musique militaire fait entendre des marches funèbres. Des exhibitions à peu près semblables se voient encore aujourd'hui dans certaines villes de la Flandre belge, à Furnes et à Bruges, par exemple.

Dans la plupart des carrefours, on aperçoit, sur un piédestal entouré de lanternes, une statue en bois peint de grandeur naturelle représentant Jésus-Christ coiffé d'une perruque noire retombant sur les épaules, une couronne d'épines sur le front, un roseau à la main et vêtu d'un manteau ou d'une robe de velours rouge ou violet. Un plateau, placé sur le piédestal, sollicite la charité des passants.

Le samedi matin, Valence reprend sa physionomie

habituelle ; les voitures circulent, les boutiques s'ouvrent et se remplissent d'acheteurs ; la place du Mercado, déserte depuis deux jours, se couvre de comestibles et de fleurs, c'est une résurrection. Au moment du *Gloria* de la messe du matin, les cloches sonnent à toute volée et des sacristains postés dans les tribunes supérieures des églises lancent sur la foule des poignées de petites bandes de papier sur lesquelles est figuré un ange tenant une banderole portant ces mots : *Quia surrexit Dominus vere, alleluia.* Près des portes, de grands baquets sont remplis d'eau bénite ; les dévotes s'en approchent, y plongent l'extrémité de leurs doigts, avalent même une gorgée de cette eau et en remplissent des bouteilles.

La ville et la province de Valence peuvent se glorifier d'avoir donné naissance à plusieurs peintres célèbres : Juan de Juanès (1507 + 1579), Sanchez Coello (1515 + 1590), Francisco de Ribalta (1555 + 1628), Ribera (1588 + 1628), Esteban March (1590 + 1666), Espinosa (1600 + 1680). Le plus éminent, quoique le plus ancien, est, sans contredit, Juan de Juanès. Ce grand artiste s'était formé en Italie, par l'étude des œuvres de Raphaël et sous la direction de ses élèves, Jules Romain et Perino del Vaga ; sa couleur est lumineuse, son dessin correct, ses figures expressives, ses draperies ajustées avec goût et élégance. C'est un peintre de style, et le plus italien des Espagnols.

Il existe, dans la plupart des églises, des tableaux peints par les artistes qui viennent d'être cités ; malheureusement, ils sont enfouis au fond de chapelles obscures où il est impossible d'apprécier leurs qualités. Valence possède bien un MUSÉE provincial, et c'est là qu'on devrait pouvoir les étudier, mais son installation est déplorable. Onze cents toiles environ, provenant de couvents supprimés, sont suspendues, sans ordre ni méthode, aux murs de trois grandes salles et d'un cloître de l'ancien monastère de *La Merced* : leur éclairage est très défectueux. Presque toutes sont en mauvais état, craquelées, déchirées, encrassées de poussière, noircies par la fumée des cierges. Il n'y a même pas de catalogue; aucune indication ne fait connaître le nom de l'auteur : partout règnent le désordre et la malpropreté. Les Espagnols s'intéressent assez peu aux choses d'art. La province ou la ville de Valence ne pourrait-elle pas donner à ses illustres enfants une hospitalité plus digne d'eux ?

Un examen attentif fait remarquer les tableaux suivants :

JUAN DE JUANÈS. *Une Cène* de petite dimension qui rappelle, par son ordonnance, celle de Léonard de Vinci;

Une Conception : La Vierge est debout sur un croissant; Dieu le père et Jésus-Christ, vus à mi-corps au haut de la toile, posent une couronne sur sa tête;

Un *Christ au roseau*, les mains liées et couronné d'épines;

Une belle *Tête de Christ*.

FRANCISCO RIBALTA avait étudié à Rome et à Bologne; son fils Juan, mort la même année que lui, fut son élève. La manière de ces deux artistes a de telles ressemblances que leurs œuvres sont souvent confondues ; leur coloris est assez dur et manque de transparence. Entre autres tableaux qui leur sont attribués on peut citer :

Un *Christ entre les deux larrons,* bien composé et bien dessiné ;

Un *Saint François à genoux devant le Christ :* La tête du saint est très belle, mais celle du Sauveur est vulgaire ;

Saint Jean et Saint Pierre, largement peints ;

Une copie réduite de la *Transfiguration* de Raphaël ; Le coloris de l'original est riche et lumineux, celui de la copie est noir et dur. Cette différence caractérise bien la manière des artistes espagnols du temps des Ribalta.

RIBERA, sorti très jeune de l'école de Ribalta, vint en Italie, où il passa le reste de sa vie. Il est représenté au Musée par une *Sainte Thérèse* et un *Martyr écorché* par des bourreaux. Il a traité plusieurs fois cet horrible sujet.

Quelques portraits sont attribués à Velasquez et à Murillo. Si ces attributions sont exactes, ce sont des œuvres de leur jeunesse, alors que ces princes de l'art ne possédaient pas encore la richesse de coloris qu'on admire dans les œuvres de leur âge mur.

ESPINOSA avait aussi étudié en Italie. Ses tableaux sont correctement dessinés, mais le coloris en est terne et dur. La *Communion de la Madeleine* passe pour être son chef-d'œuvre. Les fonds manquent de transparence, les têtes sont vulgaires et la pénitente fait une fort laide grimace.

On peut encore signaler deux portraits de GOYA, très vivants et d'une agréable couleur: l'un représente *Bayeu, pintor de Camera,* l'autre, *Rafaël Estève,* graveur.

Le Musée possède aussi quelques anciens tableaux italiens et flamands et une nombreuse collection de portraits très médiocres, mais qui peuvent avoir un intérêt historique.

Le *Patio,* qu'entourent les galeries, est aussi mal tenu que le Musée; son plus bel ornement consiste en quatre grands palmiers; le plus âgé aurait, dit-on, cent quarante-quatre ans.

Valence, une des villes les plus importantes de l'Espagne, est à la fois commerçante et industrielle, et elle doit, en partie, ce double avantage au petit port artificiel du GRAO dont elle n'est éloignée que de trois kilomètres. Une avenue bordée de cabarets, de magasins, d'entrepôts, de petites maisons de campagne relie la ville au port et est incessamment parcourue par des tramways et des *tartanes.* Il n'est pas inutile de savoir ce qu'est une tartane, ne serait-ce que pour ne pas s'en servir: c'est le véhicule valencien par excellence. Qu'on se figure une longue caisse voûtée, couverte d'une toile noire, portée sur deux roues très élevées, sans ouvertures latérales, et n'ayant qu'une portière à une extrémité et une fenêtre à l'autre; on y est assis comme dans un omnibus. Extérieurement, la tartane a l'air d'un char de pompes funèbres. Elle est attelée d'un mulet que conduit un indigène perché sur un petit siège posé sur le brancard de gauche; ses jambes pendent dans le vide ou sont soutenues par un marche-pied. La tartane est à peine suspendue sur de durs ressorts, et le malheureux voyageur, s'il n'est pas espagnol, ne tarde pas à avoir les reins brisés par les violents cahots d'une route semée de grosses pierres et sillonnée d'ornières profondes.

La ville du GRAO n'est qu'un gros bourg composé de magasins, de chantiers et de maisons habitées par des ouvriers, des marins et des pêcheurs. Elle est mal bâtie, peu pavée et très malpropre. Les cabarets y sont nombreux. Le port n'est qu'une emprise faite sur la mer au moyen de deux longues jetées derrière lesquelles viennent se ranger des caboteurs et des grands navires à voile et à vapeur; il est peu profond; la côte est plate et ne présente aucune défense naturelle. Il y a cependant là un mouvement d'échanges assez considérable.

De Valence à Cordoue, la distance est presque doublée par les nombreux détours que fait le chemin de fer qui se dirige d'abord vers le sud, puis remonte à l'ouest et au nord, et, enfin, redescend au sud pour pénétrer dans la grande vallée du Guadalquivir. En sortant de Valence, il traverse LA HUERTA, vaste plaine célèbre par son admirable fertilité; c'est un immense jardin; son sol est une terre rougeâtre et profonde; elle est couverte de rizières, de céréales, de bouquets de palmiers, de bois de mûriers et de véritables forêts d'orangers qui s'étendent à perte de vue, et dont le feuillage d'un vert brillant, les fleurs éclatantes de blancheur et les fruits d'or, forment un ensemble enchanteur. La richesse agricole est portée là à sa plus haute puissance. Avec du soleil et de l'eau, la fécondité de la terre peut être inépuisable. Ici, le soleil est donné libéralement par la nature, et l'eau a été conquise par l'industrie des hommes, en détournant le *Turia* pour le répandre, par une infinité de canaux, sur toute la superficie de la plaine. Ce sont les Arabes qui ont créé ces fécondantes irrigations, et les populations qui leur ont succédé les entretiennent avec le plus grand soin. La *Huerta* est sillonnée par huit canaux principaux (*acequias*) qui se ramifient en un nombre infini de rigoles et de veines. Chaque canton, chaque champ a droit, à des heures fixes, à une quantité d'eau déterminée, et c'est la cloche du *miguelete* qui donne le signal de l'ouverture et de la fermeture des vannes. La distribution d'une eau si précieuse donne nécessairement lieu à des contraventions et à des litiges. Les délits et les procès sont jugés par huit représentants des *acequias* élus par les cultivateurs. Ils se réunissent tous les jeudis, en plein air, devant la porte de *los Apostolos* de la cathédrale, entendent les parties et prononcent leurs arrêts, qui sont sans appel. Il n'est besoin ni d'avocats ni de papier timbré. Cette justice patriarcale est plus simple, plus expéditive, moins coûteuse et probablement plus équitable que celle qui serait rendue par un tribunal civil ou administratif quelconque.

Après avoir traversé la *Huerta*, le chemin de fer passe près du *lac d'Albufera* (autrement dit *lagune*), dont on aperçoit la surface miroitante à travers de hautes plantes marécageuses. Plus loin est la jolie petite ville de *Carcagente*, au milieu de jardins plantés d'orangers et de palmiers, remplis de fleurs et entourés de haies épaisses d'aloès et de cactus. La végétation est splendide et bien méridionale. *Jativa* groupe ensuite ses maisons blanches au pied de la *sierra de las Agujas* (montagne des Aiguilles) ; les ruines imposantes d'un vieux château la dominent ; enfin *Mogente*, vieille ville arabe. A quelque distance s'élèvent, sur la crête d'un rocher, les restes du château de *Montesa*. La voie pénètre alors dans la montagne, et, après avoir traversé plusieurs tunnels, passe à *Almanza*, à une altitude de plus de sept cents mètres. C'est là qu'en 1707 le duc de Berwick remporta, pour Philippe V, une victoire décisive sur l'armée de l'archiduc d'Autriche. Le pays a complètement changé d'aspect. Des riches plaines de la province de Valence, bien peuplées, couvertes d'une grande et belle végétation, le voyageur se trouve transporté sur le vaste plateau de la vieille Castille, nu, désert, sans arbres, presque sans culture, où, suivant un dicton espagnol, l'alouette qui le traverse doit apporter son grain. C'est une immense steppe.

L'intérêt particulier de cette route monotone à travers l'ancienne province de la Manche est dans les souvenirs qui se rattachent à *Miguel Cervantes* et à son immortel *Don Quijote*. Dans l'antiquité, plusieurs cités grecques se disputaient la gloire d'avoir donné naissance à Homère ; en Espagne, sept villes revendiquent l'honneur d'avoir pour fils le vaillant soldat de Lépante,

l'illustre auteur du chef-d'œuvre de la littérature nationale. Cependant, Cervantes, né à *Alcala de Henarès,*
mourut à Madrid, le 23 avril 1616, pauvre et méconnu
par ses contemporains. On ne sait même pas ce que
sont devenus ses restes. Il fut enterré au couvent des
religieuses de la Trinité; mais, en 1633, celles-ci, étant
venues s'établir dans un monastère, rue de *Cantaranas,*
emportèrent avec elles les ossements de leurs sœurs
en religion, avec lesquels ceux de Cervantes se trou-
vèrent confondus.

L'œuvre de Cervantes, outre son mérite littéraire,
eut une influence morale considérable. Au XVIe siècle,
l'Espagne avait une telle passion pour les extrava-
gances des romans de chevalerie que les Cortès de-
mandèrent, en 1555, que leur lecture fût défendue et
qu'ils fussent brûlés publiquement. Don Quichotte
réalisa, cinquante ans après, la réforme que les législateurs avaient été impuissants à opérer.

L'Espagne ne possède pas même une image authentique de son romancier populaire. Vingt ans avant sa
mort, son ami Francisco Pacheco avait fait son portrait à Séville; il a disparu. On croit qu'il en existe
une copie exécutée par *Alonso del Arco,* sous le règne
de Philippe IV. Cette supposition serait confirmée par
la ressemblance que l'on a pu constater entre le portrait et la description que Cervantes donne de sa personne dans le prologue de ses *Nouvelles;* il avoue
même qu'il était bègue. Cette description peut se ré-
sumer ainsi en style de signalement de passeport :

« Nez aquilin, front découvert, yeux vifs, cheveux

4.

châtains, barbe rousse, longues moustaches, petite bouche garnie de mauvaises dents, teint coloré plutôt blanc que noir, taille moyenne, épaules hautes. »

C'est dans les environs d'*Alcazar San-Juan*, station du chemin de fer, que se passent les principales scènes de l'histoire de Don Quichotte; c'est dans le village d'*Argamasilla* que vécut et mourut le bon Chevalier; sa Dulcinée habitait le *Toboso*; l'aventure des moulins à vent eut pour théâtre les coteaux de *Criptana*; c'est dans la montagne noire (*Sierra Morena*) que le fou Cardenio, sans autre vêtement que sa chemise, exécutait des culbutes sur les rochers, en manière de pénitence, et que Sancho Pança trouva la valise si bien remplie de ducats.

A partir d'*Alcazar San-Juan*, le chemin de fer se dirige vers le sud et passe près de *Valdepeñas*, dont les vins, plus ou moins authentiquès, sont renommés dans toute l'Europe. Bientôt, la *Sierra Morena* se profile à l'horizon; sa masse noire n'a rien de pittoresque par la forme ni d'imposant par l'élévation; c'est une longue ligne à ondulations monotones. *Almadiel*, point culminant de la route, se trouve à une altitude de huit cents mètres. Les versants les plus rapides sont de l'autre côté de la chaîne, dans la vallée du Guadalquivir; on y descend par le défilé de *Despeña-perros* (précipite-chiens). La voie ferrée se fraye un passage au milieu de rochers aigus, dénudés, dentelés, crevassés, d'un aspect farouche, se dressant en aiguilles ou s'entassant dans un désordre chaotique; c'est un ossuaire de montagnes. Les ponts, les viaducs, les tunnels, se suc-

cèdent sans interruption; au fond de profondes dé-
chirures, des torrents blancs d'écume se précipitent
avec fracas. Ce défilé est magnifique, d'un pittoresque
sauvage et saisissant.

En sortant du massif de la Sierra Morena, le chemin
de fer passe à peu de distance du village de *Las navas
de Tolosa*, célèbre par la victoire que les rois de Castille, d'Aragon et de Navarre, remportèrent sur les
Maures le 16 juillet 1212. D'après les chroniqueurs, la
bataille dura toute la journée. La lutte fut acharnée;
les Maures, vaincus, perdirent deux cent mille hommes,
dont cent mille cavaliers, et les Chrétiens vingt-cinq
seulement. C'est du moins ce que raconte le père Mariana en invoquant le témoignage de l'archevêque
Rodrigue qui avait pris part à la bataille. Il est vrai que
cet historien présente le fait comme merveilleux (1),
et il ajoute que, malgré ce carnage de musulmans, on
ne voyait aucune trace de sang sur le champ de bataille; c'était encore une autre merveille (2). Voilà
comment on écrivait l'histoire à la fin du XVIe siècle.
Cette victoire, remportée cinq siècles après l'invasion
des Maures, fut une éclatante revanche de la défaite
du Guadalete. C'est un événement capital dans l'histoire
de la Péninsule : moins de quarante ans après, les
envahisseurs étaient chassés de Cordoue, de Valence,

(1) « La mayor maraviglia que de los fieles no perecieron mas
de veinte y cinco como lo testifica el arzobispo Rodrigo.
(2) Otra maravilla que con quedar muerta tan grande muche-
dumbre de Moros, en todo el campo no se vio rastro de sangre,
segun que lo testifica el mismo dou Rodrigo. »

de Séville; il ne leur restait plus que le petit royaume de Grenade, qui subsista jusqu'en 1492.

On arrive bientôt sur les bords du Guadalquivir, dont on suit la rive gauche jusqu'à Cordoue. La végétation méridionale reparaît; on est entré dans l'Andalousie. Les cactus tordent leurs troncs noueux et étalent leurs palettes charnues; les haies se hérissent d'aloès aux lames dentelées, toutes les ondulations du terrain sont couvertes de céréales et de forêts d'oliviers; enfin, aux environs de Cordoue, les palmiers et les orangers rappellent la *Huerta* de Valence. Cette vallée du Guadalquivir, peuplée, bien arrosée, bien cultivée, fait un contraste complet avec le plateau aride et désert de la Manche.

CHAPITRE V

Cordoue. — La ville. — La Corredera. — La Carrahola. —
El Triunfo. — La mosquée. — La cathédrale. — Le musée.
— Route de Cordoue à Grenade.

Au XIe siècle, Cordoue était la ville la plus considérable, non seulement de l'Espagne, mais de
l'Europe, la capitale d'un Kalifat qui comprenait les
deux tiers de la Péninsule, et sa population s'élevait,
dit-on, à près d'un million d'habitants. Cordoue était le
centre de riches industries et le foyer le plus brillant
de la science et de la civilisation importées d'Orient.
Une de ses bibliothèques, fondée par un des fils du
premier Abderame, possédait plus de six cent mille
volumes ; ses médecins, ses savants, ses poètes, ses
juristes, étaient célèbres dans toute l'Europe. Elle avait
conservé les traditions d'Athènes et d'Alexandrie, et
ses écoles attiraient tous les hommes avides de s'ins-
truire ; Gerbert, devenu pape sous le nom de Syl-
vestre II, les fréquenta pendant trois ans.

Aujourd'hui, quelle déchéance! Cordoue n'est plus qu'un modeste chef-lieu de province, une ville presque déserte, triste, morte. Dans ses rues étroites et tortueuses, la circulation des voitures est presque impossible; la plupart sont sillonnées d'ornières profondes et pavées de gros cailloux si mal assemblés que les mules elles-mêmes refusent d'y marcher et cheminent tranquillement sur la bordure de dalles qui sert de trottoir. Les maisons sont peu élevées, de pauvre apparence et percées de rares ouvertures ; comme dans les autres villes de l'Andalousie, elles sont soigneusement blanchies à la chaux. A travers le grillage de la porte d'entrée, le regard peut plonger dans une petite cour intérieure (*patio*), encadrée de portiques et remplie de fleurs éclatantes et d'arbustes verts. Les ouvertures des appartements donnent sur ce *patio ;* c'est là qu'habite la famille pendant l'été. Cette habitude orientale, bien appropriée au climat, a été conservée dans tout le midi de l'Espagne.

La place de la CORREDERA, la plus grande et la plus régulière, est un long rectangle entouré de maisons à trois étages d'un type uniforme, et de portiques sous lesquels s'ouvrent des boutiques. Autrefois, la Corredera était, comme son nom l'indique, le théâtre des tournois et des courses de taureaux; aujourd'hui, c'est le marché aux comestibles. Là, seulement, Cordoue présente quelque animation. Dès le matin, des paysans en culotte courte, enveloppés d'un manteau couleur amadou ou portant une *manta* jetée sur l'épaule, et coiffés d'un chapeau de feutre à larges bords, arrivent en poussant devant eux leurs mules et leurs ânes chargés de grands paniers en sparterie remplis de fruits et de légumes. Les propriétaires des environs s'y donnent aussi rendez-vous pour traiter de leurs affaires; ils sont à cheval, bien montés, et quelques-uns portent un fusil suspendu à l'arçon de la selle. C'est sans doute un vieil usage et, il faut l'espérer, une précaution inutile. Leurs étriers ont conservé la forme arabe.

La ville descend en pente douce jusque sur le bord du *Guadalquivir*. Ce fleuve, assez large, mais peu pro-fond, roule ses eaux troublées sur un lit de cailloux. Un seul pont (*Puente viejo*), de construction arabe, relie ses deux rives.

On aperçoit, en aval, les puissantes culées d'un pont plus ancien détruit depuis longtemps. A l'entrée du faubourg qui s'étend sur la rive gauche s'élève une haute masse noire composée d'une grosse tour ronde flanquée de deux tours carrées et couronnée de mer-lons pointus, sorte de forteresse ou de tête de pont d'un aspect farouche : c'est la CARRAHOLA. Au milieu du pont se dresse, sur le parapet, la statue de saint Raphaël, patron de Cordoue, et, du côté de la ville, s'ouvre une porte en forme d'arc de triomphe cons-truite au XVIe siècle dans le style romain. Les ruines de l'*Alcazar* des califes se voient encore sur le bord du fleuve; il ne reste plus de ce palais que quelques tours crénelées auxquelles est adossée une caserne de cavalerie. Au delà s'étendaient d'immenses jardins dont une partie seulement, devenue propriété particulière, est ouverte aux voyageurs; elle est assez mal entretenue et sans intérêt.

Près du pont se trouve une petite place décorée d'un monument bizarre. Sur un soubassement en maçonnerie, de gros blocs de granit simulent un entassement de rochers; un Lion, un Cheval, un Palmier et un Monstre marin entourent ce soubassement, et quatre statues allégoriques sont assises autour du massif des rochers, lequel porte une colonne surmontée de la statue de l'ange Raphaël, les ailes déployées et brandissant une épée. Cette étrange construction, dont les différentes parties manquent de proportion, a été édifiée, en 1765, par deux artistes français, Graveton architecte et Verdiguier sculpteur; on l'appelle EL TRIUNFO. On ne saurait mettre en doute le patronage de l'ange Raphaël, car il l'affirme lui-même dans une inscription gravée sur le piédestal de la colonne. Cette inscription peut se traduire ainsi : « Je te jure, par Jésus-Christ crucifié, que je suis l'ange Raphaël que Dieu prépose à la garde de cette ville (1). »

Derrière le Triunfo s'élèvent la haute muraille d'enceinte de la mosquée et, sur le côté, la façade du palais épiscopal, dont la porte, très élégamment décorée dans le style platéresque, est ornée d'un grand nombre de statuettes qui, pour la plupart, ont été décapitées.

Les abords du *Puente viejo* sont la partie la plus

____

(1) « Yo te juro por Jesu Cristo cruzificado que soy Rafaël angel, a quien Dios tiene puesto por guardia de este ciudad. »

curieuse et la plus vivante de Cordoue. Là sont réunis, dans un désordre très pittoresque, des monuments de styles tout différents, arabe, ogival, renaissance, moderne. Sur le pont, seule voie de communication entre les deux rives du Guadalquivir, règne une circulation très active de piétons, de cavaliers, de mules, de troupeaux de bœufs et de moutons. En se dirigeant ensuite vers le haut de la ville, extérieurement à son enceinte, on suit une longue ligne d'épaisses murailles construites pendant la domination arabe et le moyen âge ; elles s'appuient à de grosses tours carrées, percées de portes massives à demi ruinées (les portes de *Séville*, d'*Almodovar*, de *Gallegos*, de *Rosario*, *del Rincon*, *del Colodro*) ; on *passe* près de la promenade de la *Victoria*, de la place des Taureaux, de l'hôpital, du cimetière, et l'on arrive à la tour de *Malmuerte* bâtie en 1416 en expiation, dit la chronique, de l'assassinat d'une femme par son mari. En visitant le cimetière, on remarque que le mode d'inhumation, en Espagne, est à peu près le même qu'en Italie. Le sol du champ des morts est couvert de pierres tombales et de monuments funéraires, et le mur qui l'entoure est creusé de plusieurs étages de cases dans lesquelles les corps sont introduits. Chaque case est scellée par une plaque indiquant le nom, le prénom, l'âge du défunt et la date de son décès. C'est un moyen d'économiser l'espace.

Le temps a détruit bien des monuments et la main des hommes en a renversé beaucoup plus encore ; cependant l'un et l'autre ont respecté en Espagne les

deux plus admirables créations du génie architectural
des Orientaux : la mosquée de Cordoue et l'Alhambra
de Grenade. Tous les voyageurs qui ont raconté au
public leurs promenades dans la Péninsule en ont
fait des descriptions plus ou moins détaillées, illustrées
des épithètes les plus admiratives. Le thème est toujours le même ; il faut donc se résigner à des redites,
car des *Souvenirs d'Espagne* seraient très incomplets si
ces monuments étaient passés sous silence. L'Espagne
possède d'autres édifices du plus haut intérêt, mais la
mosquée de Cordoue et l'Alhambra de Grenade offrent
cet attrait particulier d'être uniques en Europe, de
représenter les deux types les plus parfaits de l'architecture religieuse et civile des arabes, et d'être assez
bien conservés.

Cordoue vit de sa MOSQUÉE. A peine le voyageur
met-il le pied hors de son hôtel, qu'il est assailli par
des gamins et des mendiants qui le poursuivent en
criant : *La Mezquita ! La Mezquita !* et le cortège se
grossit à chaque coin de rue. C'est en effet vers la
Mezquita que le voyageur se dirige tout d'abord ; le
plus souvent il n'est venu à Cordoue que pour la voir.
Il y arrive ordinairement du côté de l'est, et il se
trouve en face d'une haute muraille d'un beau ton
jaunâtre, couronnée de merlons à redans, et soutenue
par de puissants contreforts. Il pourrait se croire
devant une forteresse, n'étaient les fenêtres géminées
et les portes surmontées d'un arc en fer à cheval
décoré d'élégantes arabesques en stuc et de cordons en
mosaïques de petites plaques de faïence vernissée

blanches et rouges. C'est à la fois original, imposant et gracieux.

L'enceinte de la mosquée est rectangulaire ; elle mesure cent soixante-sept mètres de longueur sur cent dix-neuf de largeur ; son aire n'est donc pas moindre de deux hectares. Le temple a été construit à la fin du VIIIᵉ siècle, soixante ans seulement après l'invasion de l'Espagne par les Maures. Il devait être, à cette époque, le monument le plus splendide qui existât au monde, si l'on s'en rapporte aux descriptions très détaillées qui en ont été faites par les historiens contemporains. Ces soldats africains étaient déjà des gens très civilisés et très artistes, alors que le reste de l'Europe était plongé dans la barbarie ; c'est un brillant éclair dans la nuit du moyen âge.

L'entrée principale est au pied d'un campanile. Une porte arabe décorée de stucs *(Puerta del perdon)* donne accès à une vaste cour plantée d'orangers séculaires *(Patio de los naranjeros)* et entourée de portiques à arcades outrepassées. Au fond de cette cour s'ouvre la porte de la mosquée *(Puerta de las palmas)* surmontée d'un grand et bel arc en fer à cheval, qu'encadre un frontispice moderne, avec statues, d'un effet assez discordant.

Rien ne prépare à l'impression saisissante, à la stupéfaction qu'on éprouve lorsqu'on franchit la porte de *Las palmas.* Aucune description, si détaillée, si imagée qu'elle soit, ne peut donner une idée exacte de la réalité. C'est un décor des Mille et une nuits. On peut se croire transporté dans une forêt dont les arbres alignés fuient dans toutes les directions, et dont les branches s'entrecroisent de tous côtés. Les troncs sont des colonnes de marbre de couleurs variées ; les branches, des arceaux étagés, rayés de bandes roses et blanches. La diversité des tons s'harmonise dans une demi-obscurité mystérieuse, et la mosquée paraît d'autant plus immense qu'on n'en aperçoit pas les limites, cachées qu'elles sont par le groupement des colonnes et l'entrecroisement des arceaux. Le silence et la solitude complètent l'illusion.

Près de neuf cents colonnes dessinent dix-neuf avenues coupées à angle droit par trente-six autres. L'avenue la plus large correspond à la porte d'entrée et aboutit au sanctuaire *(Mihrab)* ; les autres ont environ six mètres de largeur, et leurs colonnes sont distantes entre elles d'à peu près trois mètres ; elles n'ont pas de base, le fût repose sur le pavé, et le chapiteau, d'une ornementation sobre et élégante, rappelle l'ordre corinthien ou composite. Ces colonnes, assez minces et d'une hauteur d'environ quatre mètres, sont surmontées d'un large tailloir portant un pilastre en saillie, qui soutient ou encadre un double étage d'arceaux concentriques. La plupart sont lisses, elles ont été apportées de l'Asie ou prises à des monuments goths ou romains. La décoration primitive a été quelquefois modifiée; dans plusieurs travées, le pilastre qui s'élève au-dessus de la colonne est revêtu d'arabesques en stuc; dans d'autres, la base de ce pilastre a été entaillée pour y loger un buste d'ange formant console ; enfin l'archivolte de l'arcade supérieure est parfois bordée d'une guirlande de feuillage. Les travées sont recouvertes par une petite voûte qui fait regretter les anciens plafonds en bois de mélèze si richement décorés de caissons, de rinceaux et de fleurons.

Le *Mihrab* est le sanctuaire vénéré vers lequel se tournaient les Musulmans d'Espagne pour dire leur prière, le lieu sacro-saint qui renfermait le Coran entièrement écrit de la main d'Othman. A l'entrée du *Maksourah*, vestibule du *Mihrab*, s'élèvent des colonnes de jaspe surmontées de trois arcades lobulées et très allongées, dont les bandeaux sont ornés de stucs et de mosaïques. Ces colonnes en portent d'autres, plus minces, au-dessous desquelles se développent trois arcs arabes ; entre les deux étages d'arcades est suspendu un ruban de pierre dont les festons sont ourlés et rayés de bandes de mosaïques. C'est une architecture aérienne d'une légèreté, d'une élégance, et d'une richesse féeriques.

Le réduit, le véritable sanctuaire *(Mihrab)* est renfermé dans une enceinte octogonale qui n'a que huit mètres de diamètre. La partie inférieure est revêtue de plaques de faïence *(Azulejos)* émaillées de vives couleurs. Au-dessus règne une galerie de seize colonnettes sur laquelle s'appuie une ravissante demi-coupole en marbre blanc, d'un seul morceau, figurant une coquille. Les pendentifs sont remplis par de petites voûtes à alvéoles semblables à celles qui décorent les salles de l'Alhambra : c'est un motif de décoration tout spécial à l'architecture arabe. Des dessins en mosaïque, encadrés dans des suras du Coran en caractères coufiques de cristal doré, couvrent toutes les parois. Cet admirable petit édifice, dans lequel un goût exquis s'allie à une somptuosité éclatante, dont les lignes et les couleurs s'harmonisent dans une perfection idéale, est très bien conservé. Il est fermé par une grille, c'est-à-dire qu'on ne peut y entrer que sous la surveillance d'un gardien. La précaution n'est peut-être pas inutile ; il y a, dit-on, des touristes qui ne se feraient pas scrupule de détacher quelques azulejos ou quelques morceaux de mosaïque, pour les emporter comme souvenirs de voyage. Les croyants qui venaient en pèlerinage à la mosquée de Cordoue devaient faire sept fois, à genoux, le tour du Mihrab ; les dalles usées et creusées par le frottement témoignent de leur ferveur religieuse.

On remarquera, presque en face du Mihrab, deux belles chapelles dont les doubles arceaux de la porte sont festonnés de lobes et légèrement teintés d'un rose pâle ravissant ; les murs sont couverts d'une riche guipure de stucs. L'une d'elles vient d'être restaurée.

Au temps d'Abder-Rhaman, le mur qui s'élève au fond du patio des orangers n'existait pas. Les Musulmans, après avoir traversé ce patio et fait leurs ablutions dans les bassins qui s'y trouvent encore, pénétraient dans les nefs ouvertes de la mosquée. Elles ont été fermées après la conquête par un mur auquel s'adossent d'étroites et obscures chapelles, dont les lourds retables dorés contrastent d'une manière choquante avec les élégantes colonnes arabes. En outre quelques autres chapelles ont été intercalées entre ces colonnes. Dans l'une d'elles on voit un saint Christophe gigantesque portant l'enfant Jésus ; dans une autre, une *Cène* de Cespedès. Ce tableau est une œuvre magistrale, d'un grand style, bien composée, bien peinte, quoiqu'un peu froide : on regrette qu'il ne soit pas mieux éclairé.

En 1236, Ferdinand, s'étant emparé de Cordoue, consacra le temple musulman à la Sainte-Vierge. En 1523, le chapitre eut la barbare inspiration de construire une cathédrale dans l'enceinte même de ce temple, en pratiquant une large trouée dans sa forêt de colonnes. L'édifice chrétien, qui d'ailleurs est incomplet, se trouve donc enveloppé de tous côtés par une mosquée ; il se compose seulement du maître autel, de quelques travées de la nef principale occupées par le Coro, et d'un transept très court qui n'est même pas fermé à ses extrémités, et que rien ne sépare des rangées de colonnes arabes. Cet embryon de cathédrale a été construit dans le style plateresque ; partout ailleurs il serait remarquable par l'élégance et la richesse de son architecture. Le milieu du transept est recouvert d'une haute coupole au-dessous de laquelle s'ouvrent deux étages de larges fenêtres encadrées de légères colonnes ; ces fenêtres éclairent l'église d'une vive lumière dont l'éclat contraste avec la demi-obscurité qui règne sous les voûtes de la mosquée.

Le maître autel est adossé à un grand retable corinthien peint d'un ton rose faux. Le tabernacle figure un temple rond entouré de colonnettes et surmonté d'un petit dôme. Des plaques d'or et d'argent, avec figurines et ornements repoussés, couvrent le devant de l'autel. Près de la grille, deux ambons ont pour supports l'ange et les animaux symboliques des évangélistes. C'est une œuvre remarquable de Michel Verdiguier.

La *Silleria* est un des plus magnifiques ouvrages de ce genre qu'il y ait en Espagne ; elle a été exécutée au XVIIIe siècle par Pedro Duque Cornejo. Elle est d'autant plus intéressante à étudier, qu'étant bien éclairée par les grandes fenêtres de la coupole, on peut en examiner tous les détails, condition très favorable qui se rencontre rarement. Cette Silleria se compose de deux étages de stalles (environ cent trente) décorées de figurines, de fines colonnettes, d'ornements variés d'une délicatesse et d'un fini d'exécution admirables. Les stalles supérieures sont recouvertes d'un petit dais, et, sur le dossier de chacune d'elles, deux médaillons représentent, en bas-relief, des faits de l'Ancien et du Nouveau Testament. Au fond s'élève le trône épiscopal surmonté d'un grand retable en bois noir encadré de statues ; au milieu, l'Ascension de Notre-Seigneur est figurée par un grand nombre de personnages sculptés en haut relief. Au sommet du retable se dresse, entre deux figures assises, le patron de Cordoue, l'ange Raphaël, les ailes déployées et une lance à la main. Enfin, en face l'un de l'autre, deux grands buffets d'orgues braquent leurs tuyaux horizontaux. Les grilles du maître autel et du chœur sont en cuivre et très habilement travaillées. Les serruriers espagnols étaient de véritables artistes.

Dans un angle obscur de la mosquée s'ouvre une vaste chapelle *(el Sagrario)*; c'est le martyrologe de Cordoue. D'un côté, des tableaux à fresque représentent les supplices que les Musulmans, en l'an 825, faisaient subir aux Chrétiens, et rappellent les noms des martyrs. Ces peintures sont assez médiocres, mais d'un réalisme bien espagnol; les détails les plus horribles y sont rendus avec un soin tout à fait consciencieux. De l'autre côté, une longue inscription relative à la persécution de Dioclétien, en 405, énumère les différentes tortures infligées aux néophytes; on leur coupait le nez et les oreilles, on leur arrachait les cheveux et les dents, on les brûlait vifs, attachés à un poteau, etc. Les tableaux et l'inscription sont un triste témoignage de la férocité humaine, lorsqu'elle est excitée par une passion religieuse. Au XVIe siècle, les inquisiteurs avaient les mêmes raffinements de barbarie.

Il faut revenir plusieurs fois visiter la mosquée, et à différentes heures du jour, on ne se lasse pas de l'admirer. Il faut aussi monter au sommet de la haute tour carrée, qui s'élève près de la porte du Pardon et qui sert de clocher. Cette tour a été construite au commencement du XVIIe siècle; elle se compose de cinq étages en retrait les uns sur les autres, avec galeries et balustrades à jour, et se termine par un lanternon surmonté d'une statue dorée (toujours de l'Ange Raphaël) tenant une bannière. Du haut de cette tour la vue s'étend sur toute la ville et sur ses environs. On voit, à ses pieds, la masse de la mosquée avec ses

5.

petits toits à double pente que domine la haute coupole de la cathédrale ; du côté opposé, les maisons de Cordoue serrées les unes contre les autres, leurs murailles blanches, leurs toitures grisâtres dont la couleur terne est égayée par la verdure des patio. Le Guadalquivir développe ses replis entre deux chaines de collines bien cultivées, mais sans grande végétation ; enfin les cimes ondulées de la Sierra Morena se profilent à l'horizon. Par son étendue et l'harmonie tranquille de ses lignes, ce panorama a un grand caractère.

Cordoue n'est pas considérée comme ayant été un centre artistique ; cependant cette ville a donné naissance à un des peintres les plus célèbres de la fin du XVIIe siècle, à *Pablo de Cespedès* qui eut de nombreux élèves. Cet artiste, érudit et poète, avait étudié à Rome, et il y a laissé plusieurs ouvrages remarquables dans les églises d'*Ara Cœli* et de la Trinité-des-Monts. Mort à l'âge de soixante-dix ans, il avait sans doute beaucoup produit, mais la plupart de ses tableaux ont disparu, et le seul que possède sa ville natale est celui de la *Cène,* qui se trouve dans une chapelle de la mosquée. Tous les historiens de la peinture espagnole font le plus grand éloge de cet artiste ; il avait rapporté de l'Italie les belles traditions de l'école romaine ; on le comparait à Raphaël : c'est beaucoup dire.

Il existe une sorte de Musée à Cordoue, mais il n'est pas facile de le découvrir ; il se cache, sous le nom d'École des beaux-arts, au fond d'une cour, dans une rue déserte et écartée. Les voyageurs le visitent sans doute rarement, car lorsqu'ils demandent où est le musée, ils ne sont pas compris. Dans une longue galerie attenante à des salles d'étude, sont réunis des débris d'ornements en stuc et en marbre, des lampes antiques, des vases arabes, un beau buste d'empereur romain, quelques statues mutilées, des chapiteaux, des mosaïques, etc., etc. Une grande vitrine placée au milieu renferme des dessins très intéressants d'Antonio de Castillo, de Pablo Montana, de Vicente Lopez, de Garcia Reynos, de Ribera, de Murillo, etc.

Dans les salles situées du côté opposé on remarquera :

Une *Fuite en Égypte,* de Ribera. La Vierge allaite l'enfant Jésus ; saint Joseph, debout, les regarde ; des anges planent dans le ciel. Ce tableau est bien composé et d'une couleur vigoureuse, mais la tête de la Vierge est vulgaire et saint Joseph est un Espagnol noir et barbu, vêtu comme au XVIIᵉ siècle.

Une *Adoration des Bergers* et une *Adoration des Mages,* par Antolinez-y-Sarabia, grands tableaux d'un bon style. Les têtes sont expressives et les attitudes très vraies.

Une charmante *Tête d'enfant* avec des cheveux noirs bouclés, et un *Ecce Homo,* par Murillo.

On remarquera aussi, dans un vestibule, un tableau très curieux peint dans la manière de l'ancienne école flamande par un artiste catalan, Monferia. Il représente une *Vierge noire* tenant sur ses genoux l'enfant Jésus, non moins noir que sa mère. Le front de la Vierge est ceint d'un haut diadème enrichi de perles et de pierres précieuses; son manteau et sa robe sont brodés de perles, de rubis, de saphirs, etc. L'enfant Jésus est aussi richement vêtu : il tient d'une main un globe d'or surmonté d'une croix et il élève l'autre, comme pour bénir. L'artiste a habillé ses deux figures de tout ce que son imagination pouvait créer de plus somptueux. Le coloris de ce tableau est très vigoureux, et tous les détails sont finis avec le soin le plus minutieux. La plupart des autres toiles offrent peu d'intérêt; le Musée est d'ailleurs assez mal tenu et mal classé; il ne possède pas de catalogue.

En sortant du Musée on aperçoit, au fond de la place, une modeste fontaine surmontée d'un cheval grossièrement modelé; les Cordouans l'appellent *El Potro* (le poulain) et le considèrent comme le *palladium* de leur ville.

Cordoue est assez pauvre en monuments et en œuvres d'art, mais elle possède son incomparable mosquée, et un voyage en Espagne, sans Cordoue, serait un voyage à refaire. La ville est d'ailleurs curieuse par elle-même; les restes de sa vieille enceinte, de son Alcazar, ses rues étroites bordées de maisons blanches, ses patios pleins de verdure et de fleurs, lui donnent une physionomie très caractérisée; c'est bien une ville hispano-arabe.

De Cordoue à Grenade la distance, à vol d'oiseau, serait peu considérable ; elle est doublée par le tracé du chemin de fer. La voie s'éloignant du Guadalquivir traverse une grande plaine ondulée, sans arbres, mais couverte d'abondantes récoltes de céréales; elle se rapproche des montagnes et passe devant *Montilla*, patrie du grand capitaine Gonzalve de Cordoue et renommée pour la qualité de ses vins. Cette petite ville, assise sur deux collines, domine tout le pays environnant. Plus loin est *Aguilar*, bàtie également sur une éminence ; près de l'église s'élèvent les ruines d'un château arabe. Des plantations de vignes et des bois d'oliviers couvrent le sol à perte de vue. Après *la Roda*, station d'embranchement de la ligne de Séville, on aperçoit un assez grand lac dont les eaux sont saturées de sel par les terrains qu'elles couvrent. A *Bobadilla*, le chemin de fer, qui se dirigeait au sud, vers Malaga, tourne brusquement à l'est pour aboutir à Grenade. La gare de cette station importante est une affreuse baraque où les voyageurs ne trouvent même pas un abri, et son buffet un cabaret malpropre.

Antequera, une des plus anciennes villes de l'Espagne, étage ses maisons sur les pentes de plusieurs collines, à l'extrémité d'une grande plaine fertile et bien cultivée. On pénètre ensuite dans un massif de montagnes pelées, rocheuses, sans autres habitants que des gardiens de pourceaux qui surveillent leur troupeau un fusil à la main en guise de houlette. On aurait cependant tort, sans doute, de leur supposer de mauvaises intentions ; il faut croire qu'ils sont armés ainsi pour défendre leurs jeunes élèves des attaques des loups et des grands oiseaux de proie qu'on voit planer au-dessus d'eux. Bientôt on entre dans la vallée du *Genil*. La petite ville de *Loja* s'étale dans un bassin de verdure arrosé d'eaux vives, comme une oasis dans un désert; on aperçoit les restes de sa vieille enceinte flanquée de tours, deux grandes églises et une tour carrée, en forme de minaret, coiffé d'une petite coupole de couleur orange. Après un trajet de quelques lieues dans un pays assez monotone, on arrive à *Atarfe,* au pied des rochers âpres et dénudés de la *Sierra Elvira.* Là on découvre Grenade et les tours de l'Alhambra, la *Sierra Nevada,* dont les pics de *Mulahacen* et de *Veleta* élèvent à plus de trois mille cinq cents mètres leurs cimes étincelantes de neiges éternelles, et, à droite, la grande et riche plaine de la *Vega,* qui s'étend au loin comme un tapis de verdure. La *Huerta* de Valence boit les eaux du Turia, la *Vega* de Grenade, non moins fertile, s'abreuve à celles du *Genil* qui la traverse en décrivant de larges courbes. Elle est très peuplée, cultivée comme un jardin, plantée de beaux arbres et produit en abondance du lin, du chanvre, de l'huile, des fruits et des légumes de toutes espèces. C'est aux travaux d'irrigation exécutés par les Maures dès le X° siècle qu'elle doit son inépuisable fécondité. Il existe dans les archives municipales de Grenade un manuscrit arabe de 1216, sorte de code rural dont les dispositions sont encore appliquées. Au milieu de la Vega est la petite ville de *Santa-fé,* fondée par Isabelle pendant qu'elle assiégeait Grenade (1).

(1) Les malheureuses provinces de Valence, de Murcie et de Grenade ont été tout récemment ravagées par les inondations, bouleversées par des tremblements de terre et décimées par le choléra.

CHAPITRE VI

Grenade. — Ville. — El Triunfo. — Mariana Pineda. — L'albaycin Gisanos. — Danses. — Cathédrale. — Musée. — Cartuja.

Hablerie vient sans doute de *Hablar* (parler) : *Quien no ha visto Granada no ha visto nada* (1) est donc une manière de parler ou une hâblerie espagnole qu'il ne faut pas prendre au pied de la lettre. Sans son Alhambra, Grenade n'offrirait guère qu'un intérêt historique et pittoresque, mais l'Alhambra est une merveille à laquelle rien n'est comparable en Europe. C'est la grande attraction des voyageurs ; aussi la plupart viennent-ils se loger dans les deux hôtels qui se trouvent hors la ville, près de l'entrée du palais arabe. C'est une tradition ; peut-être vaudrait-il mieux faire autrement.

Grenade fut la dernière capitale de l'Islamisme en Espagne ; les royaumes de Cordoue, de Valence, de Séville avaient été conquis par les Chrétiens en 1236,

(1) Qui n'a pas vu Grenade n'a rien vu.

1238 et 1248, celui de Grenade leur survécut pendant deux siècles et demi. Sa capitale, lorsque Ferdinand et Isabelle s'en emparèrent, contenait quatre cent mille habitants ; son enceinte était défendue par plus de mille tours ; elle était riche, industrieuse, remplie de palais et de mosquées. C'était le dernier refuge de la civilisation élégante et raffinée des Maures espagnols.

A l'exception de l'Alhambra et du Généralife, il ne reste aujourd'hui presque plus rien des monuments qui pouvaient témoigner de l'ancienne splendeur de Grenade. A peine trouve-t-on dans quelques ruelles obscures des débris d'arcs en fer à cheval enchâssés dans des murs en ruines, ou, dans la cour d'une masure, un coin de *patio* avec ses colonnettes de marbre. Quelques noms cependant ont été conservés, qui se rattachent à des souvenirs historiques. C'est sur la place *Bib-Rambla* que se donnaient les tournois et que des chevaliers espagnols vinrent, la lance au poing, prouver l'innocence de l'épouse de Boabdil. Cette place fut aussi le champ de bataille des tribus rivales dont les luttes hâtèrent la chute de Grenade. Après la conquête, les bûchers des auto-da-fé y furent dressés. A l'une de ses extrémités s'ouvrent deux portes : l'une s'appelle *De las Orejas* (des oreilles) ; pendant une fête donnée dans la nuit du 17 mai 1621, un échafaudage chargé de curieux s'écroula ; des voleurs profitèrent de cette excellente occasion pour dépouiller les femmes de leurs bijoux, et, afin d'aller plus vite en besogne, ils leur coupèrent les oreilles.

Zacatin est un mot arabe qui signifie : quartier ou maison des commerçants. La rue qui porte ce nom est toujours une rue marchande où le soleil pénètre rarement ; ses vieilles maisons aux boutiques obscures se touchent presque par le faîte. Elle aboutit à la place Bib-Rambla. Dans le même quartier se trouvait l'*Alcaïceria* ; c'était un bazar pour les tissus de laine et de soie. Un incendie le détruisit le 20 juillet 1842 ; on l'a reconstruit l'année suivante. Il se compose de deux longues et étroites galeries parallèles, reliées par une troisième plus courte. Les portes des petites boutiques qui s'ouvrent sur ces galeries sont surmontées d'un arc en fer à cheval orné de stucs et porté par des colonnettes ; une frise, dans le style arabe, court audessous de la corniche. Cette décoration est très élégante. Le commerce n'a cependant pas adopté le nouveau bazar, les boutiques sont vides et servent seulement d'entrepôts.

La plupart des rues de Grenade sont étroites, sombres, tortueuses, mal bâties, malpropres et très mal pavées ; elles se transforment en cloaques ou en ruisseaux quand il pleut. La circulation y est assez active, surtout celle des ânes qui sont chargés de tous les transports, quels qu'ils soient. Il semble que les Grenadins ne connaissent pas l'usage des chariots et des brouettes, ou qu'ils croiraient déroger en portant sur leurs épaules un fardeau quelconque. Les mendiants pullulent ; il n'y a peut-être pas de ville en Espagne qui en possède une collection aussi nombreuse, aussi variée, aussi déguenillée. Beaucoup sont aveugles. On ne saurait imaginer combien il y a de malheureux frappés de cécité dans la Péninsule. C'est triste et hideux, et c'est à ce point qu'on prétend que des parents crèvent les yeux de leurs enfants pour en faire des mendiants plus productifs. Cette abomination ne peut pas être vraie. Les savants ont sans doute la prétention de connaître la cause d'une infirmité aussi répandue, mais ils n'en ont certainement pas encore trouvé le remède. Les rues fourmillent de gamins à peine vêtus; tous mendient; même des enfants assez bien mis, qui semblent appartenir à la classe bourgeoise, n'ont pas honte de venir tendre la main aux voyageurs.

Le torrent du *Darro*, qui coule entre les pentes escarpées de l'Alhambra et de l'Albaycin, disparaît, à l'entrée de Grenade, dans un canal dont les voûtes sont, dit-on, de construction romaine. Il traverse souterrainement toute la ville et passe d'abord sous une grande place, longue, irrégulière, plantée d'arbres, qui est la promenade centrale: c'est la Place Neuve (*Plaza Nueva*); puis sous une longue rue dont les maisons modernes sont ornées de balcons et de cierros, enfin sous une sorte de champ de foire (*La Carrera del Genil*), et va se jeter dans le Genil. C'est près du confluent de ces deux rivières que se trouvent les promenades les plus fréquentées: la *Carrera de las Angustias* et l'*Alameda*. Celle-ci est ombragée de beaux arbres, ornée d'une fontaine et bordée par le *Genil*, dont les eaux limoneuses courent bruyamment sur un lit de cailloux et vont ensuite fertiliser la riche plaine de la Vega.

A l'extrémité opposée de la ville est une autre promenade plantée en quinconces, avec jardins. Au
XVIIe siècle, les disputes théologiques sur le mystère
de la Conception étaient très ardentes à Grenade ; un
placard blasphématoire ayant été affiché dans les rues,
en 1618, le chapitre de la cathédrale fit édifier un monument expiatoire représentant le triomphe de la
Vierge : de là le nom de *Triunfo* donné à la promenade.
Ce monument, haut de plus de vingt mètres, se compose d'un double soubassement très élevé, orné de
médaillons, d'armoiries, d'inscriptions, et surmonté
d'un fût de colonne portant à son sommet une Vierge
couronnée d'étoiles, enlevée sur un nuage par un
groupe d'anges. L'ensemble est lourd et banal ; c'est
cependant une œuvre d'Alonzo de Mena. Le Triunfo
est entouré d'une belle grille en fer et de vingt-quatre
lampadaires allumés toutes les nuits.

Un souvenir plus moderne et plus dramatique se
rattache à cette place. C'est là que fut exécutée, le
26 mars 1831, doña Mariana Pineda, âgée de vingt-six
ans, victime de la réaction absolutiste. Cette jeune
femme est une des héroïnes du peuple de Grenade.
Un récit contemporain donne, sur son supplice, des
détails circonstanciés.

Doña *Maria Pineda* était fille d'un capitaine de vaisseau, nièce d'un auditeur à la chancellerie et alliée
aux familles les plus honorables du pays. Elle perdit
ses parents dès la plus tendre enfance et devint veuve,
en 1822, après dix-huit mois de mariage. Ses relations
avec des personnes connues pour leurs opinions libé-

rales et la part qu'elle prit à l'évasion de plusieurs prisonniers politiques la rendirent suspecte à la police ombrageuse de Ferdinand VII. Une perquisition faite à son domicile fit découvrir un drapeau tricolore; elle refusa de dénoncer les citoyens auxquels il appartenait, fut traduite devant un tribunal criminel et condamnée à mort.

Cette malheureuse jeune femme fut exécutée avec la sinistre mise en scène des auto-da-fé. Elle devait traverser presque toute la ville pour se rendre de sa prison au lieu de son supplice. Couverte d'un vêtement noir, les cheveux épars, un crucifix à la main, elle était assise sur une mule que conduisait le bourreau. Un crieur public et un piquet de cavalerie la précédaient, et des moines de toute robe marchaient à ses côtés. Derrière elle venaient un juge enquêteur à cheval, l'épée à la main, vêtu de noir et coiffé d'un chapeau à cornes, puis deux alguazils, également en noir, cravatés de la golille, comme au temps de Philippe IV, portant le pourpoint, la culotte courte, des bas de soie, des souliers à boucles, un chapeau en tuile et tenant une longue canne. Un détachement d'infanterie fermait la marche. Ce lugubre cortège s'avançait lentement, et, de temps en temps, le crieur publiait à haute voix l'arrêt qui condamnait Mariana Pineda au supplice du *Garrote* pour crime de haute trahison. Les rues qu'il traversait étaient remplies d'une foule douloureusement émue; les boutiques, les fenêtres étaient closes; un silence si profond régnait dans cette foule qu'on entendait distinctement les paroles qu'un religieux adressait à la victime pour la préparer à la mort. Un échafaud couvert d'un drap noir avait été élevé sur la place *del Triunfo*. Là le crieur publia, pour la dernière fois, l'arrêt de condamnation. Mariana Pineda, assistée de son confesseur, descend de sa mule, gravit les degrés et s'assied sur la sellette. Le bourreau lui passe au cou la fatale cravate à laquelle il imprime aussitôt une violente torsion, l'infortunée tressaille, et son visage se couvre subitement d'une teinte violacée. Elle avait vécu.

Pendant la nuit, le corps tout habillé fut jeté dans une fosse, sans suaire ni cercueil. Cinq ans après, le 13 mai 1836, il fut exhumé ; une commission municipale constata son identité, et ses restes, renfermés dans une urne, furent déposés, en grande cérémonie, dans un caveau de la cathédrale.

L'administration grenadine a élevé deux monuments à la mémoire de cette martyre politique ; l'un en 1840, sur la place *del Triunfo*, l'autre, l'année suivante, sur celle *del Campillo*. Le premier consiste seulement en une colonne surmontée d'une croix ; une inscription commémorative est gravée sur le socle. Le second porte, sur un haut piédestal, la statue en marbre blanc de Mariana Pineda. Dans la partie inférieure de ce piédestal, douze médaillons laurés rappellent les noms de citoyens morts pour la défense de la patrie et la revendication de ses libertés. La maison qu'habitait Mariana Pineda, lors de son arrestation, est située rue de l'Aigle, n° 10. L'Ayuntamiento a fait enchasser dans la façade une pierre sur laquelle on lit :

Esta casa fue la ultima que habitó la heroïna doña Mariana Pineda (1).

Les Grenadins conservent patriotiquement le souvenir de ceux de leurs citoyens qui, à divers titres, ont illustré leur ville, par des inscriptions posées sur les maisons où vécurent *Alonzo Cano,* peintre et sculpteur, *Martinez de la Rosa,* homme politique et littérateur, le général *Alvarez de Castro,* gouverneur de Gerone en 1809, le général *Herrasti y Pulgar,* défenseur de Cuidad Rodrigo en 1811, *Doña Eugenia Guzman y Porto Carrero,* ex-impératrice des Français, etc., etc.

Les monuments civils offrent peu d'intérêt. On remarquera cependant, à une extrémité de la place neuve, du côté de l'Albaycin, le Palais de Justice *(la Audiencia).* Ce grand édifice a été construit sous Philippe II; l'architecture en est un peu lourde. La façade, percée de trois portes, est ornée de statues et de médaillons ajoutés en 1762. Un lion tenant entre ses griffes un cartouche, avec une inscription qui indique la destination du palais, surmonte l'entablement. Le grand escalier intérieur, dans le style platteresque, se développé sous une coupole. La chronique raconte qu'un *marquis del Salar,* grand d'Espagne de première classe, ayant refusé de se découvrir devant le tribunal parce que, disait-il, il avait le droit de rester couvert devant le roi, Philippe II le condamna à construire l'escalier à ses frais, afin, sans doute, de lui

(1) Cette maison fut la dernière qu'habita l'héroïne doña Mariana Pineda.

faire comprendre que la Justice est au-dessus de la Royauté.

Saint Ferdinand s'étant emparé de Baeza en 1227, les habitants de cette ville se réfugièrent à Grenade et vinrent s'établir sur la colline qui domine la rive droite du Darro, en face de l'Alhambra. Ce quartier nouveau prit le nom d'*Albaycin*. C'était autrefois un faubourg riche et populeux ; c'est aujourd'hui le quartier le plus misérable de Grenade ; il n'en est que plus curieux. Ses maisons basses, blanchies à la chaux, séparées par des ruelles tortueuses pavées de gros cailloux, s'échelonnent en désordre sur des escarpements rapides. Beaucoup sont presque en ruines ; celles qui couronnent le sommet de la colline sont entourées de haies formidables de cactus et d'aloès, dont les énormes troncs tordus, les raquettes épineuses et les longues feuilles en fer de lance forment une barrière infranchissable. C'est un ensemble d'une sauvagerie très pittoresque et très originale. Quelques mosquées ont été transformées en églises : *San-José*, *San-Salvador*, *San-Juan-de-los-reyes*, par exemple. La tour de celle-ci était un minaret ; elle rappelle un peu la Giralda de Séville. A l'entrée de l'Albaycin, vis-à-vis de l'église de *San-Pedro*, on voit un ancien palais dont la porte monumentale, de style renaissance, est très belle et assez bien conservée. Elle est flanquée de colonnes et décorée d'ornements en relief ; des chimères et des écussons ayant des génies ailés pour supports couvrent une partie de la frise : au-dessus de l'entablement se profilent deux aigles et un lion. L'intérieur de ce palais, aujourd'hui maison particulière, a été bien restauré ; l'escalier est magnifique ; le patio, entouré de colonnettes de marbre, est vaste, planté de beaux arbres et arrosé d'eaux vives. Les plafonds de l'escalier et de plusieurs grandes salles sont en bois mouluré de dessins élégants.

L'église de *Saint-Christophe*, bâtie tout au sommet de l'Albaycin, est relativement moderne (1502) et très insignifiante, mais, de son parvis, on jouit d'un panorama admirable par sa variété et son étendue. La vue embrasse tout un côté de l'Alhambra aux teintes rosées, la ville entière de Grenade aux toits grisâtres, la plaine verdoyante de la Vega, et, comme fond de tableau, les cimes éclatantes de la *Sierra Nevada* qui s'enlèvent sur l'azur du ciel. Les lignes et les colorations contrastées de ces grandes masses s'harmonisent de la manière la plus heureuse et forment un ensemble ravissant et grandiose.

Le faubourg de l'Albaycin est maintenant habité par une population pauvre et clairsemée ; ses rues sont silencieuses et désertes. De temps à autre on entend le bruit cadencé d'un métier de tisserand ou le refrain monotone d'une chanson ; on ne rencontre que quelques maigres bêtes de somme qui, chargées de denrées, gravissent péniblement des pentes cailloutcuses. Sur la hauteur, on aperçoit encore, au milieu de terrains incultes, des restes imposants et assez bien conservés de l'ancienne enceinte arabe. Au delà, en remontant le cours du Darro, s'élève le *Monte Sagrado*, que couronne l'église de *San-Miguel*. Les flancs de cette montagne dénudée sont troués de grottes habitées par une population de mendiants et de *Gitanos*. Ceux-ci forment une colonie assez nombreuse, vivant de peu et exerçant des métiers plus ou moins suspects. C'est une race à part, originaire de l'Inde ; elle change de nom suivant le pays qu'elle habite, mais elle conserve partout sa langue, ses usages et son type. Un Gitano se reconnaît facilement à son teint bistré, à son nez busqué, à ses cheveux d'un noir de jais et à ses yeux doux et étincelants. *Ojos gitanos* est une expression espagnole qui veut dire : yeux expressifs. Quoique la plupart soient vêtus de haillons, leur démarche est aisée et leur tournure ne manque ni de distinction ni d'élégance.

On a fait à la *Danse des Gitanos* une grande réputation d'originalité, et la curiosité des voyageurs, à ce sujet, doit nécessairement être exploitée. Les maîtres d'hôtel s'entendent avec quelque impresario gitano, et, moyennant rétribution, rendez-vous est donné dans quelque *casino* du voisinage. Ce casino est ordinairement une grande salle nue, blanchie à la chaux, éclairée par quelques quinquets fumeux et entourée de chaises et de bancs grossiers. L'impresario et sa troupe, armés de guitares et de castagnettes, sont assis à une extrémité. Hommes et femmes sont vêtus comme ils le seraient dans la rue, le dimanche ; les femmes ont des fleurs piquées dans les cheveux. Le *Baile* commence par des danses, deux à deux, dans lesquelles les figurants se balancent et tournent l'un devant l'autre en arrondissant les bras, à peu près comme dans une bourrée d'Auvergne. La véritable danse caractéristique vient ensuite. Elle est exécutée par une femme seule qui, debout et sans changer de place, fait onduler dans tous les sens le torse et les hanches. En même temps, la tête s'incline ou se renverse avec une expression d'extase, les bras s'élèvent, retombent, les mains se contournent et les talons frappent le sol à coups précipités. C'est à peu près ainsi qu'on décrit les danses des almées en Égypte et des bayadères dans l'Inde. Cet exercice chorégraphique vient certainement de l'Orient; il est original, bizarre, mais il ne tarde pas à paraître monotone. Pour qu'il eût tout son prestige, il faudrait qu'il fût accompagné d'une mise en scène orientale; que la danseuse, au lieu d'être vêtue d'une robe d'indienne fanée et d'une propreté douteuse, fût enveloppée d'étoffes souples et brillantes. Le reste de la bande accompagne en grattant des guitares discordantes, en faisant claquer des castagnettes et en marquant la mesure à grands coups de pieds. En même temps, une femme entonne d'une voix criarde et gutturale une sorte de mélopée composée d'une seule phrase dans le mode mineur, sans résolution tonique et se reproduisant sans cesse. C'est assourdissant. Cette musique barbare ressemble à celle des Arabes de l'Algérie, moins la guitare. A Grenade, un impresario, grand Gitano d'environ quarante ans, à figure énergique et intelligente, exécute sur son instrument des valses, des polkas et des mélodies bien développées, pleines de charme et d'accent original. Ce Gitano est, dans son genre, un artiste de premier ordre ; à une virtuosité surprenante, il joint un goût parfait et un art de phraser et de nuancer tout à fait remarquable. Le violon d'un Tzigane hongrois a eu un grand succès à Paris, la guitare du Gitano grenadin en obtiendrait certainement autant.

La ville de Grenade n'est chrétienne que depuis la fin du XVe siècle; sa CATHÉDRALE, le seul édifice religieux qui soit réellement intéressant, a été commencée en 1529 sous la direction du célèbre sculpteur et architecte Diego de Siloé, et terminée seulement cent dix ans après. Elle s'élève au milieu de l'ancienne cité, près de la place Bib-Rambla et de la rue Zacatin. Sa façade monumentale est percée de trois portes encadrées dans de grandes arcades décorées de statues et de bas-reliefs. Sur l'un des côtés se dresse une tour carrée à trois étages d'ordres différents, qui n'a pas été achevée.

L'intérieur de l'église est divisé en cinq nefs bien éclairées, sobrement ornées et séparées par de puissants piliers formés de colonnes corinthiennes en faisceaux. Les nefs latérales se rejoignent derrière le maître autel en décrivant une large courbe. Dans son ensemble, le vaisseau a un caractère sévère et solennel. Les chapelles latérales et absidales sont assez obscures, et les tableaux, ainsi que les statues qui remplissent leurs retables, sont à peine visibles. C'est d'autant plus regrettable qu'elles renferment des œuvres importantes d'Alonzo Cano et de Boccanegra, son élève.

On remarque, dans une chapelle à droite, un tombeau d'évêque, décoré d'un bas-relief en marbre blanc, qui a pour sujet l'*Assomption*. Le prélat est agenouillé sur le cénotaphe. C'est une œuvre moderne de beaucoup de mérite ; elle porte la date de 1782.

Dans le retable de la chapelle dédiée à *saint Jacques* est une statue équestre du saint, en bois peint, de grandeur naturelle. On peut juger par là des grandes dimensions données à cette partie de la décoration des autels. Deux bons tableaux, représentant la *Madeleine pénitente* et *saint Jérôme dans le désert*, ornent le retable d'une chapelle voisine.

Dans la chapelle de *Saint-Michel*, un beau bas-relief en marbre a pour sujet l'archange, entouré d'anges, chassant les démons. La pose de saint Michel est à la fois calme et énergique, comme il convient au chef des milices célestes. C'est une œuvre de Juan Adam. De chaque côté de l'autel sont d'énormes potiches chinoises.

La chapelle de *Nuestra Señora de las Angustias* possède une image de la Vierge qui remonterait au temps des Goths ; mais ce qu'elle offre de plus intéressant, ce sont les *portraits de Ferdinand et d'Isabelle* par Antonio Rincon. Ceux-là sont bien authentiques et peut-être les seuls qui existent. Les deux souverains sont à genoux devant un prie-Dieu ; Ferdinand est revêtu de son armure. Les traits d'Isabelle justifient sa réputation de beauté ; ils sont réguliers, assez accentués, même un peu masculins, et répondent bien au caractère viril que l'histoire prête à cette reine. Le retable de la chapelle est immense ; il est divisé en

caissons remplis de statues peintes, de grandeur naturelle, dont les groupes représentent diverses scènes,
telles que la *Décollation de saint Jean-Baptiste,* le *Martyre
de saint Jean l'Évangéliste.* Ce travail important a été
exécuté par Pedro Cornejo, auteur de la magnifique
Silleria de Cordoue. On remarquera aussi, sur un des
côtés, des médaillons qui renferment les portraits en
bois peint de Charles-Quint, de Philippe II et de leurs
femmes; ils ont un intérêt historique.

Au-dessus de la porte de la salle capitulaire est un
groupe en marbre personnifiant la *Charité* (une femme
entourée d'enfants); il est de *Torrigiani.* Cet artiste
italien, célèbre surtout par le coup de poing qu'il
asséna sur le nez de Michel-Ange, passa presque toute
sa vie en Espagne et y mourut misérablement, victime
de l'inquisition. Quoique ce groupe soit d'un bon style
et d'une exécution correcte, il est froid et trop symé-
trique de composition.

Le maître autel (*Capilla mayor*) est un véritable monument, et des plus somptueux. Son immense retable,
beaucoup trop doré, monte presque jusqu'à la voûte
de la grande nef; il est divisé en deux ordres d'architecture. Les colonnes du premier ordre portent les
statues colossales des douze apôtres; celles du second
encadrent des peintures de Boccanegra, et, sur un
riche entablement, sont encore rangés six grands tableaux d'Alonzo Cano dont les sujets ont été empruntés à la *vie de la Vierge.* Autant qu'on en peut juger à
une aussi grande élévation, ces tableaux sont très
remarquables; on les considère comme une œuvre

6.

capitale de ce peintre éminent. Enfin, au-dessus du retable, s'ouvrent cinq fenêtres à vitraux coloriés dont les trumeaux projettent des arcs qui viennent, à une hauteur de quarante-sept mètres, se raccorder avec la voûte de la grande nef. Cette disposition architecturale est aussi élégante que hardie.

Le *Coro* est insignifiant; ses deux buffets d'orgues, trop dorés, et le *Trascoro* en marbre rouge sont d'une richesse de décoration excessive et de mauvais goût. Cependant, dans le Trascoro, des statues d'évêques méritent l'attention. C'est dans un caveau construit sous le Coro que sont enterrés les chanoines, et qu'ont été déposés les restes d'Alonzo Cano et de Mariana Pineda.

Dans beaucoup d'églises, les sacristies sont intéressantes à visiter, parce qu'on y conserve des objets rares et curieux, des statues, des tableaux qu'on peut examiner à loisir et dans de bonnes conditions de lumière. Celle de la cathédrale de Grenade possède des pièces d'orfèvrerie artistement ciselées, de riches vêtements sacerdotaux brodés de soie et d'or, la couronne et le sceptre d'Isabelle, l'épée de Ferdinand, d'anciens reliquaires, des étendards du temps de la prise de Grenade, de magnifiques tables en marbre de la Sierra Nevada, une charmante statuette en bois peint d'Alonzo Cano représentant une Vierge les mains jointes, et un grand et beau tableau du même artiste, une *Déposition de croix*. Le Christ est étendu à terre entre les saintes femmes, devant la Vierge affaissée dans sa douleur. Cette composition est d'un grand style et d'une expression très dramatique. On y voit aussi plusieurs petites toiles de Boccanegra et deux tableaux de Juan de Sevilla, *le Christ couronné d'épines par des soldats* et *Ferdinand et Boabdil s'embrassant.* Ce dernier est le plus remarquable, malheureusement le coloris de tous ces tableaux est devenu très noir.

Près de la chapelle de saint Jacques, dans la nef latérale de droite, s'ouvre une grande et belle porte de style platéresque, décorée de statues et d'ornements variés ; elle conduit à la chapelle qui renferme deux magnifiques monuments funéraires : celui des rois catholiques et celui de Jeanne-la-Folle et de Philippe-le-Beau. En Espagne, l'expression de *Rois catholiques* désigne toujours Ferdinand et Isabelle. Cette chapelle, CAPILLA REAL, est presque une église par ses dimensions ; elle est divisée en deux parties par une immense grille surmontée de figures représentant des scènes de la Passion. C'est un chef-d'œuvre de serrurerie artistique signé *Bartolomé.* Les tombeaux sont derrière cette grille, au pied du maître autel ; on ne les visite que sous la conduite d'un gardien spécial.

Les deux mausolées, séparés par un étroit intervalle, ont la même forme : ils sont rectangulaires. Celui des Rois catholiques mesure 3ᵐ93 en longueur, 3ᵐ32 en largeur et 1ᵐ67 en hauteur ; il est entouré d'une plinthe de marbre noir. Sur un soubassement bordé de fleurs et de fruits en relief, s'élèvent des colonnettes surmontées d'un entablement ; dans les entre-colonnements sont les statues des douze apôtres, et, au milieu de chacune des faces, des médaillons

dans lesquels sont figurés, en bas-relief, *Saint Georges,
Saint Jacques, le Baptême du Christ et sa Résurrection*. Des
sphinx à bec d'aigle et à griffes de lion enveloppent
les angles. Cette haute base porte un large cénotaphe
flanqué, aux quatre coins, de statues de docteurs dans
l'attitude de la méditation. Des figurines et des guirlandes de fleurs ornent les côtés du cénotaphe, et, sur
la face antérieure, deux anges tiennent un cartel dont
l'inscription latine rappelle que Ferdinand d'Aragon et
Isabelle de Castille ont vaincu l'islamisme et extirpé
l'hérésie. Sur le cénotaphe sont étendues les statues
des deux souverains; des lions sont couchés à leurs
pieds. Ferdinand est revêtu de son armure, la couronne en tête et l'épée entre les mains. Isabelle, portant aussi la couronne royale, est en habit de cour et
elle tient le sceptre. Cette répartition des attributs de
la puissance exprime, à tort ou à raison, l'opinion des
Espagnols sur le rôle joué par chacun des deux époux
dans les grands évènements de leur règne. L'une était
la pensée qui dirige, l'autre le bras qui exécute; Isabelle est plus populaire encore que Ferdinand.

Le Tombeau de Jeanne et de Philippe présente les
mêmes dispositions, c'est-à-dire qu'il se compose
d'une plinthe, d'un haut soubassement et d'un cénotaphe portant deux statues couchées; il est moins
long et moins large, mais un peu plus élevé. Le soubassement est creusé de niches en coquille encadrées
de colonnettes et renfermant des figurines de saints.
Au milieu de chaque face, un médaillon représente
une scène du Nouveau Testament; aux angles sont

deux sphinx et deux statues allégoriques, le *Courage* et la *Justice*. Autour de la plate-forme sur laquelle le cénotaphe est posé, sont distribués des trophées, des statuettes, des armoiries, des guirlandes de fleurs et de feuillages. Deux anges tiennent un cartel avec une inscription latine commémorative; aux angles s'élèvent des statues de saints. Philippe et Jeanne, vêtus comme Ferdinand et Isabelle, reposent étendus, les mains jointes, sur le cénotaphe porté par des griffes et décoré de mascarons et de guirlandes. Deux lions sont couchés à leurs pieds.

Ces admirables tombeaux sont en marbre blanc. Les statues, couchées, sont très belles et d'un grand style; tous les accessoires, tous les détails, même les broderies des vêtements royaux, sont exécutés avec un fini irréprochable, mais il y en a beaucoup trop. Cette ornementation compliquée, surchargée, est riche et même élégante, mais elle est excessive; elle n'a pas le caractère de simplicité et de grandeur qui convient à un mausolée.

Quoique ces monuments soient à peu près semblables, quant à leur ordonnance générale, il y a lieu de croire qu'ils ne sont pas du même artiste. Celui des rois catholiques est bien supérieur à l'autre comme composition et exécution; on l'attribue à Bartolome Ordoñez de Burgos. Quoi qu'il en soit, ce sont peut-être les mausolées les plus remarquables qu'il y ait en Espagne. Les restes des quatre souverains et de la princesse Marie, morte à l'âge de neuf ans, ont été déposés dans un petit caveau pratiqué sous les tombeaux; ils sont renfermés dans des cercueils de plomb bardés de fer.

Le retable de l'autel principal de la *Capilla real* est en bois sculpté, doré et peint, avec statues et bas-reliefs; c'est une œuvre importante de Felipe de Bigarny. Les bas-reliefs de la partie inférieure représentent, d'un côté, le *Baptême de Maures convertis*, de l'autre, l'*Entrée de l'armée chrétienne à l'Alhambra*. Celui-ci est d'autant plus curieux qu'on y a fait figurer, avec un certain cachet de ressemblance, les rois catholiques, le cardinal de Mendoza, Gonzalve de Cordoue et d'autres personnages ayant pris part à la conquête de Grenade.

L'église paroissiale (*Sagrario*) est attenante à la Capilla real; elle a été construite sur l'emplacement de la mosquée principale de Grenade. C'est sur la porte de cette mosquée qu'un hardi capitaine de l'armée espagnole, Perez del Pulgar, pénétrant seul dans la ville pendant la nuit, vint clouer son cartel de défi : ses restes ont été inhumés dans une chapelle qui porte son nom.

Les autres édifices religieux de Grenade offrent assez peu d'intérêt. Le peuple professe une dévotion toute particulière pour la Vierge des Douleurs (NUESTRA SEÑORA DE LAS ANGUSTIAS); une église lui a été dédiée. Sa façade, très simple, est flanquée de tours assez élégantes; une *Pietà* en marbre blanc surmonte la porte principale. L'intérieur est sombre; des piliers, auxquels sont appliquées de grandes statues peintes de Cornejo, la divisent en trois nefs. Derrière le maître

autel s'élève un immense retable en marbre blanc et
roux; il est surchargé à l'excès d'ornements rococos
du plus mauvais goût, à ce point que les colonnes ont
la forme de fuseaux. Au milieu, et derrière un vitrage,
on aperçoit une Vierge assise, coiffée d'un diadème et
habillée d'une longue robe blanche brodée d'or et d'argent. On dirait une grande poupée.

Au XVIIe siècle, Grenade était un foyer artistique
très brillant. Pendant que Velasquez à Madrid et Murillo à Séville produisaient des chefs-d'œuvre, Grenade
possédait une pléiade de peintres distingués. On peut
citer entre autres : Romero y Escalante, Sebastien
Gomez, Pedro Anastasio, Sanchez Cotan, Pedro de
Moya, Boccanegra, Risueño et le plus illustre de tous,
Alonzo Cano, peintre, sculpteur et architecte, le Michel-Ange de l'Espagne, toute proportion gardée. Ses
œuvres de sculpture ont été exécutées en bois, elles
sont remarquables par la noblesse du style, le naturel
des attitudes et la vérité de l'expression. En peinture,
il est le moins naturaliste des artistes espagnols; ses
types sont idéalisés, son dessin est élégant et correct,
ses compositions ordonnées avec beaucoup de goût,
son coloris riche et harmonieux, et il possède à un
haut degré la science des demi-teintes et du clair-
obscur.

Alonzo Cano n'a cependant jamais visité l'Italie; né
à Grenade, il reçut, à Séville, des leçons de Pacheco,
travailla à Tolède, à Madrid, à Valence, et revint dans
sa ville natale où il fut pourvu d'une prébende et or-
donné sous-diacre. Son caractère, disent ses bio-

graphes, était généreux, mais emporté et bizarre. Un prêtre qui l'assistait à ses derniers moments lui présentant un crucifix grossier, il le repoussa parce qu'il le trouvait mal sculpté et mourut en embrassant une simple croix de bois.

L'œuvre d'Alonzo Cano est considérable, mais beaucoup de ses tableaux ont disparu ou sont ensevelis dans l'ombre des chapelles. C'est au musée de Madrid qu'on peut le mieux apprécier les séduisantes qualités de ce grand artiste.

La ville de Grenade, qui devrait posséder un Musée de peinture très-intéressant, ne peut cependant montrer aux étrangers qu'un assemblage de tableaux noirs et enfumés qui ont été appliqués, sans ordre ni méthode, aux murs de quelques grandes salles du premier étage d'un ancien couvent de Dominicains. Il n'y a pas même de catalogue.

On entre d'abord dans une immense galerie très obscure, tapissée de grandes toiles en mauvais état qu'il est impossible de voir avec quelque profit. Ce qu'il y a de plus remarquable dans cette galerie est un plafond voûté, en bois, divisé en caissons par de belles moulures. Dans les salles attenantes, un peu mieux éclairées, on remarquera :

Un *Christ à la colonne* de Juan de Aragon : composition naïve, dessin assez correct; coloris noir et dur.

Plusieurs tableaux du chartreux Sanchez Cotan, d'une couleur un peu terne, mais bien composés et bien dessinés. On peut citer entre autres : un *Saint Bruno en prière* et une *Conception*.

Une *Cène* d'un auteur inconnu.

Plusieurs grandes figures d'*Apôtres* et *de Saints*, par Sébastien Martinez : elles sont bien posées, bien drapées, mais d'un coloris dur.

Des tableaux de Juan de Sevilla (Romero y Escalante) et surtout un *Moine à genoux devant le Christ*, très bien peint. Le coloris de cet artiste rappelle celui de l'école flamande; son maître, Moya, était élève de Van Dyck.

Une *Visitation*, par Felipe Gomez; très bon tableau.

Une *Visitation*, par Boccanegra. Le musée possède plusieurs ouvrages de cet artiste. Ses compositions sont assez froides, mais l'éclat et la transparence de son coloris, ainsi que l'idéalisation de ses types, le distinguent de la plupart des peintres espagnols.

Une salle spéciale renferme, dans des vitrines, quelques armes de pierre de l'époque préhistorique et des débris d'objets romains et arabes qui n'offrent qu'un médiocre intérêt.

Il existe encore près de Grenade, au delà de la promenade du Triunfo, un ancien couvent de chartreux (LA CARTUJA). L'histoire raconte que, dans une escarmouche avec les Maures, Gonzalve de Cordoue, ayant échappé à un grand danger, fit vœu de fonder un monastère en cet endroit. Des chartreux s'y établirent en 1516. Les cloîtres ont été démolis en 1842, mais l'église a été conservée. Elle s'élève sur un plateau nommé autrefois *Ainadamar*, d'où la vue s'étend sur une partie de la ville de Grenade, la plaine de la Vega et les sierras qui l'entourent.

7

La porte du couvent, surmontée d'une statue en marbre de saint Bruno, conduit à un cloître dont les murs sont couverts de grands tableaux d'après Sanchez Cotan, peintre et chartreux. Ces tableaux représentent des épisodes de la fondation de l'ordre et des scènes de martyre d'un horrible réalisme. Dans une longue salle nue qui servait de réfectoire, on montre aux voyageurs une grande croix peinte par ce moine artiste; elle imite si parfaitement le bois, ajoute-t-on, que les oiseaux qui entrent par la fenêtre ouverte en face s'y trompent, et cherchent à s'y poser. L'imitation, en effet, est très réussie, mais fait-elle illusion aux oiseaux?

L'intérieur de l'église est revêtu, du pavé à la voûte, d'ornements en stucs de toutes formes, de rinceaux, d'entrelacs, de feuillages formant une décoration lourde, incohérente et d'un parfait mauvais goût. Au milieu de ce fouillis on remarquera deux beaux tableaux : une *Conception* d'Alonzo Cano et une *Sainte Famille* de Sanchez Cotan dans le style italien. Cette partie de l'église communique avec une vaste chapelle par une haute porte couverte de moulures variées en ébène et décorée d'incrustations très riches et très élégantes de nacre, d'écaille, d'ivoire et d'argent. Ce merveilleux travail a été exécuté, au XVIIIe siècle, par un Chartreux grenadin nommé Manuel Vasquez. Le devant du maître autel est revêtu d'un magnifique marbre-brèche blanc, jaune et roux, de la Sierra Nevada. Sur cet autel on voit une admirable petite statue en bois d'Alonzo Cano représentant *Saint Bruno* les bras en croix sur la poitrine et regardant le ciel. La tête a une expression saisissante d'extase mystique. Sur un autel, à gauche, est une *Vierge avec l'Enfant*, peinte par le même artiste, aussi grand peintre que grand sculpteur. L'Enfant, assis sur les genoux de sa mère, étend une main ouverte; ce geste dominateur est puissamment rendu. Au-dessus est une *Tête de Christ* par Murillo.

Le *Sagrario*, qu'on peut considérer comme étant une troisième partie de l'église, n'a été construit qu'au commencement du siècle dernier, dans le style maniéré de l'époque; il n'est remarquable que par la beauté de ses marbres et la richesse de son ornementation. Le tabernacle du maître autel, en or et marbre, est splendide. Quatre statues de grandeur naturelle occupent les angles; elles sont de José de Mora. La coupole a été peinte par Antonio Palomino. La composition de cette œuvre importante est froide, mais correcte et bien ordonnée. A l'entrée d'une petite chapelle, une main tient une coquille entr'ouverte remplie d'eau bénite; c'est un charmant motif de bénitier. Au-dessus, un écriteau rappelle qu'il est interdit de fumer dans l'église. Est-il donc nécessaire de ne pas laisser tomber cette interdiction en désuétude?

La *Sacristie* est aussi somptueusement décorée que le Sagrario. Les plus beaux marbres de la Sierra Nevada y sont prodigués; les voûtes et les murs sont chargés d'une ornementation excessive; les portes des crédences et des armoires sont incrustées de nacre, d'ivoire, d'écaille, d'argent et couvertes de des-

sins en marqueterie figurant des nœuds et des fleurs.
On y voit deux énormes agates, les plus grosses, dit-
on, qui existent. Deux statues de *Saint Bruno* méritent
de fixer l'attention; l'une, œuvre de Mora, est en
marbre blanc et de petite dimension; l'autre, en bois
peint et de grandeur naturelle, représente le saint
plongé dans la méditation en regardant la tête de mort
qu'il tient dans sa main. Celle-ci est admirable de pose
et d'expression.

Ce qui reste de cette chartreuse peut donner une
idée de sa richesse, au siècle dernier. Aussitôt après
la prise de Grenade, dix-neuf couvents d'hommes se
fondaient dans cette ville. Pendant le moyen âge, les
établissements religieux se multiplièrent dans toute
l'Europe; c'étaient des asiles respectés pour la méditation, l'étude et le travail. Ils ont joué un rôle important et utile sous le rapport moral, intellectuel et
économique, et l'on ne saurait, sans injustice, méconn-
aître les progrès qu'ils ont fait faire à la civilisation.
Dans la ferveur naïve de leur foi, les fidèles croyaient
pouvoir se concilier la protection divine, ou racheter
leurs fautes, par des libéralités pieuses qui, accumu-
lées pendant plusieurs siècles, constituèrent d'immenses richesses. La Réforme a fait disparaître la
plupart des couvents en Allemagne et en Angleterre;
la révolution les supprima en France, mais l'Italie et
l'Espagne restèrent leur terre privilégiée. Là, ils disparaissent aussi. Un fruit se gâte lorsqu'il a dépassé
le moment de sa maturité, et, quand une institution a
fait son temps, ce sont ses abus qui lui survivent.

Beaucoup d'ordres religieux n'avaient plus de raison d'être, et les aumônes que, par un sentiment mal entendu de charité chrétienne, ils distribuaient aux populations, ne pouvaient que favoriser l'oisiveté et la mendicité. On s'en aperçoit encore en Espagne.

CHAPITRE VII

L'Alhambra. — Le Généralife.

Que no hay en el mundo nada,
Ni podra hacerse jamas
Como la Alhambra encantada :
Solo una Alhambra hay, no mas,
Y esta Alhambra está en Granada (1),

s'écriait un poète grenadin moderne dans un élan de lyrisme patriotique. Ce ne serait que de l'emphase espagnole s'il ne s'agissait pas de l'Alhambra, mais ce palais est réellement une merveille unique. Aucun monument grec, romain, byzantin, gothique, ne peut en donner l'idée. Si un directeur de théâtre appliquait l'art de nos décorateurs à reproduire la cour des Lions ou la salle des Ambassadeurs, il ferait certainement courir tout Paris si avide de nouveautés (2).

---

(1) « Qu'il n'y a et qu'il ne pourra jamais y avoir au monde rien de semblable à l'Alhambra enchanté : Il n'y a qu'un seul Alhambra, pas plus, et cet Alhambra est à Grenade. »

(2) Cette prévision vient de se réaliser dans un décor de

Que n'a-t-on pas dit de l'Alhambra ? On a épuisé à son sujet toutes les formules admiratives et descriptives, toutes les métaphores, toutes les comparaisons imaginables, toutes les épithètes les plus variées; mais les descriptions, si brillantes qu'elles soient, sont impuissantes à figurer l'élégance, la variété, l'originalité de ses décorations féeriques; une bonne photographie en dirait plus que vingt pages de prose. Cependant, comment parler de Grenade sans parler de l'Alhambra ? Ce merveilleux palais tient d'ailleurs une trop grande place dans les souvenirs qu'on rapporte d'Espagne pour qu'il soit possible de n'en pas donner une description au moins sommaire, dût-on répéter ce qui a été dit et redit tant de fois.

Au-dessus de Grenade s'avance, comme un éperon, une haute et étroite colline aux flancs escarpés couverts d'une grande et luxuriante végétation. D'un côté coule le torrent du Darro, de l'autre serpente, dans un profond ravin, la route qui conduit de la ville à l'Alhambra. C'est sur le sommet aplati de cette colline que s'élève le palais des rois maures. Il était entouré d'une ceinture de hautes murailles crénelées, flanquées de puissantes tours carrées, et percées de quelques fenêtres géminées s'ouvrant sous un arc en fer à cheval. Murailles et tours sont colorées d'un ton rose légèrement doré par le soleil, qui justifie le nom d'Alhambra, ou palais rouge (*Kasr-al-Hamra*). Ces

l'opéra du *Cid*, quoique le Cid n'ait jamais mis le pied à Grenade, et que la Cour des Lions n'ait été construite que près de trois cents ans après sa mort.

constructions ne sont pas faites de pierres cimentées, mais seulement de terre foulée, de cailloux et de briques, comme un pisé ; elles sont cependant encore debout, après avoir traversé bien des siècles.

L'Alhambra a été commencé vers le milieu du XIII° siècle. Au XV° siècle, son enceinte était remplie de palais, de mosquées, de cours et de jardins. Aujourd'hui, elle existe encore assez complète, mais les mosquées, quelques tours et plusieurs palais ont disparu, surtout du côté opposé à la ville ; il n'en reste plus que des ruines éparses au milieu de terrains incultes. C'est au nord, au-dessus du Darro, que se trouve le groupe le mieux conservé ; c'est le rendez-vous de tous les voyageurs.

Partant de Grenade, le touriste gravit d'abord la rue *de los Gomeres*, et peut, chemin faisant, s'arrêter devant des boutiques de marchands de bric-à-brac et d'antiquités arabes plus ou moins authentiques. Il y trouvera des étoffes, des meubles, des bijoux, des armes de toutes les époques et mille objets intéressants pour un amateur de la curiosité ; il y en a de fort beaux, mais ils sont d'un haut prix. C'est aussi dans cette rue que se sont établis les artistes qui exécutent, en stuc, des réductions, coloriées ou non, de la décoration des salles et des galeries de l'Alhambra. Ces réductions, en forme de tableau, sont très habilement faites. Au haut de la rue s'élève un arc-de-triomphe, en guise de porte, qui s'appuie à de vieux murs arabes. C'est la porte de *las Granadas*. Elle a été construite sous le règne de Charles-Quint, dans le style greco-romain, et se compose d'une grande arcade flanquée de colonnes toscanes et surmontée de figures allégoriques mutilées, des armoiries impériales et de trois grenades colossales.

Après avoir franchi cette porte, toujours encombrée de mendiants aveugles, on suit une large voie bordée de rigoles où court une eau limpide et murmurante, et ombragée de grands arbres qui s'étagent, de chaque côté, sur des pentes escarpées. Ce chemin est ravissant. A droite, sur le sommet d'une éminence, s'élèvent les Tours vermeilles (*Torres bermejas*) d'un beau ton rosé, découronnées, mais imposantes par leur masse. Ce sont d'anciennes fortifications dont on fait remonter la construction aux Phéniciens.

Plus loin, à gauche, est la fontaine de Charles-Quint (*Pilar de Carlo V*) ornée de statues et de bas-reliefs, et portant une inscription en l'honneur de cet empereur. Un chemin en pente assez rapide conduit ensuite à la porte d'entrée de l'Alhambra qui s'ouvre sous un grand arc en fer à cheval surmonté d'une main et d'une clef, symboles de la force et de la toute-puissance de la loi musulmane. On l'appelle Porte du jugement (*Puerta del juicio*), parce que c'était là que le Cadi donnait audience et rendait ses arrêts. Une inscription relative à la prise de Grenade par les rois catholiques se lit sur une pierre enchâssée dans le mur. Au delà est une seconde porte dont l'arc ovale est décoré de stucs élégants; puis, à gauche, un petit édifice (*la Puerta del vino*) très bien conservé et couvert d'ornements et d'inscriptions arabes. C'était un **Mihrab** ou oratoire. On

7.

l'appelle Porte-du-Vin, parce qu'après la conquête, les muletiers et les marchands entreposaient là les vins d'Alcala destinés à la consommation privilégiée des habitants du palais.

Devant cet édifice s'étend la grande place des Citernes (*de los Algibes*). Elle est pavée de larges dalles qui recouvrent d'immenses réservoirs voûtés auxquels les porteurs d'eau de Grenade (*Aguadores*) viennent s'approvisionner; ils circulent sur cette place du matin au soir, en poussant devant eux leurs petits ânes chargés de barils.

En continuant à s'avancer vers la gauche, on s'engage au milieu de constructions en partie détruites, dont l'ensemble porte le nom d'*Alcazaba*. Là était la citadelle de l'Alhambra; elle était flanquée de quatre tours; l'une est en ruines; une autre (*del Homenaje*) sert de prison; la troisième (*Armeria*) était un dépôt d'armes; la quatrième, et la plus importante, est la *Vela*; elle est carrée et s'élève à une hauteur de quinze mètres. Sa plate-forme porte un petit clocher crénelé dans lequel est suspendue une grosse cloche nommée *la Vela*. Cette cloche joue un rôle considérable dans l'existence de la ville de Grenade, aussi figure-t-elle dans ses armoiries. C'est elle qui sonne les heures et qui donne le signal de la distribution des eaux dans la Vega; elle sert aussi de tocsin d'alarme en cas d'incendie, et, en 1808 et en 1842, elle appelait le peuple aux armes. Le 2 janvier, on la met en branle, toute la journée, pour célébrer l'anniversaire de la prise de Grenade par Ferdinand et Isabelle, car c'est au sommet de la tour que fut arboré, le 2 janvier 1492, l'étendard triomphant de la croix. Là, le regard embrasse un immense et magnifique panorama, un des plus beaux qui se puissent voir. En bas, s'étale la ville entière de Grenade; à droite, se creuse le ravin du Darro dominé par les pentes de l'Albaycin; en face s'étend, à perte de vue, la grande et riche plaine de la Vega couverte d'une admirable végétation et traversée par le *Genil*, dont les replis capricieux se déroulent comme un ruban d'argent au milieu des arbres et de la verdure. A l'horizon se dressent les cimes grisâtres et nues de la *Sierra Elvira*, et, à gauche, les pics étincelants de neige de la *Sierra Nevada*. Une lumière transparente, un ciel d'azur, enveloppent cé paysage grandiose; on ne se lasserait pas de l'admirer.

A l'extrémité opposée de l'enceinte se trouvent la tour de *los Picos*, ainsi nommée à cause de la forme pointue des merlons de sa couronne, et la cour des Infantes (*de las Infantas*), qu'habite aujourd'hui une pauvre famille, mais qui renferme cependant encore une salle et une galerie décorées de stucs d'une élégance exquise. Les constructions qui existaient jadis dans cette partie de l'Alhambra ont disparu; à peine en reste-t-il quelques ruines enveloppées de ronces. La main des hommes est venue en aide à l'action destructive du temps ; le 15 et le 16 septembre 1812, les Français, obligés d'évacuer l'Andalousie, incendièrent plusieurs dépendances du palais avec les approvisionnements qui y étaient accumulés, et firent sauter une partie des fortifications de l'enceinte. Notre histoire militaire offre malheureusement d'autres exemples de ce vandalisme.

C'est sous le règne de Charles-Quint que le chapitre de Cordoue entama son admirable mosquée pour y coudre un morceau de cathédrale; à Grenade, c'est Charles-Quint lui-même qui fit démolir plusieurs des merveilleuses salles de l'Alhambra pour se faire édifier un PALAIS dans le style de la Renaissance. Cette profanation a porté malheur au palais; car, commencé en 1527, il n'a pas été achevé, et il ne le sera sans doute jamais. Ce qu'il y aurait de mieux à faire serait de le raser et d'employer ses matériaux à quelque construction utile; lors même qu'on n'en trouverait pas l'emploi, mieux vaudrait encore faire disparaître cet édifice mort-né, cette ruine anticipée qui fait avec ce qui l'entoure le disparate le plus choquant. Sa forme est exactement carrée; au milieu, se trouve une cour ronde entourée d'un portique. Les murs ne s'élèvent pas au-dessus du premier étage; ils sont d'ordre rustique. La porte principale est ornée de bas-reliefs en marbre rappelant quelques épisodes de la bataille de Pavie. Il n'y a pas de toiture et, dans tout autre climat que celui de Grenade, les murs se seraient écroulés depuis longtemps.

C'est derrière ce palais décapité que se trouve, aujourd'hui, l'entrée des magnifiques salles arabes. Après avoir traversé un corridor étroit et obscur, on arrive, en pleine lumière, dans le *Patio de los Arrayanes* (Cour des Myrtes), qu'on appelle aussi *Patio de la Alberca* ou *Mezouar*. C'est le plus grand du palais; il mesure quarante-deux mètres en longueur et vingt-trois en largeur.

Rien ne fait pressentir la décoration féerique dont les yeux sont éblouis en entrant dans ce patio, en parcourant ensuite les galeries et les salles dont il est le splendide vestibule. Sa partie centrale est occupée par un grand bassin rectangulaire entouré de myrtes et d'orangers. Aux deux extrémités règne un portique dont les arcades s'appuient sur de sveltes colonnettes en marbre blanc. De la cour des Myrtes, le voyageur peut passer successivement dans les autres salles du palais, qui tirent leur nom, soit de leur destination primitive, soit de certaines particularités. Ce sont, entre autres, le salon de *Comarech* ou *des Ambassadeurs*, le plus vaste de tous ; la salle des *Deux sœurs*, dont le pavement se compose de deux immenses dalles de marbre blanc ; celle des *Divans*, des *Secrets*, curieuse par son acoustique ; des *Abencerages*, de la *Justice*, des *Portraits*, des *Bains royaux*, le *Mirador de Lindaraja*, le *Tocador* (cabinet de toilette) de la reine, etc. ; enfin la fameuse *Cour des lions*. Toutes les salles, toutes les galeries, sont décorées dans le même style, mais avec une variété, une richesse d'invention inépuisables et un goût ravissant. En cherchant à décrire chacune d'elles on tomberait dans des répétitions inévitables.

La partie inférieure des murs, au moins jusqu'à hauteur d'appui, est revêtue de carreaux en faïence émaillés de couleurs vives et gaies (*Azulejos*), dont les dessins sont variés à l'infini. La partie supérieure est couverte de stucs qui ressemblent à une dentelle.

C'est un enchevêtrement géométrique et fantaisiste de caissons, de losanges, de rinceaux, d'étoiles, de festons, d'entrelacs ; l'art gothique, si riche en ce genre, ne saurait en donner qu'une idée imparfaite. Cette décoration rappelle les tapis de Perse ; elle rappelle aussi ces feuilles ajourées en ivoire que les Chinois travaillent avec tant d'adresse et de patience, ou le léger papier découpé à l'emporte-pièce dont les confiseurs recouvrent leurs dragées. L'encadrement des trumeaux est souvent une sentence morale du Coran en grands caractères coufiques dont les pleins et les déliés font ressortir, par un heureux contraste, la légèreté de la décoration générale. La représentation des êtres vivants était interdite par la loi de l'Islam ; les artistes musulmans étaient ainsi privés d'un puissant moyen d'expression, la vie ; ils y suppléaient par l'écriture, qui est l'expression de la pensée.

Les chapiteaux des colonnes, d'un profil assez sévère, ont un caractère particulier d'élégance et de force. Les fûts sont minces ; leur hauteur dépasse rarement quatre mètres, et leur diamètre vingt centimètres. Eu égard au développement des parties qu'ils supportent, ils pourraient paraître grêles, mais ces parties sont couvertes de broderies si légères à l'œil que ce défaut de proportion, loin d'être choquant, donne à l'ensemble une grâce ravissante. Les archivoltes des arcades sont ourlées d'une fine bordure ; souvent leur intrados est gauffré ou festonné, souvent aussi les tympans sont percés d'ouvertures fermées par des plaques de marbre ajourées.

Les salles ne sont éclairées que par la lumière qu'elles reçoivent des patios ou par de petites fenêtres géminées s'ouvrant sur la vallée du Darro ; il y règne une demi-obscurité qui en agrandit les proportions. Les plafonds, en bois de cèdre ou de mélèze noirci par le temps, sont incrustés de nacre, rehaussés d'or et couverts de moulures saillantes figurant des caissons, des rosaces, des figures géométriques entrelacées. Les portes sont décorées dans le même style. Aux impostes des arcades, dans les corniches, dans les angles des plafonds, l'ornementation prend un caractère très original et tout à fait oriental ; elle se compose de sections de voûtes en miniature qui se pénètrent, se suspendent les unes au-dessus des autres, et forment des pendentifs qu'on pourrait comparer à des stalactites ou plutôt à des alvéoles de ruche ; elles sont d'une légèreté incomparable. La salle des Deux Sœurs est surtout remarquable sous ce rapport. On aperçoit encore sur les plafonds et sur les stucs des traces de polychromie indiquant que les fonds étaient peints en bleu, en rose, en vermillon, que les stucs étaient nuancés de teintes variées et que les caractères coufiques étaient souvent dorés. Dans cet état, les salles et les portiques devaient être éblouissants. Partout les pavements sont en marbre blanc ou en carreaux de faïence aux vives couleurs. Les toitures faisaient saillie au-dessus des portiques ; l'extrémité de leurs poutres était sculptée et recouverte de brillantes tuiles vernissées. On revient souvent à l'Alhambra ; à chaque heure du jour, des jeux d'ombre et de lumière font varier l'aspect des salles et des portiques, et ces aspects divers sont toujours féeriques.

Extérieurement l'Alhambra, comme tous les Alcazars, avait l'air d'une citadelle, mais à l'intérieur, les locaux destinés à l'habitation étaient décorés avec une élégance, une somptuosité tout à fait inconnues aux châtelains du moyen âge; ceux-ci n'étaient pas encore sortis de la barbarie féodale, alors que la civilisation arabe brillait du plus vif éclat. Le caractère de l'architecture mauresque répond à l'état des mœurs des Orientaux qui aiment le faste et la représentation, et dont la vie de famille se renferme dans le mystère du harem; cette architecture est bien celle d'un peuple sensuel et raffiné qui, après une lutte sept fois séculaire, devait être vaincu par la rudesse énergique des Castillans et des Aragonais.

La Cour des Lions (*Patio de los Leones*) est presque aussi grande que celle des Myrtes; elle a été construite en 1377, par un architecte nommé Aben-Cencid. C'est une merveille de décoration, un véritable bijou. Un portique règne tout à l'entour, et ses arcades, à cintre surhaussé d'un profil gracieux, reposent sur de fines colonnes de marbre blanc, alternativement doubles ou simples. Aux extrémités s'élèvent des pavillons en saillie, à arcades festonnées, surmontés d'un petit dôme revêtu d'imbrications en faïence coloriée. Toutes les surfaces sont brodées de stucs d'une délicatesse exquise. Au milieu, une double vasque, avec jet d'eau, repose sur douze quadrupèdes fantastiques qu'on appelle des lions ; ils sont grossièrement sculptés, mais d'une tournure décorative très originale. Le pavement est en marbre, et des canaux rayonnant autour de la fontaine reçoivent les eaux qui retombent en cascade de la vasque supérieure et s'écoulent par la gueule des lions. Ce patio est bien conservé ; cependant quelques arcades menacent de s'affaisser, et il a fallu les consolider par des armatures en fer.

D'intéressants souvenirs historiques se rattachent à l'Alhambra. C'est de la salle des Ambassadeurs que Christophe Colomb partit pour aller découvrir un monde nouveau. C'est dans cette grande salle, au plafond constellé de nacre et d'or, aux murs revêtus d'une broderie de stucs richement coloriés, que Ferdinand et Isabelle, assis sur un trône, entourés d'une cour nombreuse et brillante, remettent au grand navigateur les insignes du commandement des trois caravelles qui devaient le transporter au delà de l'Atlantique, et le nomment amiral et vice-roi des terres qu'il devait découvrir. Quel magnifique sujet de tableau pour un coloriste !

Le patio dit de *la Reja*, parce que sa galerie est fermée par une grille, passe pour avoir servi de prison à la reine Jeanne, devenue folle de désespoir à la mort de son mari, Philippe-le-Beau.

Isabelle de Solis, qui devint reine de Grenade, fut enfermée dans la tour de la Captive (*Torre de la Cautiva*).

C'est dans une salle attenante à la cour des Lions

que le roi Boabdil, à l'instigation des Zegris, fit décapiter les *Abencérages.* Le bassin qui est au milieu reçut leurs têtes, et la tache qu'on voit sur le pavé est, dit-on, une tache de sang. Telle est la légende, et la salle a pris le nom des victimes de la férocité jalouse du roi maure. Ce malheureux souverain, surnommé *el Zogoibi* (l'infortuné) par les Arabes, et *el Rey chico* (le petit roi) par les Espagnols, fut chassé de sa capitale par Ferdinand, et sortit de l'Alhambra par la tour *de los Siete suelos* (des sept étages) en pleurant la perte de sa couronne.

Quoique la représentation de la figure humaine fût interdite par le Coran, on trouve dans la salle du Tribunal ou des Portraits (*de los Retratos*) de vieilles peintures sur cuir qui ont probablement été éxécutées au XVᵉ siècle par des renégats ou par des esclaves chrétiens. La plus remarquable représente, suivant les uns, un *Mexouar* ou conseil des ministres, suivant les autres, les dix rois qui construisirent l'Alhambra. Rois ou ministres sont assis sur des coussins à la manière orientale ; ils portent une longue barbe, sont coiffés d'une sorte d'écharpe nouée sous le menton et s'appuient d'une main sur leur cimeterre. D'autres tableaux ont pour sujets des prouesses de chevaliers errants et de chasseurs de bêtes fauves. Ces peintures sont les seules qu'il y ait à l'Alhambra; elles sont très détériorées, d'un dessin tout à fait primitif, sans clair-obscur ni perspective, mais elles sont curieuses à cause de leur ancienneté et des scènes qu'elles représentent. Des copies au trait de ces tableaux sont déposées dans une salle attenante ; dans une autre salle sont renfermées les archives du temps de la conquête ; elles possèdent sans doute des documents peu connus et très intéressants qui seraient mieux placés dans une bibliothèque publique.

Les bains royaux (*Baños reales*), très richement décorés de stucs et d'azulejos, se composent d'une salle principale et de cabinets de repos sobrement éclairés par des ouvertures garnies de plaques de marbre ajourées en étoiles. Des musiciens cachés dans une galerie supérieure chantaient les louanges du maître pendant qu'il se livrait aux douceurs du bain.

C'est dans une salle s'ouvrant sur la cour des Myrtes que se trouve le fameux *Vase de l'Alhambra*, le plus beau spécimen qui existe de la faïencerie hispano-arabe. Sa forme se rapproche de celle de l'amphore ; il n'a pas moins de 1ᵐ 36 de hauteur et de 75 centimètres de diamètre au milieu de la panse. Sur un fond blanc légèrement teinté de bleu se détachent des inscriptions et des ornements en émail bleu et or. Malheureusement une des anses de ce magnifique vase a été brisée.

L'ornementation de plusieurs salles a été modifiée depuis la conquête. Dans le *Tocador de la Reina*, qui a été aussi un oratoire, des peintures représentent la fable de Phaéton et des personnages allégoriques. La chapelle royale (*Capilla real*) était une grande salle qui a été défigurée en vue de sa nouvelle destination. Ce qu'elle offre de plus remarquable est une *Adoration des rois* attribuée à Antonio del Rincon. Si cette attribution est exacte, le tableau serait d'autant plus intéressant que Rincon est un des maîtres primitifs, le fondateur, dit-on, de l'école espagnole, et que ses œuvres sont très rares. Autant qu'on peut en juger dans la demi-obscurité où il se trouve, ce tableau est bien composé, correctement dessiné et d'une bonne couleur.

Il existe encore quelques salles dont les stucs sont empâtés dans un épais badigeon. L'une d'elles, en partie détruite, sert de cuisine. Auprès, se trouvent un cimetière et un caveau dans lequel les corps étaient déposés avant l'inhumation.

La restauration de l'Alhambra est dirigée depuis plusieurs années par un habile architecte, M. Rafaël Contreras. Si elle est jamais terminée, elle aura fait revivre un des monuments les plus admirables et les plus curieux qui soient au monde.

Des gardiens circulent dans les salles; tout en surveillant les voyageurs qui pourraient céder à des manies de collectionneurs et arracher des stucs, ils donnent tous les renseignements qui leur sont demandés. Cependant, pour une première visite, il est utile de se faire accompagner par un guide, afin de pouvoir ensuite se diriger seul dans le dédale des cours, des salles et des galeries. Quand on les a parcourues une fois, on veut les voir une seconde et y revenir encore, afin d'étudier et d'admirer les détails de leur merveilleuse décoration. Il faut alors pouvoir flaner librement, sans être obsédé par le boniment officiel.

Le Généralife était une habitation de plaisance, une villa des rois de Grenade ; c'est aujourd'hui une propriété particulière qu'habite, dans une modeste maison, le gardien chargé de l'entretenir et d'en ouvrir la porte aux visiteurs. Il s'élève, derrière l'Alhambra, sur une colline qui domine ce palais, et elle n'en est séparée que par une faible dépression de terrain. Quelques salles et une galerie sont tout ce qui reste de la somptueuse demeure royale ; elles sont décorées dans le même style et avec autant d'élégance et de richesse que celles de l'Alhambra, et, du point élevé où elles se trouvent, la vue embrasse un panorama aussi étendu que varié. Avant d'arriver au palais, on traverse plusieurs jardins étagés en terrasses, émaillés de fleurs, plantés d'orangers, de citronniers, de myrtes, de grenadiers, égayés et arrosés par de nombreux ruisseaux qui fuient dans des rigoles de marbre, s'épanchent dans des bassins ou se précipitent en cascades de terrasse en terrasse. Un de ces bassins est bordé de hauts cyprès. La légende raconte que c'est au pied d'un de ces arbres que la reine *Alfayma* donnait des rendez-vous au bel Abencerage, *Aben-Hamet*, et lui attribue l'âge respectable de sept cents ans. Quoi qu'il en soit de cette longévité, l'arbre est immense, et son tronc fendu est dépouillé d'une partie de son écorce. On l'appelle le *Cyprès de la Sultane.*

La mosquée de Cordoue a été construite à la fin du VIIIe siècle ; l'Alhambra de Grenade date du milieu du XIIIe. Pendant cette longue période, l'architecture arabe s'est modifiée. A Cordoue, c'est l'arc outrepassé ou en fer à cheval qui domine ; à l'Alhambra on le rencontre rarement ; presque toutes les arcades des portiques et des salles présentent le profil d'un cintre surhaussé. Cette courbe est plus élégante, mais elle a moins de caractère. Les deux monuments avaient d'ailleurs une destination différente : l'un était un temple, l'autre un palais.

CHAPITRE VIII

De Grenade à Malaga. — **Malaga.** — La ville. — Le port. —
La cadrédrale. — De Malaga à Cadix. — Jerès. — **Cadix.**
— La ville. — Le port. — La cathédrale. — Courses de
taureaux.

GRENADE est un impasse, le chemin de fer ne va
pas au delà ; il faut donc revenir sur ses pas jusqu'à Bobadilla. Après cette station d'embranchement,
on se dirige vers Malaga en traversant le massif montagneux de *Talox*. La voie serpente au milieu
d'énormes rochers abrupts, nus, déchiquetés ; il
semble que ces rochers soient tombés du ciel, et
qu'en se brisant, ils se soient entassés au hasard.
Entre leurs profondes crevasses, des torrents, dont le
bruit trouble seul le silence de ce désert, se précipitent en écumant. Quatorze tunnels, d'une longueur
de 6,500 mètres, se succèdent à de courtes distances ;
l'un d'eux (*el Hojo*) est percé au-dessus d'un abîme
béant dans les profondeurs du sol ; des viaducs, des
ponts, relient ces tunnels entre eux. On ne saurait

rien imaginer de plus désolé et de plus sauvage. Tel est le défilé *de los Gaitanes;* il rappelle celui de *Despeña-perros.* A la sortie du dernier souterrain, le pays prend tout à coup un autre aspect; c'est un merveilleux changement à vue de décor. Au pied d'âpres rochers s'ouvre une magnifique vallée, verte, riante, remplie d'orangers en fleurs et de citronniers. On arrive bientôt à *Alora,* charmante petite ville couchée dans un pli et sur les pentes de la montagne, au milieu de belles plantations de palmiers et de grenadiers. On aperçoit, de tous côtés, d'élégantes maisons de campagne entourées de jardins émaillés de fleurs. C'est un séjour ravissant de villégiature pour les riches habitants de Malaga. En bas coule le *Guadalhorce* dont les eaux fertilisent la plaine; la vallée s'élargit et la végétation méridionale s'y étale dans toute sa splendeur. Les orangers et les citronniers sont couverts de fruits et de fleurs, des haies de cactus et d'aloès encadrent de grands vergers plantés de figuiers et de vignes, des rangées d'eucalyptus au port élégant s'alignent de chaque côté de la voie ferrée. Bientôt on aperçoit la haute tour d'une cathédrale, le sommet du Gibralfaro, et, à l'horizon, la mer bleue étincelant sous les rayons du soleil.

Malaga est une des plus importantes et des plus anciennes villes de l'Espagne; sa population s'élève à près de cent mille âmes, et sa fondation est attribuée aux Phéniciens. Les Arabes l'occupèrent dès les premiers temps de la conquête, et s'y maintinrent jusqu'à la fin du XVᵉ siècle. Pendant cette longue période, ils ont dû construire beaucoup de monuments; il n'en reste aujourd'hui que quelques débris. Malaga est surtout commerçante; elle exporte les produits du sol de sa province, et le mouvement des échanges y est assez considérable, quoique son port soit mal fermé, mal abrité et peu profond. Des chalands remorqués par de petits bateaux à vapeur vont chercher ou porter les marchandises à bord des navires qui se tiennent en rade ou loin des quais. La province jouit d'un climat assez chaud et assez égal pour qu'il soit possible d'y cultiver la canne à sucre le long de la côte, et c'est à Malaga que se manipulent les produits de la récolte. Aussitôt débarquées, les cannes sont chargées sur de grands chariots attelés de bœufs et transportées à la sucrerie. Ce transport est une fête pour les gamins qui pullulent sur le quai; ils escortent le chariot, et, lorsqu'il s'en échappe quelque tige, tous se précipitent dessus, se bousculent pour s'en emparer, s'en arrachent les morceaux, et les heureux vainqueurs dans cette lutte de gourmandise se sauvent en suçant à pleine bouche le morceau qu'ils ont conquis.

Comme Cordoue et Grenade, Malaga est un dédale de rues étroites, obscures, malpropres et très mal pavées; quelques-unes sont fermées à leurs extrémités par des bornes; dans la plupart, la circulation des voitures est presque impossible, mais celle des personnes à pied est très active. La population paraît remuante et affairée; elle ne se distingue par aucun trait caractéristique, et la réputation de beauté des *Malagueñas* pourrait bien être un peu surfaite. Les maisons sont, en général, assez laides ; comme dans les autres villes de l'Espagne méridionale, beaucoup sont, à partir du premier étage, enveloppées de *Cierros*.

La principale promenade s'appelle l'*Alameda* (ce mot, qui signifie Allée de peupliers, sert à désigner toute promenade plantée) ; c'est une avenue, comme la Rambla de Barcelone, qui aboutit d'un côté à *la Plaza del mar*, sur le port, et de l'autre au *Guadal-Medina*, torrent souvent à sec, dont les eaux limoneuses s'égarent dans un large lit de cailloux ; il sépare la ville du faubourg où se trouvent la gare du chemin de fer et plusieurs grands établissements industriels. Cette Alameda est bordée de quelques belles maisons et de boutiques assez élégantes ; là est le quartier neuf, celui des hôtels les plus fréquentés. La promenade est décorée de statues, et, à chaque extrémité, de fontaines qui ont la prétention d'être monumentales. La plus importante, celle qui s'élève du côté du port, se compose de deux groupes superposés, séparés par une vasque. Les figures qui forment ces groupes, enfants, syrènes, satyres, rejettent de l'eau par tous leurs orifices naturels ; le *Manneken-piss* de Bruxelles est dépassé. Leurs attitudes sont tourmentées et maniérées. Cet échafaudage compliqué et confus est surmonté d'un aigle qui, le cou tendu, lance aussi de l'eau par le bec. Singulière fonction pour le roi des oiseaux !

Rafaël del Riego y Muñez, célèbre patriote espagnol, a donné son nom à une grande place assez régulière au milieu de laquelle un monument a été érigé à la mémoire du général *Don Jose Maria Torrijos* et de ses quarante-neuf compagnons, victimes de la terreur blanche, comme Mariana Pineda à Grenade. Les faces d'un haut soubassement portant un obélisque sont revêtues de plaques de marbre noir sur lesquelles ont été gravés les noms des citoyens exécutés, le 11 décembre 1831, par ordre de Ferdinand VII. Ce monument est simple et sévère; il exprime bien ce qu'il veut dire.

Malaga est bâtie dans une plaine entourée de montagnes, au pied d'une haute colline très escarpée (le *Gibralfaro*) où s'élevait autrefois une forteresse dont la fondation remontait, dit-on, aux Phéniciens. Des casernes entourées d'une enceinte bastionnée couronnent aujourd'hui cette colline et dominent le port et la ville. On voit cependant encore, suspendus aux flancs du Gibralfaro, de vieux murs crénelés, flanqués de tours, qui venaient se rattacher, près du port, à une autre forteresse, l'*Alcazaba,* dont il subsiste des restes importants et très pittoresques. Près de la cathédrale, un arc en fer à cheval est enchassé dans le mur d'une vieille maison, et, non loin de l'Alameda, la porte principale d'un marché nouvellement construit s'ouvre sous une belle arcade mauresque en marbre blanc qui surmontait jadis l'entrée d'un arsenal nommé *las Atarazanas.*

Lorsqu'on regarde la ville des hauteurs de Gibralfaro, la vue s'arrête sur un énorme édifice qui domine toute la masse serrée et confuse des maisons. Cet édifice est la CATHÉDRALE. Il semble inachevé, son toit n'apparaît même pas au-dessus de l'entablement des nefs et de l'abside; on ne voit qu'une seule tour à deux étages coiffée d'un petit dôme surmonté d'un lanternon. Cette église a été construite, comme celle de Grenade, et dans le même style, par Diego de Silvé. La façade, élevée sur un perron à double rampe, est percée de trois grandes portes et présente deux étages de colonnes corinthiennes flanquées de tours. Le couronnement de cette façade, ainsi que la tour du côté droit, ne sont pas encore terminés.

L'architecture intérieure a beaucoup d'analogie avec celle de la cathédrale de Grenade; elle est imposante par l'harmonie et la grandeur de ses proportions. La longueur de la grande nef est de cent quinze mètres et la hauteur de la voûte de quarante. Les piliers, sur lesquels s'appuient des arcades en plein cintre, sont composés de faisceaux de colonnes corinthiennes. Les voûtes, surchargées de moulures et d'ornements, sont, ainsi que les murs et les piliers, badigeonnées en blanc; des colonnes portant une demi-coupole isolent le maître autel de l'abside. Les chapelles des nefs latérales sont profondes et leur obscurité ne permet pas de bien voir les œuvres d'art qu'elles renferment. On remarquera cependant dans les chapelles absidales des tombeaux en marbre d'évêques dont les statues sont assez banales, un retable gothique très curieux quoiqu'en mauvais état, une *Assomption*, et, derrière un tabernacle, un petit tableau de Moralès qui représente la *Vierge tenant entre ses bras le corps de Jésus-Christ*. C'est une *Pietà* à mi-corps. Les têtes sont expressives, mais le dessin est assez primitif et le coloris très noir. Des tombeaux d'évêques, l'un en marbre l'autre en bronze, se voient dans une chapelle voisine ; enfin, dans la *Capilla real*, sont les statues en bois peint de Ferdinand et d'Isabelle dans l'attitude de la prière.

L'œuvre la plus digne d'attention est le tableau d'Alonzo Cano, appelé la *Vierge au rosaire*, qui se trouve dans la chapelle de ce nom ; il passe pour être un des chefs-d'œuvre de ce célèbre artiste. La Vierge, portant l'enfant Jésus, est assise sur des nuages ; de ravissants petits anges voltigent à l'entour ; en bas, six personnages religieux, à mi-corps, contemplent cette apparition ; l'un d'eux, à droite, serait le portrait du peintre. Le coloris a perdu en partie sa transparence, mais le dessin est très correct, d'un grand style, la composition bien ordonnée et les têtes sont magnifiques d'expression.

Le Coro, comme toujours, occupe le milieu de la grande nef ; il est meublé de deux buffets d'orgues richement décorés et d'une magnifique *Silleria,* œuvre d'un artiste italien du XVIIe siècle, Michaëli. Les stalles, au nombre de plus de cent, sont très ornées et surmontées, chacune, d'une statuette d'un grand fini d'exécution. Trois petits autels sont adossés au *Trascoro ;* derrière le vitrage de l'un d'eux est une belle *Pietà* en marbre blanc.

Le goût du naturalisme des Espagnols se révèle, dans toutes les églises, par les accoutrements plus ou moins bizarres dont ils affublent les statues objets de leur dévotion, et par la représentation de scènes religieuses au moyen de groupes de figures peintes. Les chapelles extérieures du Coro sont remplies de figurations de ce genre. Dans l'une d'elles, on voit un missionnaire étendant la main sur la tête d'un Indien mourant qu'un de ses compagnons soutient; un troisième les regarde. Le missionnaire est vêtu d'une longue robe, les Indiens, à peau noire, portent des ceintures et des coiffures de plumes de couleur; rien ne manque à la mise en scène.

Malaga est une grande ville, active, laborieuse, que le commerce enrichit sans doute, mais qui est assez pauvre en monuments et en objets d'art. Elle a pour elle son beau ciel et les produits très recherchés du pays qui l'environne; cependant les mœurs de sa population doivent être encore assez primitives si l'on en juge par ce détail qu'elle ne possède aucun établissement de bains. Lorsqu'un voyageur en manifeste son étonnement, on lui répond naïvement qu'on n'ignore pas que les étrangers ont l'habitude de se baigner, mais pas les Espagnols.

Il n'existe pas encore de chemin de fer direct entre les ports de Malaga et de Cadix. Pour se rendre de l'un à l'autre, il faut revenir sur ses pas, dans la direction de Cordoue, jusqu'à la station de *Roda*, et là prendre la ligne qui se dirige à l'ouest, sur *Utrera*, puis au sud vers Cadix.

De Roda à Utrera la voie ferrée traverse une région dont les ondulations assez accentuées sont couvertes d'oliviers, de pâturages et de champs de blé; elle paraît fertile, mais ne présente aucun intérêt pittoresque. On aperçoit, en passant près de la ville d'*Ossuna,* un grand château seigneurial couronné de balustrades à jour et surmonté de flèches aiguës d'un aspect très original. *Utrera* est une petite ville peu animée dont les maisons, comme dans toute l'Andalousie, sont blanchies à la chaux avec le plus grand soin. Le campanile de son église est très élégant. Quelques restes d'un mur d'enceinte appuyé sur une tour carrée sont sans doute de construction arabe.

A partir d'Utrera le chemin de fer suit la large vallée du Guadalquivir ; il traverse une immense plaine marécageuse (*las Marismas*), et de vastes pâturages que parcourent de nombreux troupeaux de chevaux et de bêtes à cornes gardés par des bergers à cheval, la lance au poing. Plus loin la petite ville de *Lebrija* échelonne ses maisons sur les pentes d'un mamelon ; la haute tour de son église ressemble à la Giralda de Séville. Le pays devient de plus en plus accidenté, il paraît fertile et bien cultivé. De grands vignobles annoncent l'approche de la ville de Jerès ; tous les coteaux en sont couverts. JERÈS est le centre d'un commerce considérable de vins renommés qui s'exportent dans toutes les parties du monde : le chiffre de sa population, qui est de près de quarante mille âmes, donne la mesure de son importance. Les celliers (*Bodegas*) des principales maisons de commerce sont très curieux à visiter ; des centaines de grands tonneaux superposés sur trois rangs s'alignent dans de vastes magasins ; des ateliers de tonnellerie fabriquent des fûts de toute capacité, depuis un arrobe (seize litres). La plupart des négociants sont propriétaires de vignobles et, en outre, achètent au poids la vendange de leurs voisins; les grappes sont triées, nettoyées et portées sous des pressoirs construits au milieu des vignes.

C'est près de Jerès que se livra, le 31 juillet 711, la célèbre bataille du Guadalete qui mit fin à la royauté des Goths et inaugura la conquête de l'Espagne par les Musulmans. L'armée chrétienne, sous les ordres de *Roderich,* était, disent les chroniqueurs, quatre fois plus nombreuse que celle des Maures commandée par *Tarek.* Pendant toute une semaine des engagements partiels se succédaient chaque jour; enfin, un dimanche, les deux armées en vinrent aux mains. Roderich se croyait vainqueur, lorsque les troupes des fils de Vitiza passèrent à l'ennemi; les Goths furent mis en déroute et Roderich disparut. La légende s'est emparée d'un événement aussi important; d'après les historiens arabes, Roderich aurait été tué par Tarek et sa tête envoyée au sultan de Damas. Des chroniqueurs espagnols prétendent que le roi des Goths se noya en voulant traverser le Guadalete, et que son cheval de bataille, *Orelia,* fut trouvé errant sur la rive; d'autres, qu'il s'enfuit en Portugal où il passa le reste de sa vie dans la pénitence et la prière. Au X⁰ siècle, on découvrit près de Viseu un tombeau portant l'inscription suivante: *Hic requiescit Rodericus ultimus rex Gothorum.*

A peu de distance de Jerès on traverse le Guadalete qui va se jeter dans la rade de Cadix, près du *Puerto de Santa Maria.* On aperçoit alors, très distinctement, les maisons de Cadix dont le soleil fait resplendir l'éclatante blancheur, et les mâts des navires à l'ancre dans le port ; il semble qu'on y touche. La distance à parcourir est cependant encore de quarante-cinq kilomètres ; il faut faire le tour de la baie, et suivre toute la bande de terre qui rattache la ville à l'*île de Léon.* Cette île est artificielle ; c'est une partie de relais de mer traversé par un canal, dit de *San Pedro,* qui vient déboucher dans l'Océan. La voie ferrée, laissant à gauche des marais couverts de monticules de sel, passe à *Puerto real,* à *Carraca,* grand arsenal de la marine, et à *San Fernando,* où aboutit le canal du *Trocadero* qui a eu son jour de célébrité. Puis elle tourne brusquement en côtoyant le fond de la rade intérieure et s'engage sur l'isthme étroit qui sépare cette rade de la haute mer et qui, sur certains points, est large de trente mètres à peine. Enfin elle se termine au rocher de Cadix, sous son enceinte fortifiée, en face du port. Dans cette dernière partie du trajet, entre la rade et la mer, le train semble courir sur la surface de l'eau.

Quelle ville en Europe ressemble à Venise ? On pourrait en dire autant de Cadix. Elles sont cependant aussi dissemblables que possible ; en outre, Cadix ne ressemble à aucune des autres villes espagnoles, mal bâties, aux rues courtes, tortueuses, mal pavées et malpropres. Ses maisons, d'une blancheur éclatante, semblent flotter sur une mer d'azur ; on l'a surnommée la Coupe d'argent (*Copa de plata*). Étalée sur son rocher, à l'extrémité d'une longue et mince bande de terre, on pourrait aussi la comparer à un lys épanoui sur sa tige.

Cadix est une très ancienne ville; elle a été fondée par les Phéniciens, puis occupée par les Carthaginois et conquise sur ceux-ci par les Romains qui l'appelaient *Gadès;* cependant elle semble toute neuve. Ses rues longues, étroites, bien alignées, très propres, et, pour la plupart, se coupant à angle droit, sont bordées de maisons à plusieurs étages; les rez-de-chaussée sont peints en couleurs claires, et les étages supérieurs blanchis à la chaux. Tout ce badigeonnage est si bien entretenu qu'il semble fait de la veille. Les balcons, et il y en a à presque toutes les fenêtres, sont peints en vert, très saillants, souvent ventrus et artistement travaillés. Des *cierros* remplis de fleurs, garnis de rideaux roses, bleus, violets masquent la plupart des fenêtres. Ce bariolage est d'un effet original et très gai.

Les familles aisées habitent une maison entière. La porte extérieure est une grille très ouvragée qui s'ouvre sur un petit vestibule dont les murs sont revêtus d'*azulejos*. Une seconde grille donne accès à une cour intérieure (*Patio*) dallée en marbre ou en carreaux de faïence coloriée et entourée de fleurs et d'arbustes en caisses. Un portique, sous lequel les appartements du rez-de-chaussée sont distribués, règne autour du patio que recouvre un *velum* ou un vitrage. C'est là que vit la famille pendant les chaleurs de l'été. Des galeries ouvertes desservent les étages supérieurs. Cette disposition a quelque analogie avec celle des belles maisons arabes; elle est confortable, élégante et bien appropriée au climat. Les toits sont plats, comme en Orient; beaucoup sont surmontés d'une tour carrée (*Mirador*) terminée par une terrasse abritée sous une petite coupole. Du haut du mirador la vue s'étend sur toute la ville et sur la mer qui l'enveloppe; l'œil peut suivre, depuis *Rota* jusqu'à *San Fernando*, les contours capricieux de la baie, de la rade et du port. Du côté opposé, l'Océan se perd à l'horizon. Les maisons hérissées de miradores se serrent en masse compacte et leur blancheur éblouissante s'enlève vivement sur le bleu foncé du ciel et de la mer. C'est un panorama splendide, unique peut-être, comme l'est la position de Cadix.

Les places n'ont rien de remarquable; les principales sont celles *de la Liberté, de Mina,* célèbre patriote espagnol; d'*Isabelle II* et du marché des *Abastos,* curieux à visiter, le matin, lorsqu'il est animé par la foule des marchands de denrées, des servantes et des ménagères. C'est sur la place de *San Antonio* que débouche la rue la plus large de la ville, justement appelée autrefois *Calle Ancha,* mais débaptisée par la politique; elle porte aujourd'hui le nom de *Duc de Tétuan.* Le soir, cette rue est le rendez-vous des flâneurs; elle est bien éclairée, bordée de beaux magasins d'objets de luxe et de fantaisie, de vêtements, d'étoffes, et surtout de brillantes boutiques de perruquiers-barbiers. L'art de Figaro paraît être très florissant à Cadix.

Il n'y a pas d'adjectif dérivé de Cadix; ses habitants s'appellent Gaditans en souvenir de l'ancienne colonie romaine. La population Gaditane paraît gaie, active, aisée, mieux vêtue et moins mendiante que dans la plupart des autres villes de l'Espagne. Les femmes ont une réputation de beauté que justifie une désinvolture gracieuse, de grands yeux noirs, de longs cils, une abondante chevelure, un teint mat et doré, mais le bas du visage est souvent épais et un peu lourd, et l'on y remarque fréquemment des traces de variole. La vaccine ne serait-elle pas encore connue en Espagne? Quant au costume il n'offre aucune particularité caractéristique. Les femmes de la classe bourgeoise sont, en général, vêtues de soie noire et coiffées d'une mantille; celles de la classe ouvrière portent des robes d'indienne de couleur claire, un châle sur les épaules et un mouchoir sur la tête. Toutes manœuvrent l'éventail avec une agilité remarquable.

Cadix, comme Venise, n'a pas d'eau potable; elle recueille comme elle, dans des citernes, celle que le ciel lui envoie; il en envoie rarement, aussi est-elle obligée d'aller chercher de l'autre côté de la rade, au *Puerto Santa Maria*, l'eau qui lui est nécessaire pour compléter son approvisionnement.

Une enceinte bastionnée, d'un développement de quatre mille cinq cents mètres, entoure entièrement la ville et s'appuie, du côté de la haute mer, sur les deux forts de *Sainte-Catherine* et de *Saint-Sébastien;* celui-ci est isolé et s'avance assez loin à l'extrémité d'un rocher. La porte à laquelle l'isthme aboutit, la seule qui donne accès à la ville du côté de la terre, est défendue par des ouvrages formidables. Les murs d'escarpe sont en pierres de taille, les fossés larges et profonds, mais tout ce luxe de fortifications paraît assez mal entretenu.

On peut faire le tour entier de la ville en suivant sa ceinture de remparts. C'est une promenade que les aspects variés de la mer, de la rade, du port, rendent très intéressante. On traverse l'*Alameda de Apodaca* plantée de palmiers et de massifs d'arbustes, et décorée de statues de marbre blanc; puis on arrive sur une large esplanade au fond de laquelle s'alignent de vastes bâtiments militaires. En face, est un beau jardin rempli de fleurs, de plantes exotiques, et ombragé de grands arbres. En continuant à suivre le rempart, on aperçoit le cirque des Taureaux, édifice en bois pouvant contenir douze mille spectateurs, puis on passe au-dessus de la porte de terre, près de la gare du chemin de fer et tout le long du port.

Cadix, toute ancienne qu'elle est, n'a conservé aucun des monuments que les Romains et les Maures ont dû y construire. Sa CATHÉDRALE ne date que du commencement du XVIIIe siècle; la façade, précédée d'un perron de quelques degrés, est divisée en trois parties par des contreforts très saillants ornés de pilastres. La porte du milieu est décorée de colonnes corinthiennes et surmontée d'une demi-voûte en coquille portant un fronton. Des tours octogonales s'élèvent de chaque côté de l'édifice; elles sont pleines jusqu'aux trois quarts environ de leur hauteur; à jour et à colonnes dans la partie qui sert de clocher, et couronnées d'un petit dôme· En arrière s'arrondit une grande coupole couverte de tuiles jaunes vernissées et entourée de statues. Les revêtements des murs sont en marbre d'un ton grisâtre et terne. L'aspect de cette cathédrale est monumental, mais froid et lourd.

L'intérieur est divisé en trois nefs par deux rangées de piliers flanqués, chacun, de quatre colonnes corinthiennes portant des arcades surmontées d'un entablement très orné. Les bras du transept se terminent en abside; une haute coupole couvre l'intersection des bras de la croix et, dans les nefs latérales, un petit dôme s'arrondit devant chaque chapelle. Les nefs sont courtes, et la forme du vaisseau se rapproche ainsi de la croix grecque. Ce style pseudo-romain est correct; il ne manque même pas de grandeur, mais il est banal.

Le tabernacle du maître autel, en marbre blanc, figure un temple avec une coupole soutenue par des colonnettes. Le *Coro*, qui occupe presque toute la grande nef, est fermé par une grille monumentale d'un beau travail; ses stalles sont décorées de statuettes et d'ornements variés; au-dessus court une balustrade très élégante ornée de guirlandes de fleurs et de figurines d'anges. Les murs de l'édifice sont nus et les chapelles latérales très peu meublées. La cathédrale de Cadix, de construction assez moderne, n'a pas encore eu le temps de s'enrichir et de se parer.

Dans la sacristie, on montre aux voyageurs les restes de *Sainte Flavie* et de son frère *Saint Léonce*, martyrisés sous le règne de Dioclétien; leurs ossements enduits de cire et revêtus de riches costumes sont renfermés dans une caisse vitrée: près de ce reli-

quaire est un vase qui contient, dit-on, quelques
gouttes de leur sang. Deux armoires à panneaux très
curieusement ouvragés sont remplies de reliques éti-
quetées avec beaucoup de soin et de riches ornements
sacerdotaux : une chappe d'évêque en satin blanc
brodé d'or massif est splendide. En fait d'œuvres d'art,
on remarquera un très beau christ en ivoire, le portrait, attribué à Velasquez, d'un évêque auquel on
présente le plan d'une façade d'église ; un tableau de
Gonzalès, le *Massacre des Innocents*, d'une composition
compliquée et confuse, et une *Vierge offrant un livre à
Saint Isidore*. Celle-ci est l'œuvre d'un habile coloriste
dont le nom est inconnu.

Sur le rempart du sud, s'ouvre, au fond d'une cour,
une modeste église qui dépend du couvent de *Santa-
Catalina ;* elle est très sombre, ses chapelles latérales
sont peuplées de statues peintes, habillées comme des
poupées. Derrière le maître autel se trouve le grand
et célèbre tableau du *Mariage mystique de Sainte Catherine* par Murillo. Il doit sa célébrité à une triste circonstance ; il fut cause de la mort de l'illustre artiste
et c'est son dernier ouvrage. Murillo le peignait, monté
sur un échafaudage assez élevé ; en se reculant pour
mieux apprécier l'ensemble de son travail, il fut pré-
cipité sur le pavé, et, quelques mois après, il mourait
des suites de cette chûte. Le tableau a été achevé par
un de ses élèves, Menessès Osorio.

Le PORT de Cadix est dans une magnifique situa-
tion, ouvert sur l'Atlantique, à l'entrée de la Méditerranée et près de l'embouchure du Guadalquivir le seul

fleuve de l'Espagne qui soit en partie navigable. Il avait autrefois une importance considérable, et il a joué un grand rôle dans l'histoire de la navigation. C'est de la rade de Cadix que partirent le florentin *Amerigo Vespucci* qui a donné son nom au continent nouveau, et le portugais *Fernando Magalhaëns* (Magellan) qui entreprit, le premier, de faire le tour du globe. C'est du petit port maintenant envasé de *Palos* que mirent à la voile les trois caravelles qui, sous la conduite du génois *Christoforo Colombo,* découvrirent l'Amérique. L'Epagne eut alors la gloire d'accueillir les projets et de favoriser les entreprises de ces trois navigateurs étrangers. Aujourd'hui les ports de la baie ont beaucoup perdu de leur importance ; leur trafic égale à peine le tiers de celui de Barcelone. Le port de Cadix est cependant dans d'excellentes conditions naturelles ; il s'étend sur tout un côté de la baie et il est bien abrité par le rocher sur lequel la ville est bâtie et par l'isthme qui le rattache au continent. En arrière, un bassin pénétrant profondément dans les terres communique avec le port de commerce par un détroit de quinze cents mètres au plus de largeur ; l'un et l'autre mesurent une grande superficie, des flottes pourraient s'y mouvoir à l'aise, mais ils manquent de profondeur. Les navires d'un fort tonnage sont obligés d'opérer leur déchargement loin des quais, au moyen de chalands. Des travaux de draguage remédieraient sans doute à ce grave inconvénient.

Il n'y a pas en Espagne de ville qui n'ait son cirque de taureaux. LAS CORRIDAS sont la passion des Espagnols. Ce genre de divertissement a été importé par les Maures, et il était si profondément entré dans les mœurs qu'au moyen âge les rois eux-mêmes descendaient dans l'arène, et que, jusqu'au commencement du siècle dernier, les gentilshommes les plus titrés venaient, accompagnés de leur *Cuadrilla* richement costumée, combattre le taureau sous les yeux de toute la population. Les récits de madame d'Aulnoy et du duc de Saint Simon en font foi ; le comte et le duc de los Arcos grand écuyer de Philippe V, étaient cités parmi les toréadors les plus renommés. Les nobles champions faisaient alors assaut de luxe et d'audace. Aujourd'hui la tauromachie est devenue un métier, ou plutôt un art au dire des *Aficionados* ; elle est soumise à des règles dont le public ne tolérerait pas l'infraction ; elle a aussi sa hiérarchie. Le premier sujet, *el Espada*, celui qui doit tuer le taureau, n'intervient qu'au dénouement ; c'est un personnage. Les Espadas en réputation jouissent d'une notoriété, d'une popularité à laquelle n'arrivent pas la plupart des hommes d'état, des lettrés, des artistes. Ils sont, en général, connus par des surnoms. Rafaël Molina s'appelle *Lagartijo ;* Francisco Sanchez, *Frascuelo ;* Fernando Gomès, *el Gallo.* A Madrid, il y a une Corrida tous les lundis pendant la belle saison, mais, dans les autres villes, ce spectacle ne se donne qu'à l'occasion de fêtes patronales ou de circonstances spéciales. Partout il est annoncé longtemps à l'avance, mais toujours avec cette restriction (*Si el tiempo no impide*) si le « temps ne l'empêche pas » et partout il attire la foule. L'*Impresario* engage les acteurs et achète les taureaux. C'est l'Andalousie surtout qui fournit les animaux de combat; les affiches et les programmes ne manquent jamais d'indiquer que ceux qui paraîtront dans l'arène proviennent des troupeaux *del excelentisimo senor X...* C'est une réclame d'éleveurs; parmi eux il y a beaucoup de grands propriétaires, ducs, marquis, appartenant à la haute aristocratie. Un taureau de combat ne vaut pas moins de deux mille francs.

Pendant la nuit qui précède la *Corrida,* les taureaux sont conduits à l'étable du cirque *(Encierro)* entre deux rangées de vieux bœufs qui leur donnent l'exemple de la docilité, et les ramènent lorsqu'ils cherchent à s'écarter; s'ils résistent, des bergers à cheval les remettent dans le bon chemin en leur lançant des pierres avec une fronde. On fait ensuite entrer chacun d'eux en loge en le présentant devant un box dont la porte est relevée comme celle d'une souricière. L'animal aiguillonné la franchit, elle retombe derrière lui, et il reste là dans l'obscurité jusqu'au moment où il en sortira pour être mis à mort.

L'enceinte extérieure du cirque est percée de plusieurs portes; le mot *sol* ou *sombra,* écrit au-dessus, indique que les places auxquelles elles donnent accès sont au soleil ou à l'ombre. Celles-ci sont naturellement plus chères. Intérieurement des escaliers et des corridors de dégagement rendent la circulation très facile. La distribution est à peu près la même que celle des anciens cirques romains. L'arène est circonscrite par une haute barrière en bois *(Tabla)* garnie, à deux pieds environ du sol, d'un rebord sur lequel les Toreros pressés de trop près par le taureau posent le pied pour sauter dans un couloir ménagé de l'autre côté. Les spectateurs sont assis sur des gradins en amphithéâtre ; il ne faut pas qu'ils soient exigeants en fait de confortable, les sièges, même ceux des loges et des stalles numérotées, sont de simples bancs de bois.

Tous les gradins se remplissent rapidement. Du côté du soleil palpitent des éventails multicolores et se dressent de petites ombrelles en papier de couleur. A tous les étages circulent des marchands criant d'une voix gutturale : *quien quiere agua fresca* (qui veut de l'eau fraiche), offrant du vin blanc, des oranges, des galettes qui ressemblent à du pain d'épice, des amandes rondes qu'ils cassent entre deux morceaux de bois à la demande du consommateur, et même des crevettes et des pattes de crabes. Le public assis en plein soleil est nécessairement le plus bruyant, il cause à haute voix, rit, s'interpelle, et, lorsque la musique militaire placée dans une tribune spéciale exécute quelque morceau pour lui faire prendre patience, il marque la mesure à coups de pieds et à coups de canne. C'est un tapage très gai, mais assourdissant. Avec une exactitude toute administrative, le gouver-- neur de la province et les membres de l'Ayuntamiento viennent, à l'heure dite, prendre place dans la tribune qui leur est réservée. Aussitôt la représentation commence ; une fanfare retentit ; une des portes de l'enceinte s'ouvre, et la *Cuadrilla* entre dans l'arène et défile devant les personnages officiels. Les *Capeadores* marchent en tête ; ils portent une veste ronde pailletée et garnie de franges, un gilet très ouvert, une ceinture et des bas de soie ; ils sont drapés dans une couverture (*capa*) de couleur voyante et coiffés d'un petit chapeau à bords relevés (*Montera*). Le costume des *Banderilleros* est semblable, moins la capa, mais il est beaucoup plus brillant ; des broderies d'or et d'argent en couvrent toutes les coutures. Les couleurs de ces costumes sont éclatantes et variées. Puis viennent les *Picadores* à cheval, la lance au poing, coiffés d'un chapeau de feutre gris à larges bords *(sombrero)*, portant une veste courte, une ceinture de couleur, une culotte de peau de buffle fauve et de grandes guêtres doublées, ainsi que la culotte, de plaques en fer · qui doivent les défendre contre les coups de cornes. Leur lance est armée d'une pointe assez courte pour ne pas blesser profondément le taureau, tout en l'irritant par la douleur. La troupe des *Chulos* (garçons de service) ferme la marche. Capéadores et Banderilleros, dans leurs brillants costumes, ont une désinvolture leste et élégante.

Après le défilé, les Picadores vont se placer, à intervalles égaux, le long de l'enceinte, la lance en arrêt. Le cheval appuie sa croupe à la Tabla ; ses yeux sont bandés, afin qu'il ne cherche pas à se dérober à l'attaque du taureau. Les Capéadores déploient leur capa et se dispersent dans l'arène. La clef du *Toril* est alors remise à un gardien, la porte s'ouvre et le taureau s'élance. Les taureaux de combat ne sont pas de grande taille, mais ils sont robustes et agiles ; les jambes sont sèches, nerveuses, le fanon énorme, la tête petite, carrée, armée de cornes assez courtes mais bien plantées ; leur robe est, en général, noire ou bai brun. L'animal arrive d'un bond au milieu de l'arène : enfermé depuis douze ou quinze heures dans l'obscurité, il s'arrête comme ébloui par la lumière éclatante du soleil, se bat les flancs de sa longue queue, pousse un mugissement, puis, faisant une volte rapide, il se précipite, tête baissée, sur un picador. Celui-ci doit diriger sa lance vers le garrot ; s'il est robuste, adroit et heureux, il peut maintenir le taureau à distance, sinon, et c'est le cas le plus fréquent, le taureau enfonce ses cornes aigues dans le poitrail ou dans le ventre du cheval et le culbute ainsi que son cavalier. Aussitôt les capeadores accourent, secouent leurs capas devant le taureau qui, abandonnant son premier adversaire, se jette sur l'étoffe qui se déploie devant lui. Pendant ce temps des chulos dégagent le cavalier. Cette attaque (*cogida*) se renouvelle pour chaque picador ; presque tous sont renversés, les chevaux sont plus ou moins éventrés, le sang coule à flots de leurs blessures. Si l'animal peut se relever, le picador se remet en selle et sort de l'arène au petit galop, en aiguillonnant de la pointe de ses longs éperons son cheval sanglant et trainant après lui ses entrailles ballantes. Si la force lui manque, les chulos enlèvent rapidement sa selle et le laissent étendu dans l'arène, baigné dans son sang et secoué par les convulsions de l'agonie. Ces malheureux animaux sont vieux, usés, maigres, bons pour l'équarisseur ; ils conservent cependant encore la distinction et l'énergie de la race andalouse. Lorsque le taureau, dans sa course furieuse, passe près d'un cheval mort ou agonisant, il lui fouille le ventre avec ses cornes, le soulève et le laisse retomber. C'est un horrible spectacle.

Pendant le premier acte de cette tragédie, les capéadores n'ont pas cessé d'entourer, de harceler le taureau en secouant devant lui leurs capas ; lorsque l'un d'eux est poursuivi trop vivement, un autre survient et attire l'animal à lui ; ils le font courir ainsi dans tous les sens, sans lui laisser un instant de repos. La bête affolée, au lieu d'attaquer l'homme, se jette stupidement sur le lambeau d'étoffe qui s'agite devant elle. Si le capéador se voit serré de trop près, il pose le pied sur le rebord de la Tabla et saute dans le couloir, ou bien il se glisse dans d'étroits réduits ménagés dans cette barrière. Le rôle des capéadores est de fatiguer, par une course incessante, le taureau déjà blessé par la lance des picadores. Le *banderillero* intervient ensuite ; c'est le second acte. Il s'avance, leste et pimpant, armé de deux javelots enrubanés dont la pointe recourbée doit être enfoncée dans le garot de l'animal et y rester accrochée. Il vient se placer devant le taureau, tenant une *banderilla* de chaque main ; les bras étendus, sautant d'un pied sur l'autre, il semble le provoquer. Le taureau s'arrête un instant, puis fond, tête baissée, sur son adversaire. Il faut alors que le banderillero, passant ses bras au-dessus des cornes, fixe les banderillas aux épaules et s'esquive en se jetant rapidement de côté. Cet exercice exige un coup d'œil sûr et beaucoup d'agilité ; c'est celui qui parait offrir le plus de danger ; cependant il est rarement suivi d'accident. Il se répète trois ou quatre fois. Le taureau doit avoir six ou huit banderillas attachées à ses flancs ; il les secoue violemment, le sang coule de ses blessures et raye sa robe brune de larges filets rouges. Lorsqu'il ne parait pas assez surexcité, on a recours aux *banderillas de fuego,* sortes de baguettes d'artifice qui, en éclatant et en s'enflammant, l'étourdissent et le brûlent.

Vient enfin le troisième acte, celui du dénouement. *El Espada* entre en scène. Il est vêtu comme un *Figaro* d'opéra comique ; sa veste, son gilet, sa culotte, de soie ou de velours, sont brodés d'or et d'argent ; il est chaussé de bas de soie et de fins souliers et sa chevelure, naturelle ou artificielle, forme un chignon derrière la tête. D'une main il tient une longue épée à lame étroite et à poignée en croix, et de l'autre un petit drapeau rouge (*Muleta*). Pendant que les capéadores retiennent le taureau à une extrémité de l'arène, il s'avance vers la tribune des autorités, salue, jette sa montera et se dirige vers son adversaire qu'il attire en agitant la muleta. Le taureau se précipite sur l'étoffe rouge et passe ainsi alternativement, à droite et à gauche, sous le bras de l'espada. L'animal est alors ahuri, fatigué, couvert de sang. Si l'Espada juge qu'il n'est pas encore arrivé a un degré suffisant d'épuisement, les capéadores continuent à le harceler et à le faire courir ; mais bientôt l'Espada le rappelle avec sa muleta ; l'animal arrive et s'arrête un instant à quelques pas de son ennemi. Il faut qu'alors il soit placé de telle sorte que ses épaules également ouvertes permettent à l'épée de pénétrer jusqu'au cœur. Lorsque les aplombs se présentent bien, l'Espada, la main haute, la pointe de l'épée abaissée, agite sa muleta. Ce moment est solennel ; un profond silence règne dans le cirque ; tous les yeux sont fixés sur l'Espada. Le taureau fond sur lui ; celui-ci allonge le bras en se jetant de côté et l'animal s'enferre. S'il n'est que blessé, il rejette l'épée en se secouant, et la lutte recommence. Autrefois, dit-on, les grands artistes en tauromachie tuaient le taureau d'une seule estocade. Ce coup triomphant devient rare, paraît-il ; l'illustre Frascuelo a dû, un jour, s'y reprendre à six fois ; il est vrai qu'il a été sifflé. Le taureau frappé à mort, haletant, perdant du sang par les naseaux et par les flancs, chancelle, s'affaisse et tombe. Aussitôt le *Puntillero*, armé d'un poignard terminé en lancette, se glisse derrière la victime et l'achève en lui tranchant la moëlle épinière à la base du cerveau.

Une fanfare retentit, la porte de l'enceinte s'ouvre et quatre mules pomponées et empanachées entrent en secouant leurs grelots ; on les attèle au taureau, puis aux chevaux morts qu'elles entraînent hors de l'arène. Pendant ce temps l'Espada est acclamé et applaudi avec frénésie, si le public est content de lui ; les cris, les trépignements font un vacarme à faire crouler le ciel. Il salue les spectateurs, qui lui jettent

des cigares, des oranges, des chapeaux (jeter son chapeau est, en Espagne, la plus vive expression de l'enthousiasme) ; il ramasse les cigares et les oranges, et
renvoie les chapeaux à ses admirateurs. Des garçons
de service (*chulos*) arrivent aussitôt, répandent du
sable sur les flaques de sang, passent un coup de
râteau et disparaissent. Une autre *corrida* commence
immédiatement. Il y en a ordinairement six à chaque
représentation, et chacune d'elles dure environ quarante minutes. Presque tous les chevaux sont plus ou
moins blessés, et il y en a souvent douze ou quinze
de tués. Celles de ces malheureuses bêtes qui ne sont
qu'à demi éventrées sont recousues, et reparaissent
dans l'arène après guérison, mais leur destinée est
toujours de finir, à bref délai, sous un coup de corne.
Un taureau atteint de plusieurs estocades se sent-il
frappé à mort, il se dirige en chancelant vers la tabla,
comme s'il cherchait un refuge pour y mourir ; il vient
s'y appuyer, haletant et couvert de sang ; les capéadores l'entourent, arrachent les banderillas de sa
chair, l'épée de son corps, le secouent par les cornes,
le tirent par la queue pour le renverser. Quoique inca-
pable de se défendre, il se tient encore debout ; enfin
ses jambes fléchissent, il tombe et un coup de poignard l'achève. C'est nâvrant.

Ce spectacle, qui passiónne les Espagnols, est répugnant, horrible et monotone : c'est toujours la même
mise en scène ; ce sont toujours les mêmes péripéties.
Il n'est d'ailleurs que médiocrement émouvant ; les
Torreros ne courent pas autant de danger qu'on pour-

rait le croire, et les accidents graves sont heureusement rares. Quoi qu'il en soit, si le danger n'est pas
sérieux une *corrida* n'est qu'une dégoûtante boucherie.
de chevaux et de taureaux ; dans le cas contraire il y a
de la barbarie à exposer des vies humaines pour amu-
ser la foule. Si un taureau quelque peu intelligent char-
geait ses adversaires, l'arène serait bientôt vide ; mais
ce malheureux et stupide animal ne s'acharne que sur
les morceaux d'étoffe qu'on secoue devant ses yeux, et
il ne reçoit le coup mortel que lorsque ses forces sont
épuisées. Un étranger ne peut pas voyager en Espagne
sans aller, par curiosité, voir une *corrida,* mais le plus
souvent il n'y retourne pas.

L'administration française a bien raison d'interdire
ce divertissement barbare, indigne d'une nation civilisée ; en Espagne il possède toute la faveur populaire.
Des portraits d'Espadas, des scènes de tauromachie
sont peints sur une foule d'objets d'un usage journa-
lier, éventails, mouchoirs, vases, assiettes. Dans les
magasins de jouets, on vend des panoplies composées
de tout ce qui est nécessaire pour *torear.* Dans les
rues, des gamins jouent au taureau ; l'un d'eux s'af-
fuble la tête d'un simulacre de cornes, les autres
agitent des guenilles ou sont armés de bâtons et
d'épées en bois ; ils se bousculent, crient et imitent ce
qu'ils ont vu faire. Dans l'abattoir de Séville, une cour
spéciale a été réservée aux *aficionados* qui vont
y faire leur apprentissage. Les femmes mêmes s'en
mêlent ; il y a des corridas où les toreros sont des
toreras. Il est vrai que le taureau a des boules fixées

au bout des cornes (il est *embolado*) et qu'on ne le tue pas.

La veille ou le matin des représentations, l'imprésario ouvre, gratis, son arène au public et lui livre un jeune taureau (*novillo*) assez pacifique et *embolado*. Les hommes du peuple, les enfants, le houspillent, lui tirent la queue, montent sur son dos, le tourmentent de toutes façons; l'animal lance des ruades, distribue des coups de corne et blesse quelques-uns de ses adversaires, mais cela ne leur suffit pas toujours. Un novillo s'étant montré tout à fait inoffensif, il y eut émeute, avec menace de mettre le feu au cirque. A la représentation suivante, le novillo avait trois ans et était d'humeur peu accommodante; il se défendit si bien qu'il tua, sur place, quatre personnes, et qu'il en blessa une douzaine d'autres. Cela n'empêchera pas les amateurs de recommencer à la première occasion.

CHAPITRE IX

Séville. — Histoire. — La ville. — Triana. — Tour de l'or.
San Telmo. — Las Delicias. — Danses nationales. —
Alcazar. — Casa de Pilatos. — Ayuntamiento. — La Lonja.
— El Triunfo.

De Cadix à Séville on suit, jusqu'à Utrera, la route
déjà parcourue en venant de Malaga. La voie se
rapproche ensuite du Guadalquivir en traversant une
plaine largement ondulée, bien cultivée, mais dépour-
vue de grande végétation. On aperçoit bientôt la haute
tour de la Giralda dont le profil élégant et hardi se
dessine sur le ciel.

Si l'on en croit l'inscription latine qui surmonte une
vieille porte (*Condidit Alcides, renovavit Julius urbem...*),
Séville aurait été fondée par Hercule, lorsque ce
héros mythologique, se promenant de par le monde,
sépara l'Espagne du continent africain. Quoi qu'il en
soit, Séville dans l'antiquité, s'appelait *Hispalis* ; elle a
été colonie phénicienne et carthaginoise, puis muni-
cipe romain sous le nom d'*Italica*. On voit encore, près
de la ville actuelle, quelques ruines de l'ancienne

cité, patrie de Trajan, d'Hadrien, de Théodose. Les Vandales et les Goths s'en emparèrent, et, en 712, les Arabes l'érigèrent en capitale d'un royaume qui subsista jusqu'en 1248. Cette année-là, Ferdinand III les en chassa, et, pendant près de trois cents ans, elle fut la résidence des rois d'Espagne. Sous la domination musulmane elle a eu, comme d'autres villes de l'Andalousie, ses jours de gloire et de prospérité, mais sa décadence n'a pas été aussi complète. Quoique sa population soit beaucoup moindre qu'il y a sept cents ans, qu'elle ait même diminué depuis le siècle dernier, Séville est encore la troisième ville du royaume, celle dans laquelle un voyageur prolonge le plus volontiers son séjour, et qu'un étranger devrait choisir pour résidence, s'il était condamné à vivre en Espagne.

Séville est gaie, propre, bien vivante ; son soleil est brillant, son ciel pur ; la vie doit y être facile. La réputation de beauté de sa population est mieux justifiée que dans la plupart des autres villes de l'Espagne. On remarque, parmi les femmes du peuple, beaucoup de jolis visages aux grands yeux noirs voilés de longs cils, au teint mat et doré quand il n'est pas fardé, car le maquillage est d'un usage assez fréquent. Toutes, jeunes et vieilles, piquent une fleur dans leur chevelure, avec un instinct naturel de coquetterie. Les extrémités sont fines, la taille souple, la désinvolture gracieuse et aisée. Il y a un mot espagnol qui exprime très bien le charme piquant des Sévillanes ; elles sont *saladas* (salées). Les femmes de la bourgeoisie sont coiffées de la mantille noire ; celles du peuple, quand elles ne vont pas tête nue, portent un mouchoir noué sous le menton et un châle sur les épaules ; leur robe est généralement de couleur très claire, et toutes, à quelque classe qu'elles appartiennent, agitent sans cesse un éventail suspendu à la ceinture. Le costume des hommes n'a rien de bien caractéristique ; celui des *majos* se rencontre cependant encore assez souvent : veste courte et serrée à la taille, gilet très ouvert, chemise à côl rabattu brodée et fermée par des boutons d'or, ceinture de couleur en soie, pantalon très collant par le haut, souliers découverts, petit chapeau rond à bords retroussés, une canne et pas de gants. Ce costume, pour les hommes jeunes et bien faits, est leste et élégant.

> *Quien no ha visto Sevilla*
> *No ha visto maravilla* (1).

disent les Espagnols ou du moins les Andalous. Ils abusent volontiers du mot *Maravilla,* et, s'il n'est pas mis là pour la rime, il est un peu hyperbolique. Si agréable que soit Séville, elle n'est pas une merveille, elle n'est même pas ce qu'on peut appeler une belle ville. Ses rues sont étroites, courtes et tortueuses à cause des ardeurs de l'été ; elles sont d'ailleurs assez propres. La plupart des maisons sont blanchies à la chaux ; beaucoup sont garnies de cierros et renferment des patios remplis d'arbres verts et de fleurs. La circulation est active ; comme les Espagnols ne se

______

(1) Qui n'a pas vu Séville n'a pas vu une merveille.

servent ni de chariots ni de brouettes, ce sont des ânes et des mules qui transportent toute espèce de choses dans des paniers de sparterie suspendus à leurs flancs. Ces excellentes bêtes vont, viennent, se croisent avec une résignation et une docilité qui démentent la mauvaise réputation qui leur a été faite.

La rue la plus marchande et la plus animée est celle de *Sierpes;* c'est dans cette rue et dans celles qui y aboutissent que les flâneurs se réunissent le soir; elle est bien éclairée, pavée de larges dalles et l'on peut s'y promener avec d'autant plus de sécurité que des bornes plantées aux extrémités empêchent les voitures d'y pénétrer. C'est là que se trouvent les principaux magasins d'objets de luxe et de fantaisie; dans presque tous, s'étalent des éventails dont la consommation doit être prodigieuse à Séville. Il y en a de toutes grandeurs, de tous prix et de toutes couleurs, mais surtout de couleurs voyantes; ils sont décorés de sujets variés, de paysages, de fleurs, de scènes champêtres ou de tauromachie. On remarque aussi quelques boutiques remplies de guitares de tout calibre; c'est l'instrument national, quoiqu'on l'entende rarement dans les rues, sinon entre les mains de mendiants aveugles. *Rascar el jamon* (gratter le jambon) est une locution populaire qui veut dire : jouer de la guitare. Sur cet instrument, la virtuosité n'est pas compliquée; il suffit de frapper sur la caisse avec le dos de la main, ou d'égratigner les cordes du bout des doigts, sans souci de l'harmonie ou de la mélodie, et seulement pour marquer les temps de la mesure.

Les principales promenades, dans l'intérieur de la ville, sont l'*Alameda de Hercules* et la place *San-Fernando*. L'Alameda est une longue et large avenue plantée d'arbres, à l'entrée de laquelle s'élèvent, sur de hautes colonnes corinthiennes, les statues d'Hercule, le prétendu fondateur de la ville, et de Jules César. Colonnes et statues sont antiques et très dégradées; elles furent érigées là en 1574. Cette grande avenue est triste et déserte. La place *San-Fernando*, située dans un quartier central, est moderne; elle a la forme d'un rectangle bien régulier, entouré de belles maisons, et planté d'orangers et de palmiers. La chaleur doit y être étouffante en été, mais, dans les belles soirées du printemps, on y respire un air tiède qu'embaument les senteurs pénétrantes des orangers, et l'on y peut contempler des myriades d'étoiles qui brillent dans un ciel de saphir d'une profondeur infinie. Cependant elle est presque déserte; les Sévillans aiment mieux aller s'étouffer dans la rue Sierpes, à la lueur du gaz et au milieu de la fumée des cigarettes.

Le palais de l'*Ayuntamiento* forme un des côtés de la place San-Fernando. Là, tous les soirs, vers neuf heures et demie, se réunissent les *Serenos*. Ils arrivent avec leur manteau court, leur petite pique et leur lanterne attachée à la ceinture, se rangent devant le palais, et se divisent en pelotons d'environ vingt-cinq hommes. Les officiers font l'appel, et, au coup de dix heures, ils partent et se distribuent dans tous les quartiers. Pendant la nuit, on entend leur mélopée traînante annonçant l'heure et le temps qu'il fait. Les

gens qui dorment n'ont que faire de ces renseignements, mais c'est un vieil usage espagnol. Les serenos font la police des rues, et si leur cri et leur lanterne peuvent prévenir les voleurs, leur approche doit,
au moins, les mettre en fuite.

Sur toutes les places, dans tous les carrefours, on
trouve de petites boutiques de rafraîchissements qui
invitent à boire. Les verres et les carafes s'alignent
sur une table près d'*alcarazas* qui entretiennent la
fraîcheur de l'eau ; des *azucarillos* blancs et roses,
des citrons couleur d'or; remplissent des bocaux à large
panse. Les azucarillos sont une sorte de mousse soli-
difiée composée de blancs d'œufs et de sucre aroma-
tisé par diverses essences; ils fondent dans l'eau
aussitôt qu'on les y plonge, et donnent à la boisson un
goût très agréable.

Le *Guadalquivir* enveloppe dans une large courbe
tout un côté de la ville; ses eaux rougeâtres coulent
entre deux lignes de quais, et sont assez profondes
pour que d'assez grands navires puissent remonter
jusqu'à Séville: c'est le seul fleuve de l'Espagne qui
soit navigable à quelque distance de son embouchure.
Cette circonstance donne à la capitale de l'Andalousie
une certaine importance commerciale, au détriment
même de Cadix. Sur l'autre rive du fleuve s'étend le
grand faubourg de Triana, composé de longues rues à
peine pavées, bordées de maisons basses et d'aspect
misérable qu'habite une nombreuse population d'ouvriers et de *Gitanos* au teint bronzé ; les enfants y pullulent. Un beau pont en fer, qui a remplacé un vieux

pont de bateaux, relie le faubourg à la ville. Dans l'axe de ce pont s'allonge la rue principale, entre deux rangées d'arcades obscures sous lesquelles s'ouvrent de petites boutiques et surtout beaucoup de cabarets et de cuisines dont l'odeur et la vue ne sont rien moins qu'appétissantes. On aperçoit, en amont, les hautes cheminées empanachées de fumée d'un grand établissement industriel (*la Cartuja*), installé dans les bâtiments d'un ancien couvent de chartreux. Il occupe souvent jusqu'à huit cents ouvriers, et il fabrique tout ce que l'industrie moderne peut façonner avec l'argile : les carreaux à dessins coloriés qui revêtent les murs des patios et des appartements, les assiettes et les vases les plus simples et les plus grossiers et pour tout usage, des services d'apparat, des objets de luxe et de fantaisie émaillés et décorés de peintures. Ses produits s'écoulent dans toute la Péninsule ; ils répondent bien au goût espagnol qui aime les colorations vives et contrastées, alors même qu'elles sont peu harmonieuses.

Si, partant du pont de Triana, on descend le Guadalquivir sous la double rangée des arbres du quai, on arrive bientôt devant une grosse tour octogonale couronnée de créneaux et surmontée d'une tour plus petite coiffée d'une coupole à tuiles coloriées. C'est la tour de l'or (TORRE DEL ORO) ; elle se reliait jadis à l'Alcazar et devait faire partie de l'enceinte fortifiée. C'était là, dit-on, que Pierre-le-Cruel gardait ses trésors, qu'il fit enfermer doña Aldonza Coronel victime de sa féroce galanterie et, qu'au XVIe siècle, on déposait l'or venant d'Amérique. C'est aujourd'hui le bureau de la navigation.

Un peu plus loin est la jolie promenade de *Cristina*. Au delà, le palais de SAN-TELMO, autrefois collège des pupilles de la marine, aujourd'hui résidence du duc de Montpensier, développe sa longue façade plate et sans caractère architectural. Cette façade est coupée au milieu par une porte monumentale, à trois étages de colonnes, dans le style churrigueresque le plus exagéré, surchargée d'ornements, de cariatides, de médaillons, de rinceaux, de statues. Ce fouillis ne manquerait pas d'une certaine élégance maniérée s'il n'était pas aussi touffu. La porte est d'ailleurs trop haute pour sa largeur, elle fait l'effet d'un placage, et elle s'élève beaucoup au-dessus du bâtiment principal avec lequel elle n'a aucune analogie de style ; c'est un hors d'œuvre plus curieux que beau, malgré le mérite de son exécution.

Le duc de Montpensier ouvre gracieusement son palais aux visiteurs de toutes les nations, et les français y retrouvent, avec une satisfaction patriotique très légitime, des œuvres d'Isabey (l'*Antiquaire*), d'Ary Scheffer (*sainte Monique*), de Papety et d'autres artistes modernes qui ont figuré avec honneur aux expositions de Paris. Les salons renferment aussi de beaux tableaux de l'école espagnole ; la *Vierge à la ceinture* de Murillo, un Greco bizarre (*la mort de Laocoon*), plusieurs Zurbaran, un Ribera, etc., etc. Les appartements sont richement meublés, mais dans un goût un peu trop espagnol. On remarquera, dans une grande salle, une série de tapisseries amusantes et spirituelles représentant les principaux épisodes du roman de Don Quichotte. Les jardins, ou plutôt le parc, attenants au palais, sont immenses et magnifiques ; on s'égarerait dans le dédale de leurs allées sinueuses bordées de belles pelouses, au milieu de massifs de fleurs, de bosquets de palmiers, d'orangers et d'arbres rares. Ce sont bien des jardins princiers tels qu'il ne peut en exister que sous le beau ciel de l'Andalousie.

Derrière le palais, s'élève une grande et massive construction à deux étages, entourée, comme une caserne ou une forteresse, de grilles, de fossés et de ponts-levis. C'est une *manufacture de tabacs* construite au commencement du siècle dernier ; elle occupe plus de quatre mille ouvriers des deux sexes, surtout du sexe féminin. Les galeries, les ateliers, les magasins sont distribués autour de vingt-deux cours ; c'est un véritable labyrinthe. Les produits de cette manufacture sont renommés ; le tabac à fumer espagnol n'en est pas moins très mauvais.

Entre les jardins de San-Telmo et le Guadalquivir s'étend une longue promenade qui se prolonge au loin hors de la ville. Les voitures circulent au milieu, sur une large chaussée ; d'un côté est une piste sablée pour les cavaliers ; de l'autre, sur la rive du fleuve, une allée réservée aux piétons. Près d'un rond-point, où aboutissent plusieurs avenues, s'ouvre un joli jardin décoré de fleurs, d'arbustes et de statues. Cette promenade s'appelle Las Delicias. Le nom est un peu ambitieux. Néanmoins la promenade est agréable ; elle est ombragée par de grands acacias, parfumée par des orangers et raffraichie par le Guadalquivir. C'est surtout le dimanche, à la fin de la journée, qu'elle est brillante et animée ; la population sévillane s'y donne rendez-vous. Les piétons se promènent lentement dans leur contre-allée, s'asseoient sur des bancs ou autour de tables chargées de boissons rafraîchissantes. De l'autre côté, les cavaliers galopent sur de jolis chevaux andalous, d'un type arabe, de taille moyenne, élégants de formes, souples et pleins de feu, qu'ils manient avec aisance ; le goût de l'équitation paraît très répandu à Séville. De nombreuses voitures se suivent à la file, en formant deux courants en sens inverse. On remarque beaucoup de beaux équipages, correctement tenus et attelés de chevaux fringants. Quelques-uns, ceux des douairières sans doute, ont conservé l'ancien attelage de mules. Ces animaux, malgré leur longues oreilles, font très bonne figure. Presque toutes les voitures sont découvertes. Les femmes s'y montrent en grande toilette; celles qui ont atteint ce qu'on appelle un certain âge conservent la mantille; elles ont bien raison ; mais les plus jeunes et les fillettes ont adopté les chapeaux modernes (et quels chapeaux !) d'une architecture compliquée, bizarre, surchargés de plumes, de rubans, de fleurs dont les couleurs voyantes ne s'accordent pas toujours. Cette exhibition de toilettes et d'équipages indique qu'il existe à Séville une aristocratie nombreuse, riche, aimant le luxe et la représentation, telle qu'en possèdent peu de grandes villes des autres états européens, les capitales exceptées.

Il est un autre côté de la physionomie andalouse qui nes t pas moins intéressant à connaître ; il est moins brillant, mais plus caractéristique. Il faut aller l'observer dans les lieux où la population ouvrière se réunit le soir ; la danse et la musique paraissent être ses distractions favorites. Il y a à Séville beaucoup de cafés chantants et dansants de diverses catégories ; les uns sont disposés à peu près comme des théâtres ordinaires, les autres ne se composent que d'une grande salle, autour de laquelle les consommateurs sont rangés ; au milieu, des danseuses en maillot et en jupe de gaze exécutent des cachuchas, des boleros, des fandangos, et autres danses nationales, soit seules, soit avec un ou plusieurs partners. Celle qu'on appelle *la Poursuite* est une petite scène mimée par une *maja* et son *majo*. Celui-ci poursuit la belle qui se dérobe en se cachant le visage sous sa mantille ou derrière son éventail. Après un certain nombre de passes, l'amoureux se précipite à genoux, et étend son manteau aux pieds de la fugitive. C'est, paraît-il, un suprême témoignage d'amour et de galanterie, car la maja se rend aussitôt, et un pas de deux termine la scène. Les artistes, quoique d'un ordre très inférieur, déploient souvent beaucoup de grâce et de précision. Lorsqu'une danseuse vient, en tourbillonnant, déposer son mouchoir sur les genoux d'un spectateur, il est d'usage que celui-ci y mette une pièce de monnaie. L'orchestre se compose de guitares et de castagnettes dont le frou-

frou et le claquement marquent les temps de la mesure.

Dans d'autres établissements d'un genre plus modeste, les divertissements ont un caractère encore
plus particulier. La salle, entièrement nue et simplement blanchie à la chaux, est remplie de petites tables
autour desquelles viennent s'asseoir des ouvriers en
costume de travail, avec leur famille ; tous fument des
cigarettes, beaucoup soupent d'un verre de vin blanc
aigrelet et d'une pâtisserie grossière. Les artistes sont
assis au fond, sur une estrade. Une femme se lève,
s'avance et exécute, comme à Grenade, la *Macarena*,
dite aussi *danse du ventre*, avec tortillements du buste
et des hanches, contorsions des bras et des mains et
coups de talon répétés. Pendant cette mimique, une
autre femme entonne d'une voix criarde une mélopée
monotone qu'accompagnent énergiquement des grincements de guitares, des claquements de castagnettes,
des battements de mains, des coups de pied ; c'est un
tapage assourdissant. Ensuite apparaît une autre
artiste, la Thérésa de la troupe, qui chante une chanson assez libre, accentuée de gestes qui ne le sont
pas moins. Le personnage que la chanson met en
scène est-il un homme, elle fait un signe ; un assistant
lui lance son chapeau, elle s'en coiffe sur l'oreille, et, la
chanson dite, elle le rejette à son complaisant pro-
priétaire. Quelques-unes de ces chanteuses disent et
miment avec beaucoup de verve et d'esprit ; le public
les applaudit avec enthousiasme.

Saint Ferdinand entrant en vainqueur à Séville, le

6 novembre 1248, vint aussitôt s'installer dans l'ALCAZAR bâti par Abdul-Asiz, et ses successeurs y fixèrent leur résidence. Son fils, Alphonse le Sage ou le Savant (*el Sabio*) y mourut ; Pierre-le-Cruel y demeura pendant presque tout son règne, Charles-Quint et Philippe II y firent de longs séjours et il fut une des résidences royales jusque sous Philippe V. L'Alcazar arabe était un palais et une forteresse ; les rois chrétiens en détruisirent une partie, mais ils restaurèrent et complétèrent le reste, en confiant sans doute l'exécution des travaux à des artistes musulmans, car la décoration des patios et des salles a conservé un caractère oriental, non cependant sans subir, dans les XVe et XVIe siècles, d'assez graves altérations.

L'Alcazar est situé dans un quartier triste et désert, entre la cathédrale et la manufacture des tabacs ; il est entouré d'une haute muraille couronnée de merlons en dents de scie. Après avoir franchi une grande porte qui n'a rien de monumental, on traverse plusieurs patios dont les portiques abritent des habitations, des écuries et des remises, et l'on arrive dans la cour de la *Monteria* au fond de laquelle s'élève l'élégante façade du palais. Sa partie moyenne, encadrée par deux contreforts portés par des colonnes, forme une sorte d'avant-corps peu saillant surmonté d'un toit en auvent. Trois portes s'ouvrent au niveau du sol ; au-dessus règne un étage de fenêtres à deux ou trois meneaux dont les arceaux trilobés reposent sur de minces colonnes. L'architrave porte une inscription commémorative en caractères romains ; la frise et la corniche sont couverts d'ornements en stuc. Il n'est pas nécessaire de lire l'inscription pour reconnaître que cette façade n'est pas arabe ; elle a été construite par Pierre-le-Cruel en 1364.

Le palais se compose d'un grand nombre de patios, de salles, de galeries décorées dans le goût arabe. La partie inférieure des murs est revêtue d'azulejos émaillés de couleurs éclatantes ; les patios sont entourés de portiques dont les colonnes, en marbre blanc, portent des arceaux lobulés ou profondément festonnés. Une dentelle de stucs couvre toutes les surfaces ; les tympans des arcades, les balustrades des galeries, sont souvent ajourés comme de la guipure ; des caissons, des rosaces, des rinceaux rehaussés d'or, et d'une variété infinie de dessins, décorent de grandes portes et d'immenses plafonds en bois de mélèze devenu noir et brillant comme de l'ébène. Il semble que tous les motifs imaginables de l'ornementation la plus riche aient été épuisés.

Quelques parties du palais ont reçu des noms tirés de leur destination historique ou de certaines particularités. C'est dans le *patio de las Doncellas* que le roi musulman recevait le tribut de cent jeunes filles qu'il avait imposé au royaume de Léon ; c'est dans la *salle des Ambassadeurs* qu'il donnait audience aux envoyés des autres souverains de l'Espagne ; c'est dans cette salle que don Fadrique fut assassiné par son frère Pierre ; le sang de la victime aurait laissé dans le pavement une tache que l'on voit encore. Il existe une légende semblable pour les Abencerages à l'Alhambra. Le *patio de las Muñecas* (des poupées) s'appelle ainsi à cause de quelques figurines introduites dans sa décoration, quoiqu'elles ressemblent peu à des poupées ; c'est un des plus élégants, malgré l'addition fâcheuse d'un double étage dont l'ornementation n'est pas en rapport avec celle du rez-de-chaussée. La façade du *salon de Charles-Quint* est aussi très riche, mais elle est surchargée d'une galerie de style Renaissance qui s'accorde mal avec celui de la partie inférieure. Quoi qu'il en soit de ces discordances qui proviennent de la différence des époques auxquelles les travaux ont été exécutés, l'Alcazar est un splendide palais, un des monuments les plus curieux de l'Espagne. Le gouvernement, bien inspiré, en poursuit la restauration en restituant aux revêtements de stucs les couleurs qu'ils avaient, ou qu'ils avaient dû avoir dans l'origine. Aujourd'hui ces couleurs sont trop éclatantes, elles produisent un effet un peu criard ; le temps les harmonisera sans doute.

Le voyageur qui n'aurait pas vu l'Alhambra de Grenade pourrait admirer sans réserve l'Alcazar de Séville ; la comparaison de ces deux magnifiques palais ne serait cependant pas à l'avantage de celui-ci. L'Alhambra est tout oriental, il caractérise bien la civilisation arabe. L'Alcazar est un brillant pastiche ; on n'y retrouve ni l'accent original, ni l'unité de conception et d'exécution qui font de l'Alhambra un monument sans pareil ; son ornementation, de styles différents, est parfois excessive et maniérée ; elle est plus riche qu'élégante et n'a pas l'harmonieuse simplicité de celle

du palais des rois de Grenade. En étudiant quelques
détails on remarquera : qu'à l'Alhambra les chapiteaux
des colonnes sont sobrement décorés, que les arcs
sont étroits et élancés, que les ornements en stuc
sont composés de figures géométriques dont les enla-
cements, capricieux dans leur régularité, produisent
des combinaisons de lignes variées à l'infini, que les
baies sont encadrées par de beaux caractères coufiques
dont le dessin sévère forme un si heureux contraste
avec les fines broderies qui les entourent, que les
angles des grandes salles et les archivoltes des portes
sont enveloppés de petites voûtes en encorbellement
qui paraissent suspendues dans le vide. A l'Alcazar,
ces voûtes sont rares et n'ont pas la même légèreté,
les chapiteaux sont plus compliqués et presque corinthiens, les arcades sont plus largement ouvertes et
découpées de dentelures profondes ; les stucs figurent
des rosaces, des étoiles, des fleurons, des rinceaux,
qui se rapprochent plus du style de la Renaissance que
du style arabe. C'est un art charmant, mais un art
dégénéré. Il ne pouvait en être autrement; les constructions primitives ont été modifiées et restaurées
dans le goût espagnol après la conquête de Séville, et
Charles-Quint, qui avait mutilé la mosquée de Cordoue
et l'Alhambra de Grenade, est encore venu altérer le
caractère oriental du palais d'Abdul-Asiz.

Les célèbres *jardins de l'Alcazar*, dont les mystérieux
ombrages ont été si souvent chantés par les poètes,
s'étendaient jadis jusqu'aux bords du Guadalquivir; ils
ne se composent plus aujourd'hui que de quelques

massifs en terrasse plantés de palmiers, d'orangers et d'énormes magnolias. Ils sont assez mal entretenus; l'eau y est cependant abondante, et l'on peut encore, en poussant un ressort dissimulé dans un mur, faire jaillir une pluie fine du sol de certaines allées, et donner ainsi aux promeneurs une douche ascendante. C'était une plaisanterie que Pierre-le-Cruel, qui était, paraît-il, facétieux à ses heures, se permettait souvent. Au fond du jardin s'élève un pavillon revêtu de faïences coloriées, avec la devise : *Non plus ultra;* il a été construit par Charles-Quint. On aperçoit, à gauche en entrant, un portique rocaille décoré de peintures presque effacées représentant des scènes de l'Énéïde. Du côté opposé, un escalier en marbre conduit, sous les salles du palais, à une longue galerie voûtée dont le milieu est occupé par un grand bassin entouré d'un couloir à arcades. C'était le *Bain des sultanes,* et, du temps de Pierre-le-Cruel, Maria Padilla et ses femmes venaient y prendre leurs ébats, pendant que les courtisans circulaient à l'entour.

Le goût de l'ornementation arabe paraît s'être conservé à Séville; quelques palais appartenant à de grandes familles sont imités de l'Alcazar. Celui du *duc de Medina Sidonia* est un des plus remarquables. Derrière une riche façade du XVI° siècle, un vestibule tapissé d'azulejos donne accès à un beau et vaste patio dallé en marbre et entouré d'un portique à colonnes. Ce portique est surmonté d'un étage couronné par une élégante balustrade. Tout autour s'ouvrent de grandes salles dont les plafonds lambrissés et rehaussés de dorures sont splendides. Un escalier monumental, en marbre blanc, recouvert d'une coupole, conduit à l'étage supérieur. Le vestibule, le patio, les salles sont habillés d'une dentelle de stucs; c'est un ensemble ravissant. On aurait dû se dispenser de peindre en grisaille, sur les murs de l'escalier, des galeries en perspective ; ce trompe-l'œil est peu réussi et d'un médiocre effet.

Le duc de Medina Cœli y Alcala possède aussi un palais, dans le même style, qui porte le nom de CASA DE PILATOS, parce qu'on prétend qu'il a été construit sur le modèle de la maison du gouverneur de la Judée, Ponce-Pilate. La décoration intérieure du palais n'est cependant pas romaine ; elle est pseudo-arabe. Néanmoins on montre aux voyageurs une salle appelée le *Prétoire*, un balcon derrière lequel Pilate venait se promener, et, au haut de l'escalier, la place où le coq chanta au moment du reniement de saint Pierre. Il est sans doute permis de douter de l'exactitude de ces reproductions ; toutefois la Casa de Pilatos peut compter au nombre des curiosités de Séville. On admirera son grand patio dont les colonnes de marbre blanc supportent vingt-quatre arcades en plein cintre ; aux angles, s'élèvent quatre statues antiques, et, au centre, une fontaine portée par des dauphins. Des bustes d'empereurs romains posés sur des consoles décorent le portique. La partie inférieure des murs est revêtue d'azulejos ; toutes les autres surfaces sont brodées d'ornements en stuc, et les plafonds sont richement lambrissés. Un grand escalier, recouvert d'une coupole et tapissé de carreaux de faïence coloriée, conduit aux appartements du premier étage. Malgré quelques discordances dans les lignes et dans les couleurs, l'ensemble ne manque pas d'élégance. Nos architectes, sans s'astreindre à une imitation servile, ne pourraient-ils pas s'inspirer des motifs de l'ornementation arabe pour varier la décoration assez monotone de nos appartements?

Les édifices publics n'offrent pas un grand intérêt. Le palais de l'AYUNTAMIENTO, qui sépare la place de San-Fernando de celle de la Constitution, est un long bâtiment sans caractère. Une partie de sa façade, du côté de la rue *Genova*, a été construite au milieu du XVIe siècle dans le style platéresque, avec un luxe de guirlandes de feuillages, de fleurons, d'arabesques, de figurines, qui s'accorde assez mal avec la nudité pauvre du palais moderne.

Entre la cathédrale et l'alcazar s'élève, isolé sur un terre-plein entouré de bornes reliées par des chaînes, un énorme édifice d'ordre toscan, carré, massif, n'ayant qu'un seul étage surmonté d'un attique portant une balustrade. C'est la bourse, LA LONJA. Elle a été construite à la fin du XVIe siècle sur les plans de Juan de Herrera, l'architecte de Philippe II. C'est là que siège le tribunal de commerce et que sont déposées les archives des Indes qui possèdent tous les actes et documents relatifs à la découverte et à la conquête du nouveau monde, depuis le contrat signé à Grenade par les rois catholiques jusqu'à nos jours. Quelle mine précieuse de trésors historiques! Elle est très probablement inexplorée. On aperçoit, près de la Lonja, une colonne terminée par un petit édicule, ou plutôt par une niche, qui renferme une statue de la Vierge. Ce monument bizarre, appelé EL TRIUNFO, est destiné à perpétuer le souvenir d'un miracle qui, le 1er novembre 1755, préserva la ville des secousses d'un tremblement de terre. La protection de la mère de Dieu ne s'étendit pas jusqu'à Lisbonne, en partie renversée ce jour-là même.

CHAPITRE X

Séville. — Cathédrale. — Églises. — Musée. — Collections
Cepéro et Leaniz.

De quelque côté que l'on arrive à Séville, on aperçoit de très loin une haute tour profilant sur le ciel son élégante silhouette et un immense édifice, véritable montagne de pierre hérissée d'aiguilles dentelées, dont la masse noire domine de haut les maisons qui se pressent autour d'elle. Cette montagne est la cathédrale. La tour s'appelle La Giralda ; c'était le minaret d'une ancienne mosquée auquel on a ajouté, en 1568, une galerie et un beffroi qui porte à son sommet une statue colossale de la Foi tenant le *Labarum*. Cette statue est si bien équilibrée que le vent la fait tourner comme une girouette (*Girardilla*), d'où le nom de *Giralda* donné à la tour. Celle-ci est carrée, décorée sur ses quatre faces de dessins figurés par des lignes entrecroisées de briques rouges, et percée de fenêtres arabes simples ou géminées (*ajimeces*), surmontées d'arcs en fer à cheval lobulés. La partie supérieure est dans le style de la Renaissance ; l'ensemble est élégant

et hardi ; la hauteur totale est de trois cent cinquante
pieds. On pénètre dans l'intérieur par une porte basse,
et l'on monte jusqu'à la galerie par un plan incliné en
spirale dont la pente est si douce qu'on pourrait là
gravir à cheval. De cette galerie, le panorama est très
étendu. La vue embrasse toute la ville serrée autour
de sa cathédrale ; des coupoles et des campaniles
revêtus de tuiles et de carreaux de faïence aux vives
couleurs s'élèvent au-dessus de la masse blanche des
maisons ; au delà, se développent de grandes plaines
ondulées que traverse le cours sinueux du Guadalquivir : une ligne de montagnes ferme l'horizon. Les
Espagnols, qui ne sont pas avares d'hyperboles,
appellent la Giralda la huitième merveille du monde,
en jouant sur les mots.

Tu maravilla octava, maravillas
A las pasadas siete maravillas (1).

La Cathédrale couvre, au pied de la Giralda, un
vaste terre-plein élevé de quelques degrés et entouré
de hautes bornes reliées par des chaînes ; neuf portes
y donnent accès. Sur un des côtés s'étend une cour
plantée d'orangers (*Patio de los Naranjeros*), au milieu
de laquelle se trouve le bassin des ablutions ; c'était la
cour de la mosquée que la cathédrale a remplacée. On
y entre par une magnifique porte arabe (*Puerta del
Perdon*) restaurée en 1519 ; elle est surmontée d'un bel

(1) « Toi, huitième merveille, tu émerveilles les sept merveilles
passées. »

11

arc en fer à cheval, décorée de stucs élégants, et, ce qui en altère le caractère, flanquée de statues en terre cuite de Miguel Florentin. Au-dessus, un bas-relief représente *les Vendeurs chassés du temple*. Les battants sont revêtus de plaques de cuivre travaillées dans le style arabe.

Si, avant de franchir la porte del Perdon, on suit le mur à merlons dentelés de l'enceinte, on passe au pied de la Giralda, puis derrière le chevet de la cathédrale, enfin le long d'une grande construction relativement moderne, décorée de pilastres, couronnée par une balustrade à jour et hérissée de colonnettes fuselées surmontées d'un bouquet de flammes. Cette construction se prolonge jusqu'à l'alignement de la façade, mais le rez-de-chaussée seul est terminé. La façade est de style ogival ; elle s'élève sur une place beaucoup trop petite ; trois portails ornés de statues la décorent. Elle se continue le long d'un grand et lourd bâtiment (*el Sagrario*), construit au XVIIe siècle, qui n'a aucun caractère religieux, et qui ressemble plutôt à un édifice administratif. La cathédrale est du XVe siècle, mais les annexes, les sacristies, les chapelles dont elle a été enveloppée pendant les siècles suivants, ont détruit, à l'extérieur, l'harmonieuse symétrie de sa forme primitive. C'est à l'intérieur qu'elle déploie toutes ses magnificences. Elle est immense ; c'est la plus grande qu'il y ait en Espagne. Ses cinq nefs sont séparées par de puissants faisceaux de colonnes qui s'élancent à une hauteur de cent vingt pieds pour soutenir de belles voûtes ogivales. L'aspect général est grandiose, et la demi-obscurité qui règne dans ce splendide vaisseau le rend plus imposant encore. Un gros volume ne suffirait pas à décrire, ou seulement à énumérer, les richesses de tout genre qui y sont renfermées. Tous les grands artistes de Séville ont contribué à sa décoration ; dans les nefs, dans les chapelles, dans les sacristies, il y a des centaines de tableaux, des milliers de statues et de bas-reliefs, mais la plupart sont si mal éclairés qu'il est presque impossible de les bien voir.

Le maître autel (*Capilla mayor*) est isolé ; il occupe deux travées de la grande nef et s'adosse à un retable monumental en bois de mélèze qui monte jusqu'à la voûte et présente quatre étages de colonnes et de caissons encadrant des bas-reliefs. Cet immense travail a été exécuté par Fernandez Aleman vers la fin du XVe siècle. L'entrée et les côtés de la Capilla mayor sont fermés par de belles grilles dans le style plateresque. Derrière le mur du retable est un tableau, heureusement bien éclairé, de Ribera, qui a pour sujet le *Reniement de saint Pierre*. Une femme placée près de l'apôtre lui demande s'il connaît le Christ ; saint Pierre debout, vu de face, pose une main sur sa poitrine comme pour attester qu'il lui est inconnu. Près d'eux, un groupe de personnages assis jouent aux cartes. C'est une œuvre magistrale. Au-dessus de ce tableau s'élèvent deux étages de grandes statues.

De l'autre côté du transept, le *Coro* remplit aussi deux travées ; sa *Silleria* est magnifique, elle n'a pas moins de cent trente-sept stalles élégamment sculptées. Son lutrin est énorme et ses deux grands jeux d'orgues de la fin du siècle dernier sont surchargés de dorure, d'ornements, de statues, de cariatides dans le style le plus churrigueresque. La chapelle de *Notre-Dame-des-Remèdes*, sur la face postérieure du *Trascoro*, est ornée de quatre beaux bas-reliefs en marbre et d'un tableau de Francisco Pacheco.

Devant le Trascoro on lit sur une pierre tombale :

> *A Castillo y Leon*
> *Nuevo mundo dió Colon.*

Cette pierre recouvre le corps, non du grand navigateur Christophe, mais de son fils Ferdinand, bibliophile émérite, qui ne découvrit aucun monde, mais qui a rendu à la postérité le service d'écrire la vie de son illustre père. (*Historia del Amirante don Cristoval Colomb.*)

Les fêtes de la Semaine Sainte sont célébrées à Séville avec une pompe et une solennité toutes particulières, et elles y attirent une foule d'étrangers. A cette occasion, on élève derrière le Coro, pour l'exposition du Saint-Sacrement, un immense édifice en bois et en carton-pierre (*el Monumento*) qui a près de cent pieds de hauteur. Les fêtes terminées, on le démonte, et il rentre en magasin jusqu'à l'année suivante.

C'est dans la chapelle des fonds baptismaux que se trouve le célèbre tableau de l'*Apparition de l'Enfant Jésus à saint Antoine de Padoue*, un des chefs-d'œuvre de Murillo. Ce saint, qu'il ne faut confondre avec l'anachorète de la Thébaïde, était franciscain et portugais, c'est-à-dire un peu espagnol. Sa piété et ses extases ont fourni aux peintres de la Péninsule le sujet de nombreux tableaux. Saint Antoine est représenté à genoux dans sa cellule, les bras ouverts et la tête levée vers le ciel; l'Enfant Jésus, entouré d'un chœur d'anges, lui apparaît dans une nuée resplendissante et descend vers lui en tendant les bras. Un archange à grandes ailes se retourne vers le divin Enfant, et, d'un geste magnifique, lui montre le saint. Celui-ci est vêtu d'une robe de bure à larges plis, ses pieds sont nus, et le sommet de la tête est rasé. Cette tête n'est pas idéalisée; ce serait celle d'un moine quelconque, mais elle est illuminée par un sentiment de tendresse mystique, par un élan d'adoration extatique que Murillo seul sut exprimer. Par l'ardeur de sa foi, le Saint semble attirer l'Enfant vers lui. Celui-ci, presque nu, portant seulement une légère draperie, s'avance, avec une grâce ravissante, au milieu d'un nuage radieux, d'une couleur dorée et vibrante ; les petits anges qui l'entourent et qui disparaissent en partie dans la pénombre sont jolis comme des amours. Au second plan, s'ouvre une porte du cloître par laquelle pénètre le jour qui éclaire la tête du saint. Les oppositions de lumière naturelle et surnaturelle, de clair obscur, d'ombres vigoureuses, produisent un effet magique. La puissance du coloris et de l'expression atteint ici sa dernière limite; on pourrait croire à la réalité du miracle que Murillo a vu dans son imagination. Ce tableau a été peint en 1656 et payé 10,000 réaux (environ 2,500 fr.) Ce n'était pas cher.

On ne voit cet admirable ouvrage que sous la conduite d'un gardien spécial qui ouvre la grille de la chapelle et tire le rideau de la fenêtre. L'accès en était libre autrefois, mais un fanatique de Murillo, ayant trouvé moyen de découper proprement la tête du Saint, s'enfuit après ce bel exploit et partit pour l'Amérique. Cette tête fut heureusement retrouvée en 1875, et rapportée à Séville ; elle a été si bien rajustée au corps qu'on ne voit pas de trace de cicatrice. On ne saurait se lasser de contempler ce chef-d'œuvre, mais lorsque le gardien estime que la contemplation a duré assez longtemps, il ferme le rideau et met tout le monde dehors. Au-dessus de l'apparition de Jésus est un autre beau tableau de Murillo, le *Baptême du Christ par saint Jean ;* il est placé trop haut et le voisinage de l'apparition à saint Antoine lui fait tort.

Les chapelles de la cathédrale de Séville sont, comme celles de toutes les églises d'Espagne, décorées de grands retables à colonnes torses, plus ou moins dorés, remplis de tableaux, de bas-reliefs et de statues peintes ; la plupart ont été exécutés pendant les XVIIe et XVIIIe siècles.

On remarquera dans la chapelle de *San-Francisco* un beau tableau de Herrera le jeune, représentant *Saint François enlevé au ciel.* Les figures du Saint et des anges sont bien dessinées, d'un bon style et le coloris ne manque pas d'éclat.

La chapelle de *Notre-Dame-de-Belen* possède le dernier ouvrage d'Alonso Cano, une *Sainte Famille.*

Le tableau du retable de la chapelle de *Santiago*

(saint Jacques combattant les Maures à la bataille de Cla-
vijo) est de Juan de las Roëlas, et passe pour être son
chef-d'œuvre. Il est bien composé, plein de mouvement et d'une couleur chaude et vigoureuse, mais un
peu dure.

Près d'une porte de la façade, une petite chapelle
renferme un charmant tableau de Murillo, *l'Ange gar-*
dien. Un ange conduit un enfant par la main et lui
montre le ciel.

Le retable de la chapelle *del Nacimiento* se compose
de plusieurs tableaux peints en 1555 par Luis de Vargas (celui du milieu représente la *Naissance du Christ*);
ils sont bien composés et d'un coloris assez brillant.

Dans une chapelle voisine, un autre tableau du même
artiste figure la *Génération temporelle du Christ.* Adam,
agenouillé au premier plan, sert de tronc à l'arbre
généalogique. Le sujet est assez bizarre; Perèz Alesio,
auteur d'un colossal *Saint Christophe* que l'on voit près
d'une des portes latérales de la cathédrale, prétendait
que la jambe seule de notre premier père valait mieux
que son saint Christophe tout entier, et la chapelle a
pris le nom de *Capilla de la Gamba.*

Un assez bon tableau italien, le *Massacre des Inno-*
cents, et une toile de Valdès Leal, les *Fiançailles de la*
Vierge, ornent la chapelle de Saint-Joseph.

Le cardinal don Juan Cervantes repose, dans un beau
tombeau en marbre, de style gothique, au milieu de la
chapelle de *Saint-Herménégilde.* La statue du saint
patron, près de l'autel, est une œuvre importante de
Montañez.

On remarquera, sous les arcades de la chapelle de *Nuestra Señora de la antigua,* plusieurs tombeaux en marbre d'évêques couchés sur leur cénotaphe et un tableau du Greco, le *Père éternel soutenant le corps de son fils.*

La chapelle la plus intéressante est celle qui renferme le tombeau de saint Ferdinand ; on l'appelle *Capilla real.* Ce monarque, roi de Castille et de Léon, chassa les Maures de Cordoue et de Séville, mourut en 1252 et fut canonisé par le pape Clément X. La chapelle qui lui est dédiée est vaste comme une église ; elle a été construite au milieu du XVIe siècle dans le style platéresque ; sa grille monumentale est surmontée de la statue équestre du roi. C'est devant l'autel que se trouve le mausolée où saint Ferdinand, vêtu de son harnais de guerre, repose dans un cercueil de cristal. On prétend que son corps est toujours dans un parfait état de conservation. Le tombeau, élevé sur un soubassement en marbre, est somptueusement décoré d'ornements ciselés en or, en argent, en bronze, de bas-reliefs et d'inscriptions laudatives et commémoratives. Des arceaux enguirlandés se réunissent au-dessus de la statue couchée de Ferdinand, et portent une couronne royale. C'est un monument richissime et un spécimen très complet de l'art platéresque. On conserve, dans une petite crypte, une vénérable caisse en bois qui renfermait au XIIIe siècle les restes mortels de ce prince, ainsi que son épée et la statuette en ivoire de la Vierge qu'il portait suspendue à l'arçon de sa selle. Des coffres bardés de fer contiennent les ossements de sa femme doña Beatrice, de son fils Alphonse, de Pierre-le-Cruel, de sa maîtresse doña Maria Padilla, et de son frère don Fadrique, qu'il fit assassiner sous ses yeux. La victime et le bourreau se trouvent là réunis. Quelques années après ce crime, Pierre mourait dans un guet-apens de la main d'un autre frère, Henri de Transtamare.

Tous les objets à l'usage du culte placés sur l'autel de la capilla réal et les énormes lampes suspendues à la voûte sont en argent massif et ont été confectionnés avec le métal apporté par les premiers vaisseaux qui revinrent du nouveau monde.

La *Sacristie des calices* a été construite en 1530 dans un style pseudo-ogival; elle est riche en tableaux. On y remarquera une *sainte Dorothée* de Murillo; *sainte Justine et sainte Rufine* par Goya. Ces deux bienheureuses, filles d'un potier, sont les protectrices de Séville, et surtout de la Giralda. La légende prétend que, pendant une violente tempête, on les vit soutenir la tour et la défendre contre les efforts du vent. Un *Moine mourant* entouré de ses frères, par Zurbaran; un *Ecce Homo* d'Antonio Moralès, sec et noir et d'un réalisme violent mais très expressif, enfin le célèbre *Christ en croix* de Montañez, qui serait un ouvrage admirable s'il n'était pas en bois peint.

La grande sacristie (*sacristia mayor*) est presque une église par ses dimensions; elle a la forme d'une croix grecque. C'est sur l'autel qui en occupe le fond que se trouve la *Descente de croix*, peinte par Pedro Campaña en 1548, que Murillo admirait en disant ses prières. La

11.

composition en est dramatique, mais le coloris est dur
et sans transparence. On s'arrête plus volontiers devant les beaux portraits de *Saint Isidore* et de *Saint
Léandre* par Murillo. Les saints personnages sont assis, vêtus de blanc et tiennent une crosse d'une main
et un livre de l'autre, comme il convient à des pasteurs
des âmes et à des docteurs de la foi. Une *Adoration
des Mages*, dans la manière flamande, par Alejo Fernandez, et une belle toile du Mulato méritent aussi
une attention particulière. C'est dans cette sacristie
que sont conservées une innombrable quantité de reliques plus ou moins intéressantes ; c'est là aussi que
sont déposées des richesses immenses en pièces d'orfèvrerie consacrées au culte, en coffrets, en ostensoirs
d'or et d'argent constellés de pierres précieuses, en
statuettes d'or, encensoirs, vases, vêtements sacerdotaux couverts de broderies éclatantes. Tous ces objets,
ciselés, fouillés, ajourés ou massifs sont remarquables
par l'élégance des formes et la perfection du travail.
Les pièces les plus importantes, au moins par leurs
dimensions, sont la Custodia et le Ténébrario. La
Custodia (châsse) a la forme d'un temple circulaire, à
quatre étages de colonnes, surmonté d'une statuette
de la Foi. Cette châsse est haute de dix pieds, en argent massif, et si pesante qu'il faut vingt-quatre
hommes robustes pour la promener dans les proces-
sions. Le *Tenebrario* est un immense candélabre triangulaire, à quinze branches, en bronze ciselé. Il a près
de vingt pieds de hauteur et porte à son sommet un
plateau sur lequel sont groupées les statuettes de Jé-

sus-Christ et des apôtres. On allume, pendant l'office de Ténèbres, tous les cierges dont il est chargé. En sortant de la grande sacristie on aperçoit, dans un corridor obscur, de larges panneaux en bois, couverts de moulures variées ; ils appartenaient aux portes de l'anciennne mosquée.

Dans une autre sacristie sont une belle tête de *Mater dolorosa* de Murillo, un grand *Christ en croix* de Valdès-Leal (la tête du Sauveur est magnifique d'expression et d'exécution), et deux beaux *Portraits* d'Alonso Cano.

Le chapitre de la cathédrale tient ses assemblées dans une grande salle elliptique à coupole (*Sala capitular*), éclairée par une large ouverture pratiquée au sommet de la voûte ; elle est meublée avec une riche simplicité, les crucifix et les écritoires placés sur la table sont en argent massif. A la base de la coupole, de beaux bas-reliefs italiens représentent des scènes de l'Apocalypse et de l'Histoire sainte. Une *Conception* et des *Portraits* de rois et d'évêques, par Murillo, sont suspendus aux parois de la salle.

Les chapelles qui viennent d'être citées, les sacristies, la salle capitulaire ont été construites pendant les XVIe et XVIIe siècles, dans un style tout différent de celui de l'édifice principal. Cette discordance pourrait nuire à l'effet général ; cependant, par l'ampleur de ses proportions, par son aspect grandiose, la cathédrale de Séville est, intérieurement, le plus beau monument religieux de l'Espagne.

Lorsqu'après avoir franchi la porte del Perdon, on a

pénétré dans la cour des Orangers, la vue peut embrasser tout un côté de la cathédrale. A gauche s'élève l'élégante Giralda et s'ouvrent deux portes donnant accès dans l'église. Sous le portail de l'une d'elles est suspendu un énorme saurien en bois qui a remplacé le véritable crocodile dont un sultan d'Égypte avait fait cadeau à Alphonse le Sage. L'autre entrée, qui conduit dans le transept, n'est pas achevée dans sa partie inférieure. En face, est la grande salle de la confrérie *del Santisimo* tapissée de tableaux et, à droite, le *Sagrario*, qui est l'église particulière de la paroisse : son style banal est en complet désaccord avec celui des constructions qui entourent le patio. Ce Sagrario n'a qu'une seule nef de près de deux cents pieds de longueur sur laquelle s'ouvrent dix chapelles; la voûte est surchargée d'ornements d'assez mauvais goût. Au milieu du retable du maître autel, un très beau médaillon de Pedro Roldan, élève de Montañez, représente la *Sainte Vierge entourée de Saints*, tenant dans ses bras le corps de son fils. C'est le seul ouvrage d'art qui soit digne d'attention.

Il y a beaucoup d'églises à Séville, mais la plupart sont peu intéressantes au point de vue architectural. On remarquera cependant le minaret arabe surmonté d'un campanile moderne qui s'élève près de *Saint-Marc*, et la façade de *Saint-Louis* dans le style churrigueresque le plus outré. Son campanile à jour et revêtu d'azulejos et de tuiles vernissées de couleurs vives, produit un effet bizarre et original. Quelques églises possèdent des statues et des tableaux exécutés par les artistes sévillans les plus renommés, mais les statues sont en bois peint et les tableaux sont enfouis au fond de chapelles obscures.

Par une heureuse exception, la modeste chapelle de l'*Hospice de la Caridad* est bien éclairée, et l'on peut y admirer plusieurs chefs-d'œuvre de l'école de Séville, entre autres le célèbre *Moïse frappant le rocher*, de Murillo, la plus intéressante, peut-être, de ses grandes toiles. La plupart des tableaux de cet illustre artiste représentent des apparitions surnaturelles, des Saintes Familles, des Vierges, des Conceptions ; leur composition est peu compliquée ; elle ne comporte qu'un assez petit nombre de figures. Dans le Moïse, au contraire, la scène est vaste, les personnages très nombreux, la composition mouvementée et dramatique comme celle d'un tableau d'histoire. Au milieu d'un âpre désert s'élève le rocher que Moïse vient de frapper de sa baguette ; l'eau jaillit pure et abondante. Les Hébreux accourent de toutes parts avec leurs troupeaux et se précipitent vers cette eau tant désirée ; un chien lappe dans le courant, une mère donne à boire à son enfant, un homme couché s'abreuve avec avidité à la source même. Les mouvements, les expressions, les attitudes sont d'une vérité saisissante, et, dans leur diversité, ils s'accordent parfaitement avec l'action principale. Entouré de cette foule qu'il domine de son imposante stature, Moïse, debout, les mains jointes, lève la tête vers le ciel, comme pour remercier le Seigneur du miracle dont il est l'instrument. La majesté, le calme de son attitude forment un contraste vraiment dramatique avec l'agitation des figures groupées autour de lui. L'ordonnance, le style, le coloris de ce grand tableau sont admirables ; c'est un ouvrage incomparable qui occupe une place à part dans l'œuvre de Murillo.

En face, un autre tableau du même maître, et d'égale dimension, a pour sujet : *La multiplication des pains* ou *Le Sermon sur la montagne*. Jésus-Christ, assis au pied d'un rocher, s'entretient avec ses disciples groupés autour de lui ; des pains sont posés sur ses genoux, un enfant lui apporte des poissons dans une corbeille. On aperçoit, en arrière-plan, une foule nombreuse rangée en cercle, et, dans le fond, un paysage montagneux. Ce tableau, dans lequel on pourrait compter plus de cent figures, petites ou grandes, est bien composé et bien peint, mais le *Moïse* lui est supérieur. On remarquera aussi une charmante *Annonciation* et un vigoureux tableau représentant le frère *Saint-Jean de Dieu portant un pauvre malade* avec l'aide d'un ange. Ces deux ouvrages sont dignes du pinceau de Murillo.

Près de la porte principale de la chapelle, se trouvent deux grandes toiles de Valdès Leal, d'un dessin hardi, d'un coloris puissant et surtout d'une composition étrange. L'une d'elles montre un squelette mitré foulant sous ses pieds osseux des ornements sacerdotaux, des sceptres, des couronnes, et, d'une main, éteignant une lampe. Au fond, on lit cette inscription : *Finis gloriæ mundi*. L'autre fait voir, dans un caveau mortuaire, un chevalier de l'ordre de Calatrava et un évêque couchés dans leur cercueil, déjà en putréfaction et rongés par les vers. La figure du chevalier serait, dit-on, le portrait de Don Juan de Maraña qui, après une vie plus que dissipée, fut touché par la grâce et fonda l'hospice. Quel caprice d'imagination a pu inspirer de pareilles peintures? Valdès Leal a-t-il voulu exprimer ainsi la vanité et le néant des grandeurs humaines? Ces deux tableaux, d'un réalisme répugnant, sont peints de main de maître; c'est du dernier que Murillo disait qu'il fallait se boucher le nez pour le regarder.

Séville n'est pas seulement artiste, elle est aussi lettrée et savante; elle possède une UNIVERSITÉ importante, dont l'église, construite au milieu du XVIe siècle, renferme des œuvres d'art intéressantes, entre autres: un grand retable composé de tableaux exécutés par Roëlas: *La Naissance du Christ*, l'*Adoration des bergers* et l'*Adoration des mages*; une *Annonciation*, par Francisco Pacheco, et deux belles statues de Montañez, *Saint-Pierre* et *Saint-Paul* représentés par des moines en robe noire.

La fabrique de faïence de Triana était autrefois une Chartreuse; les tombeaux qui s'y trouvaient ont été transportés dans l'église de l'Université. Deux d'entre eux sont, par leurs dimensions, de véritables monuments; ils sont en marbre blanc, de style platéresque et décorés avec un luxe exagéré; ils renferment les restes d'illustres personnages de la famille des *Perafanes de Rivera*. Quelques bons tableaux ornent les salles de l'établissement universitaire: un *Saint Jérôme* posant une main sur une tête de mort et tenant un livre de l'autre par Lucas Cranach ; un beau *Saint Dominique* de Zurbaran, et les portraits de personnages considérables ayant appartenu à l'Université, ceux-ci intéressent surtout son histoire ; enfin, dans le bureau du secrétariat, l'*Œuvre de Miséricorde* par Esteban Marquez : Le Christ accueille des enfants ; des anges planent dans le ciel.

L'église paroissiale du pauvre faubourg de Triana, Santa Ana, possède plusieurs excellents ouvrages de peinture et de sculpture exécutés par des artistes sévillans. Le retable du maître autel se compose de tableaux sur bois, par Pedro Campaña, peuplés de petites figures habilement groupées et bien peintes, et de beaux bas-reliefs de Pedro Delgado. On remarquera aussi, dans les chapelles latérales, *la Vierge au Rosaire* de Roëlas, *la Vierge et l'Enfant* de Mulato, *Une Résurrection* de Vasquez, datée de 1590, d'un bon dessin et d'un coloris vigoureux, enfin *la Vierge à la Rose* et une autre Vierge dans la manière flamande d'Alejo Fernandez. Dans une chapelle à gauche, sont trois statues en bois peint de grandeur naturelle, par Montañez ; elles forment un ensemble très bizarre. Jésus-Christ est attaché sur la croix entre la Vierge et Saint Jean. Tous les trois ont la tête ceinte d'une couronne ; la Vierge est vêtue d'une longue et vraie robe de velours noir, d'une chemisette et d'une collerette blanches ; saint Jean est enveloppé d'un manteau, enfin le Christ a les reins entourés d'une tunique blanche. Affublées de la sorte, ces trois statues d'un artiste justement célèbre sont plutôt des poupées que des œuvres d'art.

Séville peut s'enorgueillir d'avoir été le foyer artistique le plus brillant de l'Espagne. Sans parler de Sanchez de Castro qui fut, dit-on, vers l'an 1450, le fondateur de l'école, on peut citer, dans le siècle suivant, Luis de Vargas, Pedro de Villegas Marmolejo, Francisco Frutet, Juan de las Roëlas, Herrera le vieux, Francisco Pacheco, Juan de Castillo. Ces maîtres, dont plusieurs avaient étudié en Italie, formèrent d'illustres élèves, entre autres Zurbaran, Velasquez, Murillo et Alonzo Cano. Le Musée possède des œuvres importantes de la plupart de ces artistes ; cependant les plus anciens, Vargas et Marmolejo, n'y sont pas représentés, et l'on n'y trouve aucune toile de Velasquez. Ces lacunes sont très regrettables.

Le Musée de Séville est, après celui de Madrid, le plus intéressant qu'il y ait en Espagne ; il a été installé dans les bâtiments d'un ancien couvent de la *Merced*, et s'ouvre sur une place décorée de la statue en bronze de Murillo. Sous les portiques de la première cour, on a réuni quelques fragments antiques de sculpture et d'architecture trouvés dans les ruines d'*Italica*. Que d'intéressantes découvertes ne ferait-on pas, si l'on fouillait le sol de cette vieille cité romaine ?

Les tableaux sont suspendus aux murs d'une longue et vaste salle, qui était sans doute la chapelle du couvent, très élevée, bien éclairée par le haut, et d'une salle attenante beaucoup plus petite ; le nombre en est peu considérable, 187 seulement, dont 47 d'auteurs inconnus. Presque tous méritent un examen attentif, et beaucoup sont des chefs-d'œuvre. Dans un ordre à peu près chronologique on peut citer les artistes suivants :

FRANCISCO FRUTET pourrait être mis au nombre des peintres primitifs puisqu'il peignait à Séville en 1548; on ignore la date de sa mort. Ses tableaux, *Jésus sur le chemin du Calvaire* et *Une Descente de Croix*, rappellent la manière italienne; il avait étudié à Rome les œuvres de Raphaël et de Michel-Ange.

JUAN DE LAS ROELAS (1560 + 1625), dit *el Licenciado* ou *el Clérigo*, parce qu'il était engagé dans les ordres, avait aussi étudié la peinture en Italie. Son grand tableau du *Martyre de Saint André* occupe le fond de la salle. Le saint est attaché sur une croix en X, suivant la tradition; des anges rangés en demi-cercle apparaissent dans le ciel, le peuple et les bourreaux sont groupés dans la partie inférieure de la toile. La composition de ce tableau est dramatique, bien ordonnée, le dessin correct, mais le coloris manque d'éclat et de transparence.

La Vierge et Sainte Anne est une charmante composition du même artiste. Sainte Anne est assise; la Vierge, agenouillée devant elle, le front ceint d'une couronne, regarde dans un livre ouvert sur lequel elle pose un doigt. Du haut du ciel des anges la contemplent en joignant les mains; un chat et un chien sont couchés aux pieds de la sainte. Ce tableau est, par la couleur, plus italien qu'espagnol; il diffère beaucoup du précédent ; la gamme des tons est claire, brillante et harmonieuse.

Le *Martyre de San Serapio*, par ALONSO VASQUEZ, élève d'Arfian et contemporain de Roëlas, présente, avec moins de développement, de grandes analogies de composition avec le *Martyre de Saint André* ; le coloris en est froid et terne.

FRANCISCO DE HERRERA, dit le vieux (*el Viejo*) (1576 + 1656), était un homme d'un caractère violent, atrabilaire ; il semble que ses œuvres s'en ressentent. Il dessinait, dit-on, avec un roseau et peignait avec une brosse. Sa touche est large et hardie, son dessin énergique, ses figures expressives, bien vivantes et d'un grand style, mais son coloris est heurté, noir et dur. Ces qualités et ces défauts se révèlent dans les tableaux que possède le Musée. *San Pedro Sebaste* et *San Geromino* ont un beau caractère de gravité et de noblesse, *Saint Bazile* accompagné de Jésus-Christ et des apôtres est une grande composition un peu confuse, mais largement peinte et très puissante de couleur ; *Sainte Herménégilde et Saint Léandre* entourés d'anges, autre composition assez bizarre, sont d'un coloris sec et terne. Herrera le vieux est bien le type du peintre espagnol au commencement du XVIIe siècle ; il a produit des œuvres remarquables, cependant il n'est pas représenté au Musée de Madrid. Il faut venir à Séville pour le connaître.

FRANCISCO PACHECO (1571 + 1654), fut le maître et devint le beau-père de Velasquez ; écrivain et artiste, il a composé un traité sur l'art de peindre. Ses ouvrages sont assez nombreux au Musée; le dessin en est correct, le style simple, les expressions vraies, mais le coloris est froid et un peu dur. On doit citer de cet artiste un *Épisode de la vie de san Pedro Nolasco*, parce qu'on prétend que la tête, vue en profil perdu, d'un personnage du second plan debout dans un bateau et appuyé sur une gaffe serait le portrait de Miguel Cervantes, ami du peintre.

Une *Conception*. La tête de la Vierge est très belle et les anges suspendus dans le ciel sont charmants et bien groupés. Un paysage remplit le premier plan; on aperçoit, au fond, la mer et un navire. Ce tableau est très remarquable.

Plusieurs portraits de saints, entr'autres celui de *saint Louis, roi de France*, se trouvent dans la salle attenante à la grande galerie; ils sont bien peints et d'une exécution très soignée.

Trois peintres du nom de CASTILLO sont nés à Séville. Le plus célèbre, Juan (1580+1640), fut le maître de Murillo. Son œuvre la plus importante est une *Assomption*. La Vierge est enlevée par des anges; des personnages groupés autour d'un sépulcre vide regardent, les uns le ciel, les autres le tombeau. La composition de ce grand tableau est bien ordonnée, les figures sont bien dessinées et d'un bon style, les attitudes vraies et expressives, mais le coloris manque de transparence. L'école espagnole, à cette époque, ne rendait qu'imparfaitement les effets du clair-obscur. *Une Visitation* de sainte Élisabeth à la Vierge est d'une meilleure couleur;

dans la *Naissance du Christ*, les têtes sont vulgaires et le coloris dur.

Francisco de Zurbaran (1598 + 1662), fils d'un laboureur de l'Estramadure, appartient à la brillante pléiade des peintres sévillans, car c'est à Séville qu'il étudia la peinture sous la direction de Juan de las Roëlas et qu'il passa la plus grande partie de sa vie. Le Musée ne possède, pas moins de vingt tableaux de cet artiste, un des plus éminents de l'école espagnole, et plusieurs sont des chefs-d'œuvre ; à cet égard, il est beaucoup plus riche que le Louvre et même que le Prado de Madrid.

Le Triomphe de saint Thomas d'Aquin occupe, à droite, presque tout le fond de la grande galerie ; il fut transporté à Paris, en 1812, et restitué à l'Espagne quelques années après. Dans le haut de la toile apparaissent Jésus-Christ, la Vierge et les saints Paul et Dominique ; au-dessous, saint Thomas d'Aquin et des docteurs de l'Église sont groupés assis sur des nuages, et, dans le bas, on voit, agenouillés, l'empereur Charles-Quint, l'archevêque de Diza et divers personnages ; celui qui se montre derrière l'empereur est, dit-on, le portrait de Zurbaran. Les figures se détachent sur un fond très lumineux dans lequel on aperçoit une ville. La composition de ce vaste tableau est claire et bien ordonnée ; l'attitude du saint, noble et naturelle, et les têtes des assistants, sont très expressives. Le coloris est riche et harmonieux.

Un moine debout, d'une physionomie sévère et méditative, vêtu d'une robe blanche et d'un manteau noir, tient à la main une coupe qu'il regarde avec attention. Ce moine est *San Luis Beltran*; il est magnifique de pose et d'expression.

Le pape Urbain II et *saint Bruno* sont assis, en face l'un de l'autre, de chaque côté d'une table ; ils sont en conférence. Si l'on en juge par l'expression des visages, les deux interlocuteurs ne sont pas d'accord; celle du pape est irritée et impérieuse, celle du moine calme et ferme. Ces expressions sont si vraies qu'on devine le sujet de leur entretien. Saint Bruno refuse sans doute l'archevêché de Reggio que le pape veut lui conférer. Les deux figures s'enlèvent en vigueur sur le fond clair d'une vaste salle. On aperçoit, en arrière-plan, deux serviteurs dans une porte entr'ouverte. Ce grand tableau, d'une composition si simple, puisqu'elle ne comprend en réalité que deux personnages, est un chef-d'œuvre de premier ordre.

Une autre grande toile représente *saint Hugo* et plusieurs chartreux assis derrière une table; au premier plan, un moine et un enfant debout leur expliquent le miracle *del Santo Voto*. Ce tableau est, comme le précédent, largement peint, et dans une gamme claire où domine la blancheur des robes des Chartreux dont les têtes encapuchonnées sont pleines de vie.

Le Père éternel, de grandeur colossale, est assis tenant un bâton d'une main et étendant le bras droit. Ce mouvement est magnifique et tout à fait michelangesque.

On peut encore citer un très beau *Christ en croix* et plusieurs *Portraits d'évêques* dont les têtes sont assez vulgaires, mais très vivantes.

On a surnommé Zurbaran le Caravage espagnol; s'il existe quelqu'analogie dans la manière de ces deux artistes, elle est toute à l'avantage de Zurbaran, dont le style est plus simple et plus élevé, le dessin plus correct et le coloris plus harmonieux.

Alonso Cano (1601 + 1667) naquit à Grenade, mais, comme Zurbaran, il étudia la peinture à Séville dans les ateliers de Pacheco et de Juan de Castillo ; il était peintre, architecte et sculpteur. Ses œuvres de peinture les plus importantes sont à Madrid; le Musée de Séville ne possède de cet illustre artiste qu'un petit tableau sur bois (les *Ames du Purgatoire*), qui représente une rangée de figures à mi-corps enveloppées de flammes. Les têtes s'élèvent au-dessus de ces flammes qui les colorent de reflets rougeâtres; elles expriment diversement, les unes la douleur physique, les autres la résignation. Cette composition est bizarre, mais l'exécution en est remarquable.

La sainte Cène est le sujet d'un grand tableau de Pablo de Cespedès (1638 + 1708). La composition en est compliquée et confuse, et le coloris dur. *Le Sauveur du monde*, figuré par Jésus-Christ vêtu d'un manteau rouge brodé d'or et se détachant sur un fond d'or est, au contraire, une peinture d'une riche couleur.

Saint Joseph tenant l'Enfant Jésus par la main chemine dans un paysage; des anges les accompagnent. Ce tableau d'Esteban Marquez (? + 1720) est bien composé et bien peint. L'Enfant Jésus est un jeune garçon très correctement vêtu, saint Joseph a une honnête figure, et la scène n'aurait rien de religieux, n'étaient les anges qui planent dans le ciel.

Une *Conception* de DOMINGO MARTINEZ (? + 1750) présente un assemblage bizarre et désordonné de rois couronnés et d'évêques mitrés, parmi lesquels figure Jean Scot le docteur subtil. Toutes ces figures sont groupées au-dessous d'une Vierge enlevée au ciel par des anges. Le coloris de ce grand tableau est froid et terne. Les belles traditions de l'école de Séville s'étaient perdues dès le commencement du XVIIIe siècle.

Ce sont surtout les œuvres de Murillo qui rendent le musée de Séville particulièrement intéressant ; il y a là vingt-quatre grandes toiles de cet admirable artiste, et la plupart sont des chefs-d'œuvre. On en rencontre très peu dans les pinacothèques et dans les galeries de l'Italie. Le Louvre n'est pas mieux partagé ; il possède cependant quelques ouvrages du peintre de Séville, entr'autres le Pouilleux, une belle Sainte Famille et une Conception restaurée, retouchée et relativement inférieure, quoiqu'elle ait coûté 615,000 francs. Ces tableaux peuvent être considérés comme représentant les trois manières qu'on attribue à Murillo ; néanmoins, ce grand artiste n'est guère plus connu en France, et même en Europe, que les autres maîtres de l'école espagnole. C'est au Prado de Madrid, dans les églises, dans la cathédrale et au musée de Séville qu'on peut le mieux connaître et admirer son génie si séduisant et si personnel. Murillo diffère profondément de tous les artistes qui l'ont précédé, et il n'a eu ni élèves ni imitateurs dignes de lui. On le copie sans cesse ; on voit, exposées dans la salle annexe de la grande galerie, des réductions de ses tableaux ; toutes sont médiocres, aucune ne rend le charme et la richesse de coloris du modèle.

Murillo naquit à Séville en 1618 et y mourut, en 1682, des suites d'une chute faite dans la chapelle d'un couvent à Cadix. Ses premières études furent dirigées par Juan de Castillo, et ses débuts, dans la carrière des arts, très difficiles. Pauvre, il peignait pour vivre des bannières et des tableaux de pacotille qui s'expédiaient en Amérique. A l'âge de vingt-quatre ans, il était encore inconnu. Désireux d'aller étudier chez eux les maîtres flamands et italiens, il réunit toutes ses modestes ressources et il se mit en route. Arrivé à Madrid, sa bourse était déjà vide. Velasquez, son compatriote, alors peintre favori de Philippe IV, lui vint en aide et mit à sa disposition les chefs-d'œuvre du Titien, de Rubens, de Van-Dyck que renfermaient les résidences royales. Murillo resta à Madrid, y travailla pendant trois ans, puis revint à Séville. Ces études fécondèrent son imagination et développèrent son sentiment inné de coloriste, sans altérer l'originalité propre de son génie ; il devint bientôt célèbre, et il fonda une académie de peinture qu'il présida jusqu'à sa mort. Quoique sa carrière n'ait pas été très longue, puisqu'elle s'ouvrit assez tard, il a beaucoup produit. Les historiographes lui attribuent au moins cent soixante grands tableaux traitant, pour la plupart, des sujets religieux. Ses types ne sont pas idéalisés comme ceux des écoles italiennes, ils sont humains ;

ses Vierges sont de brunes Andalouses aux yeux brillants, et le divin Enfant est un charmant bébé, mais ils sont beaux, gracieux, expressifs et jamais vulgaires. Ses compositions sont claires, bien ordonnées, les attitudes et les expressions vraies, les draperies largement disposées. Le plus souvent, les sujets qu'il représente ne comportent qu'un petit nombre de figures ; cependant, dans les grandes compositions, telles que le *Moïse frappant le rocher*, la *Multiplication des pains, sainte Élisabeth de Hongrie*, il déploie de hautes qualités d'expression dramatique, d'unité d'action, de groupement heureux et bien équilibré des personnages qui concourent à cette action.

Comme coloriste, Murillo n'est pas moins admirable ; il peut être mis au premier rang des peintres de toutes les écoles. Sa couleur est chaude, vigoureuse, vibrante ; il possède une connaissance approfondie de la science du clair-obscur, des harmonies et des contrastes des tons, et il sait donner à ses figures un relief puissant. Sa touche est large et facile, quelquefois même trop facile, car elle accuse une certaine précipitation dans l'exécution. La caractéristique de son génie serait la grâce qui séduit plutôt que la force qui subjugue. On lui attribue trois manières distinctes, la chaude, la vaporeuse et la froide, quoiqu'il soit plus exact de dire qu'il les approprie aux convenances du sujet. Ainsi, il emploie la première pour les Extases, les Apparitions, les Saintes Familles ; la seconde, pour les Conceptions ; la troisième, pour les sujets familiers, tels que le *Pouilleux* du Louvre et l'*Aveugle joueur de vielle* du musée de Nantes.

Les vingt-quatre tableaux de Murillo que possède le musée méritent tous une attention particulière ; on peut citer entre autres :

La Vierge et l'Enfant, connue sous le nom de la Vierge à la serviette (*Virgen de la Servilleta*). La tradition raconte que, pendant que Murillo peignait dans un couvent de Capucins, un frère, attaché à son service, lui demanda, comme souvenir, une peinture de sa main, et lui présenta une serviette de cuisine préparée à cette intention. La Vierge et l'Enfant sont vus à mi-corps ; les yeux noirs et brillants de la mère et du fils sont bien andalous ; les têtes respirent la vie et le coloris est chaud et vigoureux. Quelques incorrections dans le dessin et dans le modelé des mains indiqueraient que ce tableau a été exécuté très rapidement ; il rappelle celui de la *Madone* de la galerie Corsini à Rome.

Saint Félix de Cantalicio tenant l'Enfant Jésus dans ses bras. L'Enfant caresse la barbe du Saint ; l'expression de son visage et son geste sont ravissants ; son corps lumineux produit, avec le fond et la robe noire du moine, un contraste d'un grand effet.

Saint Augustin et la Sainte-Trinité. Saint Augustin est assis devant un livre ; le ciel s'est ouvert et les trois figures de la Sainte-Trinité lui apparaissent dans une lumière éclatante et dorée. Surpris, il se retourne pour les regarder en étendant les bras. L'ampleur du mouvement et l'expression de la tête sont magnifiques.

Saint Augustin et la Vierge. L'Enfant, sur les genoux de sa mère, perce d'une flèche un cœur enflammé que lui présente le saint agenouillé.

Saint Antoine de Padoue et l'Enfant Jésus. L'Enfant est venu se poser sur un livre ouvert sur une table ; il caresse de la main le Saint qui tient un lys, symbole de pureté. Les expressions de volupté mystique du Saint et de tendresse de l'Enfant sont admirablement rendues. Ce tableau est un des plus beaux du musée.

Saint Antoine de Padoue, la Vierge et l'Enfant. Comme dans le tableau précédent, le Saint est représenté à genoux, un lys à la main, devant un livre sur lequel l'Enfant est assis ; il va le rendre à sa mère qui, dans une auréole lumineuse, tend les bras pour le recevoir. Le visage du Saint exprime un ineffable sentiment d'adoration et de tendresse.

L'Annonciation. La Vierge, une toute jeune fille au visage candide, est agenouillée devant un livre posé sur une table ; un ange, porté par un nuage, lui apparaît et lui montre la colombe, symbole du saint Esprit, qui plane dans le ciel. Elle relève la tête et ouvre les mains avec une expression de surprise. Ce geste est plein de naturel et de grâce.

Jésus crucifié embrassant Saint François. Le Christ a détaché son bras droit de la croix et l'appuie sur les épaules du Saint, en inclinant la tête vers lui. Le Saint, vêtu d'une robe de bure, entoure de ses deux bras le corps du sauveur et le regarde avec une expression d'amour extatique. A droite de ce groupe, on aperçoit un Ange tenant un livre ouvert dans lequel on lit : *qui non renuntiat omnibus quæ possidet, non potest meus esse discipulus.* Le Christ, le Saint et l'Ange sont enveloppés dans une pénombre mystérieuse qui augmente encore l'effet de cette étrange composition.

San Pedro Nolasco et la Vierge. Les cieux se sont ouverts ; la Vierge entourée d'un cortège d'anges ravissants apparaît au milieu d'un nuage lumineux ; un archange, d'un geste magnifique, lui montre le saint agenouillé sur la terre.

Le musée de Madrid possède plusieurs tableaux représentant des scènes semblables. Murillo se plaisait à traiter les sujets mystiques, les apparitions célestes, les extases des saints ; il élève ceux-ci jusqu'à la divinité, ou plutôt il rapproche, dans une familiarité intime et touchante, la divinité de l'humanité ; il est à la fois mystique et réaliste dans la représentation des choses surnaturelles. Ses moines n'ont pas l'aspect dur et sévère que leur donnent Herrera et les peintres de son époque, ils sont tout amour et adoration. Son procédé, s'il est permis d'user de cette expression, parait consister à opposer à la lumière naturelle une lumière surnaturelle chaude, dorée, radieuse sans être éblouissante, illuminant de ses reflets les êtres divins qu'il fait apparaître, et se fondant, par des dégradations et des demi-teintes habilement ménagées, dans l'obscurité relative des angles du tableau ou des figures humaines du premier plan. S'il était possible de peindre la lumière céleste Murillo y serait parvenu. Qu'on ajoute à cette magie de la couleur un sentiment profond de tendresse et d'extase admirablement exprimé par le geste, l'attitude et la physionomie des personnages.

Saint Thomas de Villanueva distribuant des aumônes. L'évêque debout, vu de face, et le mendiant demi-nu, vu de dos, agenouillé devant lui sont magnifiques d'attitude, de mouvement et de coloris. Une femme assise au premier plan et un enfant sont éclairés par un reflet de lumière très heureux.

La *Naissance de Jésus-Christ.* La Vierge et l'Enfant s'enlèvent en lumière sur un fond sombre, et éclairent le tableau ; saint Joseph et les bergers sont groupés dans la pénombre.

Dans la première moitié du XVII° siècle des controverses très ardentes s'étaient élevées en Espagne au sujet du mystère de l'Immaculée Conception ; c'est à leur occasion que le monument du Triunfo fut érigé à Grenade. La figuration de ce mystère était sans doute très demandée, à cette époque, par le clergé ; de là le nombre considérable de tableaux appelés *Conceptions.* Sous ce nom, les peintres espagnols montrent la sainte Vierge debout sur un croissant, regardant le ciel, les mains croisées sur la poitrine, et s'élevant sur des nuages au milieu de groupes d'anges. Murillo a peint plusieurs conceptions, dont quatre sont au musée de Séville. La plus remarquable, connue sous le nom de *la Perle,* est une œuvre magistrale bien supérieure à celle du Louvre. Les petits anges qui escortent la Vierge sont ravissants ; Murillo peignait admirablement les enfants, il savait donner à leur physionomie et à leurs mouvements toutes les grâces naïves du premier âge.

Velasquez avait un esclave noir, Pareja, qui devint un peintre très distingué en étudiant les œuvres de son illustre maître ; le mulâtre Sébastien Gomez, plus connu sous le nom de EL MULATO, était aussi esclave, il appartenait à Murillo et devint son élève. Le Musée possède de lui une *Conception* très bien peinte.

VALDÈS LEAL, né à Cordoue, étudia la peinture sous la direction de Juan de Castillo et fut, avec Murillo, un des fondateurs de l'académie de Séville. Il a laissé dans cette ville beaucoup de tableaux ; le Musée en possède dix. Le coloris des uns est noir et dur comme celui des peintres du siècle précédent (*saint Jérôme ; une Assomption*) ; dans d'autres, au contraire, il a de l'éclat et de la transparence (*saint Jérôme fouetté par des anges ; la Tentation de saint Jérôme*). Ce dernier est bien composé et bien peint. Un anachorète exposé aux tentations de la chair est ordinairement représenté par un vieillard décrépit ; sa résistance n'est alors ni difficile ni méritoire. Dans le tableau de Valdès Leal, saint Jérôme est encore jeune, et une longue barbe noire encadre son visage amaigri par les abstinences. On remarquera aussi un *Saint* disant la messe et une bonne *Conception*, quoiqu'elle soit compliquée d'une trop grande quantité de petits anges.

MENESES OSORIO élève et imitateur de Murillo est représenté par un seul ouvrage, *Saint Cyrile au concile d'Ephèse*, et SIMON GUTTIEREZ, aussi son élève, par quatre tableaux d'un coloris terne et froid, bien différent de celui du maître. Les sujets sont empruntés à la *Vie de saint Dominique.*

Le musée de Séville, si intéressant qu'il soit pour l'étude des peintres qui florissaient dans cette ville au XVIIᵉ siècle, est cependant incomplet. Murillo et Zurbaran y occupent une grande et glorieuse place, mais beaucoup d'artistes cités par les historiographes, ou de membres de l'académie fondée en 1660, n'y ont laissé aucune de leurs œuvres ; il ne possède même pas une seule toile de Velasquez né à Séville en 1599, et élève de Pacheco. Ce n'est qu'à Madrid qu'on peut apprendre à connaître ce maître éminent de l'école espagnole.

A l'une des extrémités de la grande galerie des tableaux, se trouvent quelques belles œuvres de sculpture :

Un groupe de la *Vierge avec l'Enfant Jésus* et une statue de *saint Jérôme,* en terre cuite et de grandeur naturelle, par Torrigiani. Les espagnols estiment beaucoup cet artiste dont ils ne font rien moins qu'un rival de Michel-Ange. Le groupe se compose bien, son style est correct, mais froid. La statue est remarquable par l'exactitude du modelé et l'expression bien vivante de la tête.

Quatre statues allégoriques, la *Justice,* la *Prudence,* la *Force* et la *Tempérance* par Solis.

Un *Saint Dominique,* un *Saint Bruno,* un *Saint Jean-Baptiste* et une *Vierge* dite *des Grottes* tenant l'Enfant Jésus dans ses bras par Juan Martinez Montañès, célèbre sculpteur du commencement du XVIIᵉ siècle.

Les œuvres de cet artiste se recommandent par l'élévation du style, le fini de l'exécution et le naturel des
attitudes ; on les admirerait davantage si elles n'étaient
pas en bois peint.

Il existe à Séville quelques belles collections particulières de tableaux, entre autres celles de MM. Leaniz
et Lopez Cépéro. Ces messieurs accueillent les étrangers avec la plus aimable courtoisie et leur font, de la
meilleure grâce du monde, les honneurs de leurs
salons et de leurs galeries. Ces collections possèdent
quelques œuvres d'artistes qui ne sont pas représentés au musée. Celle de M. Lopez Cépéro est très
considérable ; elle est distribuée dans les galeries qui
entourent un patio et dans les salons et les chambres
de l'habitation. Un catalogue manuscrit facilite les
recherches. On remarquera :

Deux vieux tableaux du XVᵉ siècle dans la manière
flamande, l'un de Pierre de Cordoue, l'autre de Sanchez
de Castro, *Jésus mort entouré des saintes femmes*, et un
troisième de Luis de Vargas. Ce sont des primitifs.

Le *Miracle de saint Antoine de Padoue* par Herrera-le-
Vieux. Le Saint tient une hostie ; un âne est couché à
ses pieds.

Un *Portrait d'homme* d'un bon style par Pacheco.

Le *Martyre de saint Laurent*, vigoureuse peinture de
Ribera. Les personnages sont vêtus comme au
XVIIᵉ siècle.

Saint Jean assis près d'un agneau, charmant tableau du
même artiste.

Une *Sainte Famille* par Zurbaran.

Trois belles *Saintes Familles* par le même.

Un joli tableau de Tobar représentant la *Vierge et l'Enfant* entourés d'anges qui font de la musique.

Jésus soutenant saint Pierre sur le lac de Tiberiade par Navarrete (*El Mudo*).

Un magnifique *Christ en croix* par Alonso Cano. La tête du Sauveur inclinée sur la poitrine est dans la pénombre ; le reste du corps s'enlève en lumière sur un fond noir. Ce contraste est d'un grand effet.

Le *Porteur d'eau (Aguador)* par Velasquez. C'est une rareté.

Deux *portraits* bien vivants de Goya.

Par Murillo, un beau *portrait,* un *Christ* peint sur le bois d'une petite croix, remarquable par la puissance du relief et la perfection du modelé, et un *Ecce Homo* (sous verre) magnifique de couleur et d'expression. C'est à Murillo, bien plus qu'à Moralès, qu'on aurait dû appliquer l'épithète de *Divino*.

La collection de M. LEANIZ était aussi très importante, mais elle a été divisée entre ses héritiers. L'un d'eux possède encore un assez grand nombre de tableaux intéressants, entre autres :

Jésus-Christ devant Hérode et une *Visitation,* par Luis de Vargas.

Plusieurs *Portraits* de grand style par Herrera-le-vieux.

La *Vierge et l'Enfant* par Zurbaran.

Un mariage de la Vierge par Juan de Castillo.

Sainte Rose tenant l'Enfant Jésus par Menessès Osorio.

Saint François en prière par Valdès Léal (daté de 1657).

Pallas, Mercure et Hercule tuant l'Hydre de Lerne qui symbolise les vices, par le Greco. Ce grand tableau allégorique est peint en grisaille ; la composition en est bizarre, mais elle a beaucoup d'énergie et de mouvement.

L'Apparition du Christ à saint François (sur cuivre) par Alonso Cano.

Une *Vierge* à mi-corps joignant les mains par Guttierez ; dans la manière de Murillo.

Une *Petite fille filant une quenouille* et un *Enfant couronné d'épines* tenant une croix par Sébastien Gomez (*el Mulato*). Ces deux ouvrages rappellent aussi la manière de Murillo.

Un *Portrait de Velasquez* peint par lui-même au temps de sa jeunesse. Il est très simplement vêtu ; sa lèvre est à peine ombragée d'une moustache naissante. Velasquez n'était pas alors le fringant cavalier au feutre empanaché, à la moustache en croc, que l'on voit dans le tableau des Lances.

Trois têtes d'un naturalisme très expressif ; la première mange une tranche de pastèque, la seconde des olives, la troisième boit. On attribue cette curieuse ébauche à Velasquez.

Un petit *saint Jean* charmant de pose et d'expression, et une très belle demi figure de *saint François*, les mains jointes et les yeux au ciel par Murillo.

Des boîtes vitrées renferment trois petites têtes en cire qui représentent le *Paradis*, le *Purgatoire* et l'*Enfer*. Le paradis est naturellement personnifié par un moine, et l'enfer par un homme aux cheveux hérissés faisant une affreuse grimace. Ces petites têtes sont très expressives et parfaitement modelées.

On ferait volontiers un long séjour à Séville ; c'est la ville la plus agréable de l'Espagne. Ce n'est pas une parvenue ; elle est fille d'Hercule. Successivement phénicienne, carthaginoise, romaine, elle fut, pendant plus de cinq siècles, la capitale d'un royaume arabe et, pendant près de trois cents ans la résidence des souverains espagnols. Le pays qui l'entoure est riche et fertile, son ciel est pur, son climat très doux, sa population belle, gaie, active et intelligente ; elle est commerçante et industrielle ; un grand fleuve, le Guadalquivir, la traverse et la met en communication directe avec la mer ; enfin elle a été illustrée par de grands artistes et elle possède des monuments remarquables de diverses époques. Séville devrait être la capitale de l'Espagne, si elle n'était pas située à l'extrémité du royaume.

CHAPITRE XI

De Séville à Tolède. — **Tolède.** — Pont d'Alcantara. —
Ville. — Portes. — Nuestra-señora-del-transito. — Santa
Maria-la-blanca. — Cathédrale. — San-Juan-de-los-Reyes.
— Cloître. — Musée. — San-Tomé. — Santa-Cruz. —
Alcazar. — Hôpital militaire.

L A route de Séville à Tolède est longue, triste, monotone ; on l'a déjà parcourue d'Alcazar à Cordoue.
Entre Séville et Cordoue elle suit la vallée du Guadalquivir qu'elle quitte à *Baëza*, pour traverser les immenses plateaux de la nouvelle Castille, sans arbres,
presque sans habitations, et parcourus par d'innom-
brables troupeaux de moutons. L'agriculture y paraît
encore dans l'enfance ; on aperçoit, de temps en temps,
un paysan conduisant une ou deux maigres mules at-
telées à un morceau de fer pointu emmanché dans un
morceau de bois. C'est avec cet engin, aussi primitif
que celui de Triptolème, qu'il laboure, ou plutôt qu'il
égratigne la superficie du sol, à la façon des Arabes
de l'Algérie. Près de *Villacanas* et de *Quero* brille la
surface miroitante de petits lacs dont on extrait de la

soude. A *Castillejo*, un tronçon de chemin de fer conduit à Tolède; bientôt on découvre à l'horizon le massif dénudé de sa *Sierra*, puis on entre dans la vallée du Tage.

Les chroniques de Silos, le roman chevaleresque de Rodrigue et même l'histoire du grave père Mariana racontent que le roi des Goths Roderich, ayant aperçu d'une fenêtre de son palais la jambe de la belle Florinda (d'autres disent les bras), devint éperdûment amoureux de cette fille du comte Julien et usa de violence pour satisfaire sa coupable passion. Le comte Julien se rendit aussitôt en Afrique, excita les Maures à envahir l'Espagne, leur servit de guide et vengea l'affront fait à sa famille par la défaite des Goths et la mort de Roderich dans les plaines de Jerès. Cette histoire, si intéressante et si dramatique qu'elle soit, est un roman; le dénouement seul est vrai. Roderich, vaincu à Jerès, fut, en effet, le dernier roi des Goths; TOLÈDE était sa capitale. C'était alors une ville très importante; dix-sept conciles s'y étaient déjà réunis. Elle ne tarda pas à tomber au pouvoir des Maures qui l'occupèrent pendant plus de trois siècles et demi, et n'en furent chassés qu'en 1085 par Alphonse VI, roi de Castille et de Léon. C'est sous les murs de Tolède que se rassembla, en 1212, l'armée qui, traversant les grandes plaines de la Manche jusqu'à la Sierra Morena, remporta la victoire décisive de Las Navas de Tolosa. Tolède était alors la capitale de l'Espagne; sa population dépassait deux cent mille habitants; elle était riche et industrieuse, et, au XVIe siècle, elle pouvait encore fournir à Padilla vingt mille défenseurs de la cause des *Communeros*. C'est à Tolède que résidait, et que réside encore, l'archevêque primat, et, à la fin du XVIIe siècle, les revenus de l'archevêché et de son clergé s'élevaient à près de huit cent mille écus, qui représenteraient environ dix millions de notre monnaie.

Aujourd'hui, Tolède est une ville tout à fait déchue, morte, presque en ruines ; sa population n'est que de dix-sept mille âmes ; elle n'a plus ni commerce ni industrie, et elle ne se rattache même qu'indirectement au grand réseau des voies ferrées.

La gare du chemin de fer se trouve sur le bord du Tage, derrière un groupe de collines qui masque la ville. Lorsqu'on a dépassé ces collines, on aperçoit, à gauche, les ruines étagées du vieux château de *San-Servando* construit par Alphonse VI, et, en face, la ville de Tolède enveloppée dans une large boucle du TAGE. Là, le fleuve est profondément encaissé ; ses eaux rougeâtres coulent rapidement entre de hauts escarpements hérissés de rochers ; un barrage établi d'une rive à l'autre les fait écumer et retomber en cascade. La ville couronne un massif de roches dénudées et abruptes d'environ soixante mètres d'élévation ; de vieux minarets décapités et la tour élégante de la cathédrale dominent la masse grise de ses maisons légèrement dorées par le soleil. Cet aspect de Tolède est aussi pittoresque qu'imposant. On traverse le vieux PONT D'ALCANTARA assis sur deux arches d'ouverture inégale ; à l'entrée, s'élève un arc de triomphe dans le style de la Renaissance ; à l'autre

extrémité, une porte basse s'ouvre dans une tour massive couronnée de merlons pointus. Une route en la-
cets, suspendue aux flancs du rocher, conduit à la
place principale de la ville, la place Zocodover, de
forme triangulaire, plantée d'arbres souffreteux et entourée de modestes boutiques abritées sous un portique dont les piliers soutiennent d'assez laides façades.

Pour circuler ensuite dans l'intérieur de la ville, il
faut de toute nécessité se faire accompagner par un
guide. Les rues, ou plutôt les ruelles, courtes, tortueuses, sombres, étroites, mal pavées, forment un dédale inextricable. Tolède a la prétention d'être bâtie,
comme Rome, sur sept collines, mais ces collines ne
sont que des crêtes rocheuses séparées par des ravins; il faut monter ou descendre sans cesse; la circulation des voitures est presque impossible, celle des
piétons est rare et difficile; on ne rencontre, de
temps en temps, que quelques ânes portant dans de
grands sacs de sparterie des provisions de ménage.

Les maisons sont basses; beaucoup ont un aspect
assez misérable, quelques-unes même sont en
ruines; la plupart, cependant, attirent l'attention du
voyageur. On aperçoit dans toutes les rues de grandes
portes encadrées de pilastres et surmontées d'écussons armoriés. Sur les frises courent de gros cordons
de pierre à nœuds, insignes d'un ordre de chevalerie;
les vantaux sont bardés de fer et constellés d'énormes
clous qui s'épanouissent en fleurons et en étoiles ou
s'arrondissent en saillie hémisphérique grosse comme
une demi-orange (*media naranja*). Les heurtoirs sont

artistement ouvragés, des barreaux de fer garnissent les fenêtres du rez-de-chaussée, et des balcons ventrus enveloppent celles de l'étage supérieur. Ces maisons, presque des masures, sont d'anciennes demeures seigneuriales. Au fond d'une impasse remplie d'immondices s'élève un reste de façade dont la porte vermoulue est flanquée de pilastres et décorée d'élégantes arabesques en stuc. Dans le tympan ogival qui la surmonte s'étale un écusson mutilé ; un toit très bas l'écrase, et les murs latéraux, sans revêtement, laissent voir leurs assises de briques effritées. Cette porte était celle du *Palais de Pierre-le-Cruel*, qui est aujourd'hui le *Couvent de Sainte-Isabelle*. Le palais de la *sainte Hermandad* se trouvait dans une rue voisine. On voit encore sa porte à pilastres que surmontent une statue et des armoiries. C'est maintenant une mauvaise auberge, une *Venta*, et les cachots de l'inquisition, creusés au-dessous du sol, sans air et sans lumière, servent d'écuries. A l'angle d'un carrefour, la maison qu'habita Miguel Cervantes est aussi devenue une auberge. Le soir, la ville est silencieuse et déserte ; ses rues, à peine éclairées par des lampes à pétrole, ont un aspect sinistre. Quelquefois cependant on entend le frou-frou d'une guitare accompagnant cette mélopée espagnole, toujours la même, sur laquelle on peut adapter toute espèce de paroles. Ce n'est pas une sérénade amoureuse, c'est sans doute une chanson comique, car, après chaque couplet, des éclats de rire retentissent.

Des restes de monuments arabes, plus ou moins défigurés par les souverains espagnols, s'aperçoivent de tous côtés. LA PUERTA DEL SOL est flanquée de deux tours, l'une ronde et l'autre carrée, et couronnée de merlons pointus; des guérites en encorbellement sont suspendues aux flancs de la tour ronde, et une baie à arc ogival outre-passé enveloppe une porte profonde dont l'arc en fer à cheval porte un écusson armorié: au-dessus, règnent deux étages d'arcatures entre-croisées. LA PORTE LOSADA, également arabe, est murée. LA PORTE VISAGRA, plus moderne, s'ouvre, entre deux énormes tours rondes crénelées, sous l'écusson impérial de l'aigle à deux têtes que surmonte un fronton triangulaire portant à son sommet un ange aux ailes déployées armé d'une épée. Plus loin est la porte DEL CAMBRON, construite par les Goths et restaurée par les Espagnols au XVI⁹ siècle. Toutes ces portes se trouvent du côté de la ville qui n'est pas protégé par le Tage; elles se relient à des pans de murailles de construction arabe d'un aspect très pittoresque.

Les campaniles de *Saint-André* et de *Saint-Jacques* sont d'anciens minarets; la CHAPELLE DEL CRISTO DE LA LUZ, près de la Puerta del Sol, était autrefois une mosquée; elle a conservé quelques vestiges de sa décoration primitive. C'est là qu'Alphonse VI, entrant en vainqueur à Tolède, entendit sa première messe, et qu'il suspendit son écu à croix rouge. On l'y voit encore.

NUESTRA-SEÑORA-DEL-TRANSITO est une ancienne synagogue bâtie en 1366 par Samuel Levy, trésorier de Pierre-le-Cruel. Elle ne se compose que d'une grande nef dont la frise, ornée de stucs dans le style mauresque et des armes de Castille et de Léon, porte une rangée de belles fenêtres élégamment festonnées. Le maître autel, de style gothique, est adossé à un mur couvert d'inscriptions très dégradées en caractères hébraïques. Un riche plafond en bois de mélèze s'étend au-dessus de la nef.

C'est au fond d'une cour entourée de masures que se trouve SANTA-MARIA-LA-BLANCA, successivement mosquée, synagogue, caserne et magasin de vivres et d'effets militaires. Elle a été à peu près restaurée, c'est-à-dire qu'on l'a badigeonnée au blanc de chaux et qu'on a refait en plâtre les sculptures de ses chapiteaux et les stucs de ses murailles. Telle qu'elle est, son aspect intérieur est très curieux. Des rangées de piliers octogonaux la divisent en cinq nefs. Ces piliers portent de hauts chapiteaux très fouillés, plutôt byzantins qu'arabes, sur lesquels viennent s'appuyer des arcs en fer à cheval d'une courbure élancée et gracieuse. Les tympans et la frise sont couverts d'ornements de style mauresque; tout autour se dessinent de charmantes fenêtres, aveuglées, aujourd'hui, pour la plupart. Les murs avaient été revêtus d'un épais enduit de plâtre, et, dans les endroits où il s'est détaché, apparaissent des stucs très élégants. On éprouve une véritable surprise lorsque, après avoir franchi le seuil d'un grand bâtiment qui a l'air d'une grange, on se trouve au milieu d'une forêt de piliers d'une blancheur éclatante, surmontés de chapiteaux bizarres, et qu'on circule dans des nefs richement décorées dans le style oriental. Santa-Maria-la-blanca justifie bien son nom, et, quoiqu'elle ne serve plus au culte, il serait très désirable qu'on en achevât la restauration.

L'art ogival est représenté à Tolède par un des plus beaux monuments religieux de l'Espagne. Sa Cathédrale a été élevée sur l'emplacement d'une ancienne église transformée en mosquée pendant l'occupation musulmane. Commencée en 1227, elle ne fut achevée que dans les dernières années du XVe siècle, et, postérieurement, de vastes chapelles y ont été surajoutées. La masse des constructions présente donc des discordances de style. En outre, bâtie en contre-bas de plusieurs rues environnantes, enclavée dans de grands bâtiments, maisons, cloîtres ou chapelles, son aspect architectural est assez incohérent; on ne peut pas en saisir l'ensemble. Ces fâcheuses conditions existent pour la plupart des autres grandes cathédrales.

La façade se développe sur une petite place triangulaire; elle est percée de belles portes dites de l'*Enfer*, du *Pardon* et du *Jugement*. Le portail du milieu est large et profond; ses ébrasements sont décorés de grandes statues, et une foule de statuettes étagées d'anges et de saints peuple les archivoltes de l'ogive. Deux épais contreforts creusés de niches remplies de statues l'encadrent. Au-dessus de la corniche, des figures à mi-corps, renfermées chacune dans une arcade, représentent les apôtres réunis pour la Sainte Cène. Un grand vitrail gothique, couronné d'une balustrade à jour sur laquelle se dresse une statue, complète cette partie de la façade. Il est à regretter qu'elle soit dominée et écrasée par un lourd fronton triangulaire. A gauche s'élève un *Campanile* de quatre-vingt-dix mètres de hauteur. Sa partie inférieure, rayée de plusieurs étages de longues et minces colonnettes, est surmontée d'un balcon ; elle porte une tour octogonale flanquée de clochetons dentelés, qui se termine en pyramide aiguë entourée d'un triple étage de rayons horizontaux figurant trois couronnes d'épines. Ce campanile a un caractère remarquable de force et d'élégance. A droite, une coupole à huit pans, très élancée, couvre la chapelle Mozarabe ; elle est de Georges Théotocopuli, fils du Greco, et peut lui fairé honneur, mais au point de vue architectural, elle est en désaccord avec le style de la façade. Sur le bas côté du sud, on a plaqué une lourde porte moderne avec colonnes et fronton ; encore une discordance choquante. Un peu plus loin s'ouvre la magnifique Porte des lions (*Puerta de los Leones*), ainsi nommée à cause des lions assis sur les pilastres de la grille, qui tiennent entre leurs pattes des écussons armoriés. Cette porte est bien ogivale et du plus beau style. Pourquoi en a-t-on masqué les vantaux par un affreux tambour en bois ? Les arcs ogivaux concentriques du portail sont peuplés d'une multitude de petites statues étagées sous des dais finement découpés. Dans la partie inférieure, des statues colossales de saints et d'apôtres ont été logées dans des niches profondes ; elles sont largement drapées, très belles de pose et de mouvement, et té-

13.

moignent d'un art très avancé. La décoration de cette porte est aussi remarquable par la variété des ornements que par la perfection du travail.

L'autre côté de la cathédrale se trouve en partie masqué par un cloître qui communique avec l'église par une porte du style Renaissance le plus riche et le plus élégant. C'est la porte de la *Présentation*; elle est surmontée d'un beau bas-relief en marbre ayant pour sujet cette scène du Nouveau-Testament. On remarquera, près d'une petite porte donnant sur la rue, deux fresques de Bayeu; l'une représente un enfant enlevé par des brigands, l'autre, cet enfant attaché à une croix ; sa poitrine est entr'ouverte et l'assassin tient dans une main le cœur palpitant de la victime. Cette porte est connue sous le nom de *Porte de l'enfant volé,* et les peintures qui la décorent rappellent sans doute une légende juive du moyen âge. Le cloître est très vaste et d'un beau style ogival. Deux des portiques du patio sont décorés de grandes fresques de Bayeu qui ne sont pas sans mérite ; elles racontent les faits principaux de la *vie de saint Eugène.*

L'intérieur de la cathédrale est tout à fait imposant par la grandeur et par l'harmonie de ses proportions; quatre-vingt-huit énormes piliers, composés, chacun, de seize colonnes cylindriques en faisceaux, le divisent en cinq nefs. De leurs chapiteaux, d'un profil assez sévère, s'élancent des arcs d'ogive dont les nervures, dans la grande nef, vont se réunir à quarante-six mètres au-dessus du pavé. Tout autour s'ouvrent de grandes chapelles. *Le Coro* et *la Capilla mayor* occupent

presque toute la nef principale. Les vitraux coloriés
des roses de la façade et des transepts, ainsi que ceux
de hautes et nombreuses fenêtres, répandent dans
l'immense vaisseau un demi-jour dont les teintes variées produisent un effet solennel. Ces verrières sont
magnifiques ; elles ont été exécutées, de 1418 à 1560,
par Dolfin et par les Vergara, familles de peintres ver-
riers très célèbres. Les baies qui se trouvent du côté
du cloître attendent, seules, depuis plus de trois cents
ans, ce complément de décoration.

La *Silleria* du Coro est une œuvre capitale de Berruguete et de Felipe de Bigarny. Elle se compose de
deux étages de stalles ; les dossiers des sièges infé-
rieurs sont couverts de bas-reliefs formant une suite
de tableaux relatifs à la prise de Grenade ; ceux des
sièges supérieurs représentent, en figures plus
grandes, des scènes de l'Ancien et du Nouveau-Testament. Les stalles du second rang sont encadrées par
de fines colonnettes de marbre qui portent des arcades en plein cintre ; leur entablement, très élevé,
est creusé de niches peu profondes, à demi voûtées
en coquille, renfermant des statuettes. La composition
et l'exécution de toutes ces sculptures sont admirables ; les figures pourraient s'y compter par milliers.
Au fond s'élève le trône de l'archevêque-primat, surmonté de grandes statues et d'un groupe de Jésus-
Christ et de deux saints à genoux sur un nuage. De
chaque côté du Coro, des buffets d'orgue richement
décorés, mais de style différent, dirigent l'un contre
l'autre leurs tuyaux horizontaux.

La *Capilla mayor* est immense ; son retable, de style ogival, présente cinq étages de caissons à fond doré remplis de statues et de bas-reliefs peints figurant des scènes de l'Ancien et du Nouveau-Testament. Une statue de la Vierge et, plus haut, le groupe de Jésus-Christ entre les deux larrons, dominent le retable. Un filet doré dessine les joints des pierres de la voûte, et forme un brillant réseau aussi élégant qu'original. Les nervures des arcs sont également dorés. On a conservé, près de l'autel, le siège qu'occupait le cardinal Mendoza, lorsqu'il présidait les cérémonies religieuses, et le tombeau de cet illustre prélat, compagnon des rois catholiques à la prise de Grenade, se trouve au bas des marches. A droite et à gauche sont disposées des tombes royales et des statues, entre autres celle d'Alphonse IX, le vainqueur de Las Navas de Tolosa. Extérieurement, les murs disparaissent sous une broderie de pierre qui encadre plusieurs étages de statues de toute grandeur, logées dans des niches ou perchées au sommet de pinacles à arêtes dentelées. Il en est dont les têtes sont coloriées et les vêtements peints en blanc et rehaussés de filets d'or. La grille qui ferme la Capilla mayor peut être citée entre toutes ; le nom de son auteur est connu, c'était un maître serrurier (*maestro rejero*) appelé Francesco de Villalpando ; il consacra dix années à l'exécution de ce chef-d'œuvre. Cette grille est en bronze ciselé avec des incrustations d'or et d'argent ; un riche entablement surmonté d'écussons, de rinceaux, de balustres, la couronne, et un christ en croix, de grandeur naturelle, s'élève au sommet. Des ambons en bronze sont appliqués de chaque côté. Cet ensemble est splendide, d'un luxe de décoration peut-être excessif, mais d'un effet éblouissant et grandiose.

Derrière le retable du maître autel est une petite chapelle décorée d'une statue de la Vierge avec l'Enfant Jésus et de bas-reliefs dorés. Au-dessus, sont rangées des statues en marbre blanc, à mi-corps, représentant une cène. La voûte qui recouvre cette partie de l'église est percée d'une large ouverture éclairant vivement un assemblage incohérent et bizarre de statues, de nuages blancs, de peintures rougeâtres et de rayons jaunes suspendus à une grande hauteur. C'est un hors-d'œuvre churrigueresque du goût le plus extravagant ; on l'appelle le *Transparent*. Cette malheureuse trouée a été pratiquée, en 1732, par le cardinal de Astorga.

Il faudrait un volume pour décrire toutes les chapelles ; il n'y en a pas moins de vingt-trois ; la plupart ont été greffées sur l'édifice principal et construites à des époques différentes. La plus remarquable est celle de *saint Jacques,* au chevet même de la cathédrale ; elle est de forme octogonale et renferme les magnifiques tombeaux, en marbre blanc, de *don Alvaro de Luna* et de sa femme *doña Juana de Pimentel.* Les statues de ces illustres personnages sont couchées sur des cénotaphes richement décorés ; des figures de moines encapuchonnés sont agenouillées aux angles. Ce sont deux précieux ouvrages de sculpture, exécutés à la fin du XVe siècle par Pablo Ortiz. Don Alvaro de Luna fut

un exemple éclatant de l'inconstance de la fortune.
Favori tout-puissant de Jean II roi de Castille, connétable du royaume, vainqueur des Maures à la Higuerela et des rois de Navarre et d'Aragon à Olmedo, il
perdit la faveur du roi par suite des intrigues de ses
ennemis, fut arrêté, mis en jugement et décapité sur
la grande place de Valladolid en 1450; sa tête y resta
exposée pendant huit jours. Comme il était grand-
maître de l'ordre militaire de saint Jacques, sa femme
fit ériger leurs deux tombeaux dans une chapelle placée
sous l'invocation de ce saint. Les parois supérieures
des murs sont couvertes de leurs armoiries et de
larges coquilles de pèlerin.

Dans l'élégante chapelle de *los Reyes nuevos* se trouvent des tombeaux de souverains et de souveraines,
dont les images, en bois peint, sont couchées ou
agenouillées sur la pierre sépulcrale. La chapelle de
saint Ildefonse possède aussi plusieurs monuments
funéraires d'évêques et de chevaliers, entre autres
celui du cardinal Carillo de Albornoz. C'est un ouvrage
italien du XVI° siècle; il occupe le milieu de la chapelle. On remarquera au-dessus de l'autel un grand et
beau bas-relief en marbre blanc représentant la Sainte-
Vierge donnant une chasuble à saint Ildefonse. Cette
légende a été reproduite plusieurs fois dans la cathédrale. Le saint homme, né à Tolède en 607, en devint
archevêque, et la légende raconte que la Vierge, descendant sur la terre pour lui remettre le vêtement
épiscopal, posa les pieds sur une pierre qui en a gardé
l'empreinte. Cette pierre est conservée pieusement

comme une relique dans la chapelle *del Descendimiento.*

La chapelle du *Sagrario* est divisée en deux parties ; l'une, appelée *Ochavo* à cause de sa forme octogonale, est remplie de reliques renfermées dans des caisses, des châsses, des coffrets de toute forme, en or ou en argent, ciselés et ornés de bas-reliefs ; elle est somptueusement décorée de marbres et de bronzes. Dans l'autre partie est une curieuse statue en bois de la Sainte-Vierge, recouverte de feuilles d'argent et assise sur un trône de même métal : c'est un travail d'orfèvrerie italienne exécuté en 1674. Cette statue est vêtue de splendides étoffes constellées de pierres précieuses. Aux jours de grande solennité on la couronne d'un diadème et on l'habille d'une robe et d'un manteau de gala tissés d'or et d'argent et brodés de rubis, de diamants et de perles. Ces richesses, conservées dans le trésor de la sacristie, sont d'une valeur incalculable.

La *Sacristie* est une grande salle rectangulaire tapissée de tableaux parmi lesquels on remarquera le *Partage de la tunique* par Le Greco. C'est, dit-on, son meilleur ouvrage ; il est peint dans la manière vénitienne et est, en effet, bien supérieur comme dessin et surtout comme couleur à ses autres toiles. La voûte, par Luca Giordano, représente la *Légende de saint Ildefonse.* Cette œuvre n'est pas sans mérite, malgré quelques banalités de composition. Un rayon de soleil traversant un rideau de nuages produit un trompe-l'œil assez réussi ; il semble qu'une trouée lumineuse se soit faite dans le ciel.

En remontant la nef latérale de droite, on passe devant une porte monumentale dans le style de la Renaissance. Les vantaux, divisés en caissons, sont revêtus de plaques de cuivre couvertes de fins bas-reliefs : une statue est adossée au pilier qui les sépare. Dans le tympan de son arcade, des saints et des évêques adorent la Sainte-Vierge ; au-dessus, un grand médaillon, encadré de statues debout dans des niches à coquille, renferme un groupe de figures en haut-relief représentant une scène religieuse. Une balustrade à jour couronne cette construction, que complète un grand orgue à tuyaux horizontaux. Cette magnifique porte est la face intérieure de la porte ogivale des Lions.

Un peu plus loin, un beau tableau de Luis Tristan représente *saint François-de-Paule à genoux* sur un nuage, les bras ouverts et regardant le ciel ; un ange lui remet une crosse. La pose du Saint est noble et expressive et le coloris est riche et lumineux. L'image de saint Christophe, toujours dans des proportions colossales, est reproduite dans la plupart des cathédrales de l'Espagne ; celle que l'on voit à Tolède n'a pas moins de quatorze mètres de hauteur ; le saint se sert d'un palmier en guise de bâton.

Après la conquête de Tolède par les Musulmans, un grand nombre de chrétiens restèrent dans la ville. Les vainqueurs, plus tolérants que ne le furent les Espagnols trois siècles plus tard, permirent à ces nouveaux sujets de pratiquer leur religion et de célébrer les cérémonies de leur culte dans six églises. Ces chrétiens fidèles furent appelés *Mozarabes*. Ils conservaient la liturgie (*officium gothicum*) qui avait été fixée par saint Léandre et par saint Isidore au quatrième concile de Tolède, en 633. Vers la fin du XIe siècle, les papes cherchèrent à y substituer la liturgie romaine ; le clergé et la population s'y opposèrent. A cette époque il était d'usage de recourir au duel judiciaire pour reconnaître la vérité et faire triompher la bonne cause ; l'*Officium gothicum* et l'*Officium romanum* choisirent donc chacun un champion. Le premier fut vainqueur ; il se nommait Juan Ruiz de los Motanzos, et ses descendants, anoblis, vivaient encore au XVIe siècle. Ses adversaires ne se tinrent pas pour battus ; ils prétendirent que l'épreuve ne prouvait rien et que la victoire pouvait être due à la vigueur physique ou à l'adresse de l'un des combattants. Cette conclusion, n'était pas très logique, puisque les croyances du temps admettaient l'intervention divine. Quoi qu'il en soit, l'épreuve par le feu fut décidée ; elle devait démontrer, sans réplique, de quelle manière Dieu voulait que les cérémonies religieuses fussent célébrées. Un bûcher est allumé et les deux livres y sont jetés ; celui de l'officium gothicum reste intact, l'autre est seulement roussi. Le roi décida alors que les deux liturgies pourraient être suivies, d'où le proverbe : *Allà van leyes, do quieren reyes.* (Là vont les lois où veulent les rois.) C'est du moins ce qu'affirment l'évêque Rodrigue et le père Mariana.

La liturgie gothique tomba bientôt en désuétude, mais le cardinal Jimenès la rétablit au commencement du XVI⁰ siècle et l'autorisa dans une chapelle de la cathédrale dite *chapelle Mozarabe*. Un clergé spécial y est attaché, et les voyageurs qui sont désireux de connaître les particularités de ce rite peuvent assister à la messe qui s'y dit tous les matins. Cette chapelle, située à droite en entrant, est assez vaste; un grand rideau suspendu à la grille en cache l'intérieur. Au-dessus de l'autel est une grande et belle mosaïque italienne, la *Conception*, de la fin du siècle dernier. Les murs sont couverts d'anciennes peintures à fresque qui représentent divers épisodes des guerres entre les Maures et les chrétiens. Celle qui a pour sujet la *Prise d'Oran* en 1509 par le cardinal Jimenès a été exécutée en 1514 par Juan de Borgoña; elle est d'autant plus curieuse, quant aux détails de l'armement et de l'équipement des soldats, de la forme et du gréement des navires, qu'elle est contemporaine de l'événement. Le cardinal, à cheval, en robe rouge et précédé de l'étendard de la croix, est à la tête de l'armée. Son chapeau à glands a été conservé; il est suspendu à la voûte de la coupole.

Que de choses intéressantes n'aurait-on pas encore à voir dans cette église primatiale des Espagnes où, pendant six siècles, tant de richesses sont venues s'accumuler! Il faudrait y passer des journées entières. La cathédrale de Tolède est, sinon la plus grande, du moins une des plus belles et peut-être la plus riche de la Péninsule.

Sur la plate-forme d'un rocher qui domine le Tage, s'élève l'église de SAN-JUAN-DE-LOS-REYES placée sous l'invocation de saint Martin ; elle dépendait d'un couvent maintenant abandonné. Le quartier qui l'avoisine est désert et misérable. Là se trouvait le palais du cardinal Jimenès ; il en reste à peine quelques pierres. L'église fut érigée en 1477 par Ferdinand et Isabelle, sous la direction d'un architecte flamand Jean Guas, dans le style ogival fleuri. Sa façade, d'une date postérieure, est plate et sans caractère. Extérieurement, les murs sont ornés de deux étages de hautes arcatures et soutenus par d'épais contreforts qui s'effilent en pyramides dentelées et sont creusés de niches renfermant des statues de hérauts d'armes. Une balustrade à jour règne tout autour du toit, et, au-dessus du chœur, s'arrondit une coupole hexagonale entourée de pinacles et surmontée d'un lanternon. Dans son ensemble, l'édifice est d'une élégante simplicité. De grosses chaines sont suspendues aux murs ; ce sont celles des captifs délivrés après la prise de Grenade. A en juger par l'apparence, ces malheureux avaient une lourde charge à traîner.

L'église ne se compose que d'une seule nef très vaste et bien éclairée. Toutes les délicatesses de la sculpture sont prodiguées dans son ornementation. Au-dessus de belles arcades ogivales, une galerie finement ajourée court de pilier en pilier et, de chaque côté du maître autel, s'avance en encorbellement pour former une tribune. Sous cette galerie se développe une longue inscription en lettres gothiques dont l'effet décoratif a quelque analogie avec celui des caractères coufiques qui encadrent les stucs arabes. Les murs des transepts sont couverts des armoiries d'Aragon et de Castille, de dimensions colossales. Les couronnes, les écussons, les animaux héraldiques qui servent de supports, le nœud gordien et les faisceaux de flèches qui les accompagnent, les arcatures trilobées qui les enveloppent, sont sculptés en fort relief, fouillés et ciselés avec une rare perfection. Une chaire, d'un travail très délicat, est portée par une colonne monolithe faite d'un tronc de palmier fossile. San-Juan-de-los-Reyes est un vrai bijou de pierre; tous les détails en sont intéressants.

Le cloître attenant à l'église n'est pas moins remarquable par ses harmonieuses proportions et par la richesse de sa décoration. A chaque pilier est adossée par une statue portée par un cul-de-lampe et abritée sous un dais découpé comme une pièce d'ivoire; chaque arcade, divisée par de sveltes colonnettes, est festonnée d'une double guirlande de fleurs, de feuilles et de rinceaux. Des oiseaux, des animaux fantastiques, des figurines, se cachent dans les volutes des chapiteaux ; de longues inscriptions en lettres gothiques courent le long des murailles. Cet admirable cloître a été malheureusement très dégradé pendant la guerre de l'indépendance et les dernières guerres civiles ; beaucoup de statues ont été mutilées ; des débris gisent encore au pied des murs. Cependant on s'occupe à le restaurer ; le travail est déjà assez avancé sur trois côtés et, s'il s'achève, Tolède possédera un des plus charmants spécimens de l'art ogival fleuri.

Du rocher sur lequel San-Juan est bâti, on aperçoit,

d'un côté, la porte *del Cambron,* dont la fondation remonte au roi Goth Wamba ; de l'autre côté le regard plonge dans le profond ravin où coule le Tage. Au pied de la falaise, et près du pont *Saint-Martin,* on découvre quelques pans de murailles et une vieille tour en ruines. C'est là que se trouvaient, suivant la légende, les *Bains de la Cava,* nom donné par flétrissure à la belle Florinda, et c'est de la tour que le roi Rodrigue vit la jambe de la fille du comte Julien.

Le MUSÉE PROVINCIAL a été installé, tant bien que mal, dans les bâtiments du couvent de San-Juan. On a déposé, au rez-de chaussée, quelques fragments d'architecture gothique et arabe provenant du palais de Pierre-le-Cruel. Les salles du premier étage renferment un assez grand nombre de tableaux enfumés ; la plupart sont des copies et les originaux n'offrent que peu d'intérêt. On remarquera cependant *deux Portraits* par Le Greco, le sien et celui de Juan d'Avilla, et un assez mauvais portrait de Torquemada, qui n'a d'autre mérite que de reproduire la physionomie dure et froide du célèbre inquisiteur qui faisait trembler toute l'Espagne. On peut citer aussi une suite de cartons peints par des artistes flamands pour les tapisseries de l'Escorial ; ils représentent des scènes champêtres. L'un d'eux, par Teniers, a pour sujet un *Tir à l'arc.* Les figures sont de grandeur naturelle et coloriées dans une gamme de tons très clairs. Une grande croix en pierre blanche, dont les bras sont couverts d'ornements dans le style de la Renaissance, surmonte la porte du musée.

La plupart des églises de Tolède n'offrent que peu d'intérêt; cependant il ne faut pas négliger de visiter celle de SAN-TOME, qui renferme deux œuvres d'art très remarquables : *Élie endormi* par Alonso Cano, et les *Funérailles du comte d'Orgaz*, par Le Greco. La statue d'Élie est magnifique ; que n'est-elle en marbre ou en bronze ! Le prophète est assis ; il dort la tête appuyée sur la main ; l'expression est calme et noble, et le mouvement vrai. Il est vêtu d'une robe et d'un manteau coloriés de manière à imiter les dessins d'une riche étoffe damassée. Le saint homme n'en a sans doute jamais porté de semblables. En Espagne, le coloriage des statues était un art, ou plutôt un métier, qui prenait peu de souci de la vérité historique et des lois de l'harmonie des tons.

Théotocopuli, plus connu sous le nom du *Greco*, est né en Grèce et a étudié la peinture à Venise ; on peut cependant le considérer comme appartenant à l'École espagnole. Il habitait Tolède en 1577 et il y mourut en 1625, à l'âge d'environ quatre-vingts ans. Presque toutes ses œuvres sont en Espagne. Son fils Jorge Manuel se fixa à Tolède, et c'est lui qui a construit la coupole de la chapelle Mozarabe de la cathédrale. Le Greco est un peintre bizarre, à tel point que quelques-uns de ses tableaux feraient croire qu'il ne jouissait pas toujours de la plénitude de ses facultés. L'ordonnance de ses compositions est confuse et étrange, le dessin peu correct, le modelé sans relief, le coloris terne et d'un gris blafard. Malgré tous ces défauts, il a une personnalité bien accusée et il possède une puissance d'expression et une fierté de touche qui pourraient le mettre au rang des maîtres. Le tableau des *Funérailles du comte d'Orgaz* est une de ses œuvres les plus importantes. Au premier plan, un évêque et un diacre portent, dans un drap, le corps du comte revêtu de son armure ; au second plan, sont rangés, côte à côte et suivant une ligne horizontale, des seigneurs, debout, vus de face : tous sont vêtus de noir. Les têtes, d'un type très espagnol, sont enveloppées jusqu'aux oreilles d'une golille blanche bien raide. Dans le ciel, sous le cintre du cadre, apparaissent des anges et des bienheureux portés par des nuages. Les grandes figures du premier plan sont très belles de mouvement, et même d'un coloris très vigoureux ; l'évêque, surtout, est magnifique. La rangée des personnages à collerette produit un effet bizarre, et les groupes célestes sont disposés d'une manière confuse ; il n'y a ni air, ni lumière, ni modelé ; la tonalité générale est noire ou blafarde et sans transparence. Cependant cet étrange tableau a un aspect saisissant qui peut captiver longtemps l'attention ; tel qu'il est, c'est une œuvre magistrale. Le musée de San-Fernando, à Madrid, en possède une copie ou une reproduction, mais seulement pour la partie inférieure.

Près de la place Zocodover s'ouvre une large arcade, la *Puerta del Sangre*, qui conduit, par une rue escarpée, à l'ancien *Hôpital de Santa-Cruz* fondé par le cardinal Mendoza. Cet hôpital est maintenant une maison d'éducation affectée à des orphelins militaires des deux sexes. Le portail d'entrée est élégamment décoré dans le style platéresque ; l'entablement, porté par des colonnes, est surmonté d'un double arc en plein cintre dont le tympan renferme un groupe représentant, en haut relief, le cardinal Mendoza agenouillé devant une croix, entre saint Pierre et saint Paul. Dans les voussures des archivoltes, des statuettes s'abritent sous des dais ajourés ; au-dessus, et entre deux fenêtres flanquées de colonnes, une arcade plus petite enveloppe un bas-relief qui a pour sujet la scène de la Présentation. La corniche est surchargée d'un lourd attique percé de quatre fenêtres carrées et couronné par un fronton dans lequel sont sculptées les armoiries du cardinal. Cette façade, dont les détails sont charmants, est malheureusement plaquée sur une haute muraille nue et triste, et ses différentes parties manquent de proportion ; elle est, en outre, assez dégradée.

Le *patio* intérieur, entouré d'un double étage de portiques, est précédé d'une immense salle, sorte de vestibule autour duquel s'élèvent de hautes colonnes portant d'élégants arceaux couverts d'une riche ornementation. Dans un angle, un escalier monumental conduit aux étages supérieurs ; il est décoré de stucs ; chacune des assises de sa cage est taillée en bossage et présente, en relief, une rosace, une étoile ou un fleuron. La chapelle est vaste et assez nue, mais son plafond en bois sculpté est magnifique. Ce qui reste de la fondation du cardinal Mendoza peut donner une idée du luxe architectural des établissements religieux en Espagne, au XVIe siècle.

Sur le point culminant de la ville, et dominant le

pont d'Alcantara et le Tage, s'élève un grand bâtiment flanqué aux angles de tours carrées ; on l'appelle *Alcazar*, mais il n'a rien d'arabe. Construit par Charles-Quint et incendié plusieurs fois, il a été restauré ou plutôt réédifié après la guerre de l'indépendance. On en a fait une école militaire, et il a bien l'air d'une caserne. Cependant, la cour d'entrée a un aspect monumental ; elle est entourée de portiques ; au milieu, on voit un groupe en bronze de Pompeo Leoni représentant Charles-Quint debout, une lance à la main ; derrière lui est un vieillard renversé et enchaîné. Le piédestal porte l'inscription suivante : *Quedare muerto, o entrare Vencedor en Tunis.* (Je resterai mort, ou j'entrerai vainqueur à Tunis.) Les verbes ont été mis au futur, mais l'action était accomplie depuis longtemps. Ce groupe pourrait vouloir dire tout autre chose ; en ce sens, il est banal, mais comme œuvre de sculpture, il est bien exécuté.

Les autres monuments civils, le *Palais archiépiscopal* et le palais de l'*Ayuntamiento,* n'offrent rien de remarquable. Celui-ci a été construit par le fils du Greco ; sa façade, surmontée d'un fronton triangulaire, est flanquée de deux tours carrées se terminant en flèche.

L'HOPITAL MILITAIRE est situé hors de la ville ; sa chapelle possède deux œuvres d'art intéressantes à des titres différents. L'une est un tableau du Greco, le *Baptême du Christ,* assemblage incohérent de figures mal dessinées, ternes, incolores, disposées sans perspective. On prétend que Le Greco était fou lorsqu'il peignait ce tableau. L'autre est le *tombeau,* en marbre

14

blanc, du *cardinal Tavera*, par Alonso Berruguete; il est de 1560. La statue couchée sur le cénotaphe est magnifique de style et d'expression; les statuettes placées autour du socle sont un peu strapassées, mais les bas-reliefs qui le décorent sont d'une grande perfection d'exécution; celui de la *Charité*, sur la face antérieure, est charmant. Berruguete était un grand artiste qui savait tailler le marbre aussi bien que le bois.

Devant l'hôpital s'ouvre une jolie promenade d'où la vue s'étend sur la vallée dans laquelle le Tage décrit de larges courbes. Les coteaux qui bordent ce fleuve sont dépourvus de grande végétation, et la verdure qui les couvre contraste vivement avec la couleur rouge de leurs escarpements. On aperçoit, à peu de distance, les restes d'un cirque romain effleurant à peine le sol, et, plus loin, de hautes cheminées vomissant une épaisse fumée. Ce sont celles de la manufacture d'armes blanches fondée dans la seconde moitié du siècle dernier par Charles III, le souverain le plus administrateur qu'ait eu l'Espagne.

Les lames de Tolède ont joui jadis d'une célébrité européenne et la fabrication des armes offensives et défensives occupait des milliers d'ouvriers, jusqu'à ce que l'usage des armes à feu fût devenu général. Les procédés qui donnaient à l'acier de Tolède une trempe supérieure avaient sans doute été importés en Espagne par les Arabes, qui les tenaient des Persans. Cette supériorité n'existe plus. Cependant, on fabrique encore à Tolède des lames d'épée plates, d'une flexibilité et d'une élasticité telles qu'avec un léger effort on peut leur donner la forme d'un cercle, et, qu'abandonnées ensuite à elles-mêmes, elles reprennent leur forme rectiligne après quelques oscillations. Pour une arme offensive, ce serait un médiocre avantage. Aujourd'hui, l'État est le principal fabricant, et il ne travaille que pour lui. Néanmoins, il existe encore dans la ville quelques artisans qui confectionnent des armes de fantaisie, de la coutellerie et de menus objets, tels que des broches, des épingles, des coupes, des coffrets, etc., etc., ciselés et damasquinés avec beaucoup d'art. Ils les vendent fort cher aux étrangers.

Tolède, malgré, ou plutôt à cause de sa profonde décadence, est une des villes les plus curieuses, les plus originales de l'Espagne. On y rencontre à chaque pas des restes intéressants, quoique très dégradés, de son ancienne splendeur. Un patriote toledan a trouvé matière à composer une monographie de sa ville qui n'a pas moins de deux volumes de 750 pages chacun ; la cathédrale seule remplit un volume, et il appelle modestement ces deux gros livres : *Toledo en la mano*. Que serait donc une description détaillée ! Un voyageur qui passe ordinairement deux jours, trois jours au plus, dans cette petite ville, dont le meilleur hôtel n'est qu'une médiocre auberge, pourrait alors se dire, en partant, qu'il n'a presque rien vu ; cependant, il conservera de ce qu'il aura vu un souvenir ineffaçable.

CHAPITRE XII

Madrid. — Ville. — Monuments. — Palais-Royal. — Armeria.
Église d'Atocha. — Le Prado. — Le Parc. — Courses de
chevaux. — Romeria de San-Isidro.

ON arrive à Rome après avoir traversé, pendant plusieurs heures, une plaine ondulée, sans arbres, presque sans habitations, couverte de paturages et traversée par un fleuve au cours sinueux ; on passe, sans transition, de la solitude d'un désert au mouvement d'une capitale. Il en est à peu près ainsi pour Madrid. A quelque distance de Tolède, on quitte la vallée du Tage et l'on s'élève sur un plateau vallonné, aride, désert, dépourvu de grande végétation. La campagne de Rome est verdoyante, encadrée de montagnes d'un profil sévère, sillonnée de belles ruines d'aqueducs ; le fleuve qui l'arrose est le Tibre ; elle a un caractère solennel. Celle qui entoure Madrid est triste, monotone et vulgaire. Le *Manzanarès*, qui coule au pied du coteau sur lequel la ville est bâtie, est un torrent en hiver et une maigre rivière presque à sec pendant l'été. Dans cette saison, dit Mme d'Aulnoy, « on peut s'y promener en carrosse; » c'était même la promenade à la mode à la fin du XVIIe siècle. Elle raconte aussi que l'ambassadrice de Danemarck venait s'y baigner, après avoir fait creuser un grand trou dans un banc de gravier, et elle ajoute : « C'est le seul bain dont on puisse user dans la rivière. » Deux ponts de dimensions monumentales et décorés de statues, les *Ponts de Ségovie et de Tolède*, traversent le Manzanarès; ils ont été construits à grands frais, et, au dire de Mme d'Aulnoy, de mauvais plaisants prétendent qu'on devrait vendre les ponts pour acheter de l'eau. Quoi qu'il en soit, le Manzanarès a son utilité; c'est lui qui blanchit le linge des Madrilègnes; ses rives sont peuplées de laveuses et les prairies qui le bordent pavoisées de serviettes et de draps étendus sur des cordes.

Madrid est, après Saint-Pétersbourg, la capitale la plus moderne des États européens. Au commencement du XVIe siècle, sa population n'était encore que de 5,000 habitants, si les recensements de ce temps-là étaient exacts; aujourd'hui, elle s'élève à plus de 400,000. Charles-Quint, toujours errant et guerroyant, y vint plusieurs fois. C'est à Madrid que François Ier fut gardé prisonnier et que fut signé le traité qui suivit la bataille de Pavie; néanmoins, c'est seulement en 1560 que Philippe II prit cette ville pour capitale de son royaume. Ce choix pourrait paraître assez étrange; le pays est stérile, triste, sans eau, sans arbres, le climat dur et inégal, brûlant en été, froid en hiver à cause de son altitude (655 mètres). Mais Madrid est le

14.

centre topographique de la Péninsule; en outre, n'ayant pas de passé historique, elle ne pouvait pas exciter la jalousie des villes où les rois avaient successivement résidé pendant leurs luttes séculaires contre les Musulmans, Burgos, Valladolid, Tolède, Séville, Grenade, Cordoue, et qui d'ailleurs, Valladolid et Tolède exceptées, se trouvaient situées aux extrémités du royaume.

Pendant la première moitié du XVIIe siècle, Madrid fut un brillant foyer littéraire; c'était pourtant une époque de décadence politique. Alors que Rotrou et Corneille, les pères de notre théâtre classique, n'avaient encore rien produit, Lope de Vega d'abord, ce fécond improvisateur de dix-huit cents pièces et de quatre cents *autos sacramentales*, puis Calderon de la Barca, faisaient représenter leurs œuvres à la cour de Philippe III et de Philippe IV. Nos poètes s'en sont inspirés et les ont même imitées. Madrid peut donc revendiquer l'honneur d'avoir été le berceau de notre littérature dramatique.

De Madrid (monter) *au ciel, et dans le ciel, avoir une petite fenêtre pour voir Madrid* (1), est une phrase très courante... à Madrid, dit Eugenio de Ochoa; toutefois, il ajoute qu'il ne comprend pas la raison d'un semblable enthousiasme. Il faut, en effet, avoir une forte dose de patriotisme local pour faire de Madrid un paradis. C'est néanmoins une grande et belle ville, bien vivante, bien pourvue de tout ce qui est nécessaire à

(1) « De Madrid al cielo y, en el cielo, una ventanita para ver à Madrid ! »

une population civilisée. Madrid n'a pas de physionomie particulière bien caractérisée, elle est plus européenne qu'espagnole; quoique capitale d'un grand
royaume, elle ne possède aucun monument, aucune
église, aucun palais offrant un réel intérêt architectural. Au centre de la ville se développe une vaste place,
la *Puerta del Sol*, dont rien ne justifie la dénomination
de Porte du Soleil; elle a, à peu près, la forme d'un
segment de cercle dont une partie de la corde serait
représentée par la façade du palais du ministère de
l'intérieur (*Gobernacion*), grand et lourd bâtiment surmonté d'un campanile à horloge. C'est le cœur de la
ville; c'est là que viennent aboutir toutes ses grandes
artères, les rues d'*Alcala,* de *San-Geronimo,* de *Car-
retas, Mayor, del Arenal,* de *Preciados, del Carmen, de la
Montera* : au milieu, une fontaine jaillissante verse ses
eaux dans un large bassin. Il y a sur cette place une
circulation continuelle de piétons, de voitures, d'omnibus, de tramways, un mouvement incessant de marchands d'oranges, d'eau fraîche, de journaux, de billets
de loterie, d'allumettes, dont la cigarette fait faire une
énorme consommation. Les maisons qui l'entourent
sont très élevées et de belle apparence; des cafés, de
riches magasins, occupent les rez-de-chaussée. Le soir,
la Puerta del sol est le rendez-vous des promeneurs,
et ils sont nombreux. On peut y flâner longtemps.

En remontant *la Calle mayor,* on trouve, à gauche,
une autre vaste place rectangulaire, la *Plaza mayor,*
reconstruite sous Philippe III. Elle est entourée de
portiques sous lesquels s'ouvrent des boutiques. Les

maisons, d'une architecture uniforme, ont trois étages avec balcons; quelques-unes sont surmontées d'une tour carrée se terminant en pyramide. C'est dans l'une d'elles, *la Panaderia*, que se tenait la cour quand elle venait assister aux auto-da-fé et aux courses de taureaux dans lesquelles les grands seigneurs figuraient comme acteurs. Au milieu, s'élève, sur un haut piédestal, la statue équestre en bronze de Philippe III. Cheval et cavalier sont bouffis comme s'ils étaient en baudruche. Un bassin, des massifs de fleurs et des pelouses plantées complètent la décoration. De larges arcades mettent la place en communication avec les rues qui y aboutissent.

Le quartier de la Plaza mayor est le vieux Madrid; il se compose de petites rues mal bâties, étroites et tortueuses, tandis que les autres parties de la ville sont généralement percées de voies droites et bien ouvertes. En continuant de suivre la *Calle mayor*, on passe devant une place sur laquelle on aperçoit une tour carrée s'appuyant à un grand bâtiment dont la façade est dans le style de la Renaissance; c'est *la Casa de los Guzmanes,* où François Ier fut emprisonné après la bataille de Pavie. Si, à l'extrémité de cette rue, on se dirige vers la droite, on arrive bientôt devant le PALAIS DU ROI. Cet édifice a été construit au milieu du siècle dernier; son immense façade blanche, se développant en longueur, paraît écrasée parce qu'elle n'est pas proportionnée à sa hauteur. Elle est percée de deux étages de fenêtres encadrées de pilastres, et surmontée d'une balustrade qui cache la toiture. Au centre et aux extrémités, des pavillons en saillie sont décorés de colonnes ioniques. Vue de l'autre côté, c'est-à-dire des rives de Manzanarès, cette façade se présente mieux ; elle ne manque même pas d'élégance ; elle paraît moins longue, élevée qu'elle est au-dessus de hautes terrasses, de jardins et de pentes boisées qui descendent jusqu'à la rivière. De vastes servitudes sont annexées au palais; elles ne sont pas encore terminées. A gauche, elles entourent une grande place d'armes où, tous les matins, se passe la revue de la garde montante. Le poste royal est presque une petite armée qui comprend même une section d'artillerie de montagne. Officiers et soldats sont galonnés sur toutes les coutures; les officiers portent, comme insignes de leur grade, de larges chevrons dorés qui couvrent tout le bras et montent jusqu'à l'épaule; les cavaliers ont un peu l'air d'écuyers de cirque, avec leurs passementeries jaunes sur des vestes rouges et des pantalons bleus dont la propreté n'est pas irréprochable : ils sont bien montés, bien en selle et manient leurs chevaux avec beaucoup d'aisance.

C'est dans un des bâtiments qui entourent la place d'armes que se trouve L'ARMERIA, collection très riche et très intéressante d'armes artistiques et historiques. Elle est cependant assez incomplète, en ce sens qu'elle possède peu d'armes antérieures au XVᵉ et même au XVIᵉ siècle, et que la série des engins de guerre présente beaucoup de lacunes. Néanmoins, on remarquera de magnifiques armures de Charles-Quint, de ses successeurs et des capitaines qui ont illustré leurs règnes, tels que Gonzalve de Cordoue, Don Juan d'Autriche, Fernand Cortès, le duc d'Albe, etc., etc. Ce sont d'admirables œuvres d'art, ciselées, gravées, damasquinées, couvertes d'ornements et de figurines en relief. Le luxe des armures était très grand à l'époque de la Renaissance ; les artistes les plus renommés y contribuaient. Un bouclier représentant l'*Enlèvement des Sabines*, celui de *Dejanire* et le *Combat des Centaures* et des *Lapithes*, est une œuvre remarquable de Benvenuto Cellini. D'autres boucliers ont été exécutés sur des dessins de Raphaël (*une Bataille aux environs de Carthage*), et de Jules Romain (*Hercule transportant les colonnes du monde aux confins du vaste empire de Charles-Quint*, d'où la devise : *non plus ultrà*). Les mannequins qui figurent des personnages célèbres dans leur riche harnais de guerre sont fièrement campés sur des chevaux de bataille bardés de fer. Ainsi chargés et équipés, ils devaient se mouvoir bien difficilement. Des trophées sont composés d'épées auxquelles se rattachent des souvenirs historiques. La fameuse *Colada* du Cid Campeador se trouve dans l'un d'eux ; c'est une longue et large lame de Tolède à six pans ; elle n'a plus de poignée. Toutes ces richesses sont serrées les unes contre les autres, et comme entassées dans une longue galerie ; elles manquent d'espace. Un incendie en a, dit-on, détruit une partie en 1884 ; ce serait une perte irréparable.

Devant la façade principale du palais royal s'étend une grande place demi-circulaire, plantée et gazonnée ; elle est entourée de statues colossales assez sommairement sculptées, et qui n'étaient sans doute pas destinées à être vues d'aussi près. Au milieu d'une enceinte ovale s'élève la statue équestre en bronze de *Philippe IV* par Tacca, artiste florentin. Cette statue jouit d'une grande réputation en Espagne; cependant, elle est lourde, le cheval est trop court, et, au lieu de développer sa queue, comme le fait un animal en action, il la serre entre ses jambes. Le roi porte en sautoir une écharpe nouée par derrière, dont les bouts doivent être flottants; coulés en métal, ils forment un appendice dorsal d'un effet bizarre et peu sculptural. Ce groupe aurait été exécuté d'après un beau portrait de Velasquez qui se trouve au musée du Prado; mais les chevaux peints par ce célèbre artiste sont, en général, d'encolure massive, et, quant à l'écharpe, la rigidité du métal ne permet pas de produire l'illusion qu'on obtient par des artifices d'ombre et de lumière.

Il y a en Espagne neuf archevêchés et cinquante-quatre évêchés; la capitale religieuse est la petite ville de Tolède. Madrid, la capitale politique, la plus grande ville du royaume, ne possède ni cathédrale ni évêque; au spirituel, elle dépend de Tolède (1). Sa principale église s'appelle Notre-Dame-d'Atocha; du moins, c'est là que se célèbrent les solennités religieuses officielles, que le roi et la cour vont assister aux services divins, que les reines vont faire leurs relevailles; elle se pare du titre de basilique. Cette église est située

---

(1) Un évêché a été institué à Madrid en 1885, et San-Isidro a été érigé en cathédrale.

en dehors de la ville sur un plateau qui domine la vallée du Manzanarès. *Atocha* veut dire genêt; sans doute il y avait là, jadis, un lieu de pèlerinage au milieu des champs. Aujourd'hui, c'est une grande chapelle attenante à une caserne d'invalides militaires. Elle n'a aucun caractère architectural. Sa décoration intérieure est assez riche, et des drapeaux nationaux et étrangers sont suspendus à la voûte au-dessus du maître autel. A droite, en entrant, est une chapelle remplie d'*ex-voto* qui renferme un grand christ en bois vêtu d'un jupon rouge bordé d'un galon d'or ; une longue chevelure, c'est-à-dire une perruque, couvre ses épaules; les mains, les bras, le côté, les genoux, les pieds, sont rayés de lignes sanglantes. Le réalisme est complet et bien espagnol. Dans la chapelle où se trouve le tombeau du général Castaños, un autre christ, également couvert de sang, est couché sur l'autel dans une grande cage de verre, la tête posée sur un coussin. En face est la chapelle de Palafox, le défenseur de Saragosse en 1808. Plusieurs autres célébrités militaires contemporaines sont enterrées dans l'église d'Atocha. Le tombeau du marquis de Duero est surmonté d'une statue de marbre blanc portant de grandes ailes dorées, coiffée d'un casque à cimier et tenant à la main le portrait du défunt dans un médaillon. C'est laid et bizarre. Le mausolée du maréchal Prim, assassiné en 1870, occupe presque toute une chapelle, à gauche. La statue du maréchal est couchée sur un haut cénotaphe que recouvre un dais à jour en fer ciselé, décoré de rinceaux, de volutes, d'arabesques. Ce travail de serrurerie est une véritable œuvre d'art d'un aspect original et d'une exécution élégante et soignée.

Saint Isidore (*San Isidro*), archevêque de Séville au VIIe siècle, était un grand docteur et un grand saint ; Madrid s'est placée sous son patronage. L'église qui lui est dédiée dépend d'un couvent ; elle est assez vaste et à une seule nef. La coupole est peinte en blanc et or ; toutes les chapelles ont des retables dorés renfermant des tableaux et des groupes de statues en bois peint ; l'un d'eux figure une descente de croix composée de six personnages de grandeur naturelle. Les tableaux, et il y en a un certain nombre de maîtres célèbres, sont perdus dans l'obscurité. Cependant deux grandes toiles représentant, l'une un *Missionnaire convertissant des sauvages*, l'autre *Saint Paul renversé de son cheval*, sont mieux éclairées et dignes d'attention. On remarquera une chapelle dont la coupole est entièrement revêtue de marbre rouge ; l'architecture en est assez élégante, mais les parois sont couvertes d'une profusion d'ornements en stuc blanc qui la font ressembler à une grande pièce de confiserie. A gauche, en entrant, s'ouvre une autre chapelle obscure dorée sur toutes ses moulures ; des miroirs de toutes formes et de toutes grandeurs sont enchassés entre les pilastres. C'est un clinquant du plus mauvais goût.

Les églises de Madrid n'offrent aucun intérêt ; la plupart sont modernes, d'un style banal et, intérieurement, elles se ressemblent, plus ou moins, avec leurs lourds piliers, leurs chapelles obscures, leurs retables à colonnes torses, dorés et surchargés d'ornements et de statues en bois peint.

La rue d'*Alcala* est la maîtresse rue de Madrid ; elle est très large, bordée de belles et hautes maisons, d'hôtels, de palais, et elle conduit, par une pente douce, de la Puerta-del-sol au Prado. La circulation des voitures et des piétons y est toujours très active ; c'est là que se trouvent le musée *San-Fernando* (École des beaux-arts), le Ministère des finances, et, près du Prado au fond d'un beau jardin, le Ministère de la guerre, palais somptueux qui fut habité par Godoy, prince de la Paix et par Espartero, duc de la Victoire, la Paix et la Victoire étant érigées en fiefs. La rue *San-Geronimo* suit une direction presque parallèle à celle d'Alcala, elle aboutit à la place de la Chambre des députés (*de los Cortès*). Le palais des honorables législateurs de l'Espagne a été construit, il y a une quarantaine d'années, dans le style greco-romain, avec perron, péristyle à colònnes corinthiennes et fronton triangulaire. Le tympan de ce fronton est rempli par un groupe d'une composition confuse et compliquée représentant l'*Espagne recevant la loi*. Deux lions sont préposés à la garde du perron. Le reste de la façade est nu, et l'élégance un peu excessive du péristyle ne s'accorde guère avec la pauvreté du corps de l'édifice. En face de ce palais, au milieu d'une petite place plantée, se dresse, sur un trop haut piédestal, la statue en bronze de *Miguel Cervantes*. L'illustre et malheureux auteur de don Quijote est vêtu comme un brillant gentilhomme de cour ; il porte l'épée et tient dans la main droite un rouleau de papier. Le mouvement est vrai, l'exécution correcte, mais ce n'est pas ainsi qu'on aurait dû représenter le glorieux blessé de Lépante, l'humble protégé du duc de Lemos, l'écrivain qui mourut pauvre et méconnu. A sa mort, en 1616, il habitait la rue du Lion, qui se nomme aujourd'hui *rue Cervantes.* Cette circonstance est rappelée par une inscription gravée sur une plaque de marbre appliquée à la façade d'une maison de modeste apparence, qui n'est certainement pas la même que celle où mourut l'auteur « dont le monde admire le génie », *cuyo ingenio admira el mundo,* dit l'inscription.

Les environs de Madrid, tristes, déserts, sans ombrages, invitent peu à la promenade ; c'est au Parc et au Prado que les Madrilègnes vont chercher ce genre de distraction ou d'exercice. Dans l'après-midi de certains jours de la semaine, le PRADO est le rendez-vous général ; il est alors très gai et très animé ; cependant cette promenade n'a rien de particulièrement récréatif. C'est une grande avenue qui s'allonge dans un pli de terrain entre la ville ancienne et ses nouveaux quartiers ; les voitures circulent au milieu sur une large chaussée ; les contre-allées, réservées aux piétons, sont plantées de plusieurs rangées de grands arbres et bordées de maisons. Le Prado se divise en deux parties, à la hauteur de la rue d'Alcala ; l'une, dite le *Salon,* est large comme une place. Là, tous les jours, les enfants viennent prendre leurs ébats. L'autre, dite des Récollets *(Paseo de los Recoletos),* est plus étroite et se prolonge, sous le nom de *Castellana,*

en dehors de la ville, jusqu'à l'hippodrôme. C'est
devant le Salon que se trouvent le Jardin botanique, le
Musée de peinture, les jardins du *Buen retiro* et le
monument du *Dos de mayo* (2 mai). Ce monument, destiné à glorifier la résistance des Madrilègnes à l'invasion française, se compose d'un haut soubassement en
forme de sarcophage ; il est surmonté d'un obélisque,
flanqué de statues allégoriques et couvert d'inscriptions commémoratives. Son aspect est simple et sévère
comme il convient à un monument funéraire érigé en
l'honneur des défenseurs de l'Indépendance nationale.
Deux de ces défenseurs, *Daoiz* et *Velardo*, ont été le
prétexte d'un groupe en marbre représentant des citoyens drapés d'un manteau, brandissant un glaive
et se donnant la main dans une pose tout à fait mélo-
dramatique. Ce groupe s'élève sur un haut piédestal
devant le musée.

Quoique Madrid soit bâtie sur un plateau aride, elle
est largement approvisionnée d'une eau limpide que le
canal de *Lozoya* va chercher à soixante-dix kilomètres
de la ville. Ce sont les dieux de l'Olympe qui président
à la distribution de ces eaux jaillissantes dans le
Prado. Apollon, debout sur un fût de colonne porté par
un socle très élevé aux angles duquel sont assises les
statues allégoriques des quatre saisons, est le motif
principal d'une fontaine qui ne manque pas d'élégance. Plus loin, Cybèle est assise sur un char traîné
par des lions qui trottent paisiblement et lèvent une
patte de devant avec un ensemble digne de chiens
savants ; une gerbe d'eau jaillit devant elle. De l'autre

côté, Neptune, armé de son trident, se tient debout sur un char en forme de coquille; il dirige un attelage d'épais hippocampes; un serpent s'enroule sur son bras droit. Les roues du char n'ont pas de jantes, elles ressemblent à celles d'un bateau à vapeur. En général, les ouvrages de sculpture qui décorent les places publiques, en Espagne, laissent beaucoup à désirer sous le rapport du goût et du style.

Au delà de la rue Alcala, les promenades des Récollets et de la Castellana, qui font suite au Prado, forment une longue avenue ombragée de grands arbres et bordée d'élégants hôtels entourés de jardins en fleurs et de massifs d'arbres verts ; c'est un quartier nouveau qu'habite la riche aristocratie madrilègne. Au milieu d'un rond-point, devant la fabrique des monnaies, une statue a été érigée à *Christophe Colomb*. Le grand navigateur, debout sur un fût de colonne, tient un drapeau ; un rouleau de cordages, une sphère et d'autres attributs de même nature, sont déposés à ses pieds. Cet ensemble se compose bien, la statue a une belle tournure, mais le fût de la colonne et le socle sont surchargés d'ornements au moins inutiles. Près de l'hippodrôme, un groupe en bronze, élevé sur un large plateau de granit, représente *Isabelle-la-Catholique*, à cheval, élevant la croix de la main droite ; un moine, à pied, accompagne la reine ; de l'autre côté un soldat conduit son cheval par la bride. Les statues sont bien groupées et d'un bon mouvement. La plate-forme, ou plutôt la table sur laquelle elles sont posées, est portée par un pied central et par quatre minces colonnes ; il en résulte un vide et un défaut de proportion entre les supports et la masse supportée qui produisent un assez mauvais effet. Une inscription rappelle que « sous le règne d'Isabelle, l'Espagne fut réunie à l'Amérique découverte ». Il n'est pas question de Ferdinand, qui y était sans doute pour quelque chose; mais la galanterie espagnole a donné à Isabelle une popularité que ne partage pas son époux.

Au delà du Prado s'étend une belle et grande promenade, *el Parque ;* c'est le bois de Boulogne des Madrilègnes. Elle est bien dessinée, bien plantée, égayée par des massifs de fleurs variées. Les voitures circulent dans de larges allées ombragées de beaux arbres et bordées de rigoles dans lesquelles court une eau murmurante; les piétons peuvent s'égarer dans des labyrinthes de petits sentiers capricieusement tracés au milieu de bouquets d'arbustes. Dans un rond-point, s'élève une fontaine ornée d'une statue attachée sur un rocher par les replis d'un serpent et se tordant sous l'étreinte de la douleur. Singulier motif de décoration pour un lieu de récréation! C'est la *Fuente de la China.* A l'une des entrées du Parque est un grand bassin, presque un lac, sur lequel flottent de petits bateaux mis à la disposition des amateurs de sport nautique. Des restaurants et des cafés complètent les attractions offertes au public.

Un dicton malveillant prétend qu'il n'y a à Madrid que deux saisons : neuf mois d'hiver et trois mois d'enfer. C'est trop dire. Il est vrai que pendant l'hiver un froid pénétrant descend des sommets neigeux du

Guadarrama sur son plateau dénudé, et que les chaleurs de l'été y sont desséchantes, mais les saisons
intermédiaires sont belles. Au mois de mai la ville de
Madrid est un séjour très agréable; le soleil est brillant, les jardins sont en fleurs et les arbres feuillus;
c'est alors que s'inaugurent les courses de chevaux et
de taureaux, et que se célèbre le grand pèlerinage
(*Romeria*) de Saint-Isidore.

Le jour d'une course de chevaux, une foule nombreuse descend la rue Alcala et se dirige vers l'Hippodrôme en suivant les allées des Récollets et de la Castellana. Le champ de course, de forme elliptique, est
établi sur un terrain assez inégal, entre deux collines
pelées. Une tribune, pour les invités, s'adosse à l'une
d'elles; l'autre est couverte de curieux qui se groupent
sur les pentes. Les uns se promènent, d'autres, assis,
déballent les comestibles qu'ils ont apportés et les
consomment pendant les trop longs intervalles qui
séparent chaque course. De tous côtés circulent des
marchands de gâteaux, d'oranges, d'eau plus ou moins
fraîche, voire même de billets de loterie. Les péripéties
du sport paraissent suivies avec assez peu d'intérêt.
L'Hippodrome est un but de promenade, et les courses
sont une occasion de repas en plein air; leur pro-
gramme est d'ailleurs peu varié. Le spectacle le plus
animé est celui du retour. Un grand nombre de voitures
étaient rangées dans l'enceinte, devant les tribunes;
aussitôt que les derniers chevaux ont couru, toutes se
mettent en mouvement et rentrent en ville. Le prome-
neur qui ira, alors, s'asseoir dans l'avenue des Récol-

lets verra défiler une foule de cavaliers, d'amazones, de brillants équipages à deux et à quatre chevaux ; il remarquera des toilettes très riches, mais d'un goût qui n'est pas toujours irréprochable. Toute proportion gardée, ce spectacle rappelle celui des Champs-Élysées un jour de course au bois de Boulogne. Le flot des personnes à pied s'écoule dans les contre-allées. Peu d'hommes, sauf quelques *majos*, portent un costume national ; beaucoup de femmes sont jolies ; elles ne dédaignent cependant pas l'artifice de la poudre de riz, du carmin et du crayon noir qui rehausse la fraîcheur du teint et l'éclat des yeux. Toutes jouent de l'éventail, comme à Séville ; un grand nombre, et ce sont les plus jeunes, ont remplacé l'élégante mantille, qui encadre si gracieusement le visage, par d'affreux chapeaux à l'instar de Paris, et leur toilette offre trop souvent un assemblage de couleurs vives assez discordantes. Le roi assiste ordinairement aux courses ; il s'y rend, sans escorte militaire, dans une voiture très simple correctement attelée de quatre beaux chevaux. La foule le salue silencieusement au passage. Alphonse XII est un jeune homme brun, d'un type bien espagnol, d'une physionomie sérieuse et distinguée (1). Tout le long des avenues qui conduisent à l'Hippodrome, de petites boutiques en plein vent, très propres, offrent aux promeneurs altérés des citrons, des oranges, de l'eau raffraichie dans des *alcarazas*,

(1) Alphonse XII est mort le 25 novembre 1885, à l'âge de vingt-huit ans.

sucrée avec des *azucarillos* et aromatisée par des liqueurs diverses.

Les Espagnols en général, et les Madrilègnes en particulier, sont passionnés pour les courses de taureaux, et les premiers sujets de la tauromachie tiennent à honneur de figurer dans celles de la capitale. Le cirque est situé en dehors de la ville, derrière le quartier neuf d'Alcala, et, quoiqu'il ne contienne qu'environ douze mille personnes, c'est de ce côté que se dirige presque toute la population de Madrid le jour des *corridas*. Pour un étranger, ce spectacle est très caractéristique. La foule se compose surtout de personnes appartenant à la classe ouvrière et bourgeoise ; de tous côtés arrivent, au grand galop, des voitures, des omnibus, des tramways attelés de six, huit et même dix mules empanachées, secouant leurs grelots retentissants et leurs pompons multicolores. Tous ces véhicules sont surchargés de monde. On voit passer les *picadores* à cheval, coiffés d'un large sombrero et armés d'une longue lance. Les *capeadores*, les *banderilleros*, les *espadas*, en voiture découverte, exhibent leurs riches costumes brodés et pailletés. C'est un mouvement plein de gaieté et d'animation. Ce jour-là les Espagnols oublient leur flegme habituel.

La grande fête de Madrid, au mois de mai, est le pèlerinage (ROMERIA) à la chapelle de San-Isidro située sur l'autre rive du Manzanarès, près du pont de Tolède. La fête s'ouvre le 15 mai et dure deux semaines ; la population entière de Madrid y prend part. Le premier jour est pour le peuple, le second pour l'aristocratie.

15.

Dès l'aurore, la place de la Puerta-del-Sol et les rues qui y aboutissent se remplissent de véhicules de tout genre et de toute forme attelés de chevaux, d'ânes, de mules. Les conducteurs provoquent les passants en faisant claquer leur fouet et en criant à tue tête : *Al Santo, al Santo !* La plupart des boutiques se ferment. Fiacres, carrioles, tapissières, omnibus, se remplissent incessamment et se précipitent vers l'ermitage du saint évêque, au milieu de tourbillons de poussière, par le chemin des huit fils *(camino de los ocho hilos)* et le pont de Tolède, ou par la *calle mayor* et le pont de Ségovie. Une multitude de gens à pied les suit à flots pressés. Dans l'après-midi, on peut, sans exagération, évaluer à plus de cent mille le nombre des pèlerins.

L'Ermitage est une petite chapelle bâtie près d'un cimetière sur un côteau nu et aride ; la foule en couvre les pentes et le sommet. Des tentes abritent des boutiques ; des cabarets, des restaurants, s'alignent en dessinant des rues. Les boutiques renferment des jouets, des bibelots et des comestibles de tout genre ; les cabaretiers appellent l'attention et sollicitent la préférence des consommateurs par les enseignes les plus provocantes. L'un d'eux a écrit sur la sienne : « *Alte-là. Vinos de Valdepeñas y refrescos como los que toma el Santo* (1). » Quel bon Espagnol pourrait se refuser à boire le vin que préfère son bienheureux patron ! De tous côtés des groupes sont assis ou couchés

____

(1) « Halte-là, Vins de Valdepeñas et rafraîchissements comme ceux que prend le saint. . »

autour de grandes corbeilles pleines de victuailles ; on dirait que tout ce monde ne vient à la fête que pour manger. Le long des murs de la chapelle et du cimetière des pèlerins fatigués dorment d'un profond sommeil. Des grincements de guitare se sont fait entendre ; un aveugle s'est arrêté et a égratigné son maigre instrument; aussitôt des groupes l'entourent et se mettent à danser des valses lentes, des pas espagnols, en se balançant d'un pied sur l'autre et en arrondissant les bras, chacun exécutant la danse qui lui plaît et dans le mouvement qui lui convient ; peu importe, c'est le même frou-frou de guitare qui les met tous en branle. Après quelques minutes de cet exercice, les partners, qui souvent ne se connaissent pas, se saluent gravement, se séparent et vont recommencer ailleurs. Tout le monde s'en mêle, même des gens d'un âge mûr et très mûr. Autour des danseurs altérés circulent des marchands d'eau, l'alcarazas sur l'épaule et un panier de verres à la main, criant d'une voix gutturale : « *Agua fresca. Quien quiere agua fresca* (1) ? » Quelques habitants de la campagne sont venus prendre part à la fête ; ils portent une veste courte, une ceinture d'étoffe, une culotte ou de larges braies, de grandes guêtres, sont chaussés de souliers de cordes *(alpargatas)* et s'enveloppent la tête d'un mouchoir de couleur que recouvre un chapeau de feutre; un manteau couleur amadou, frangé et rapiécé, couvre leurs épaules. La plupart de ces costumes ont

(1) « Eau fraîche. Qui veut de l'eau fraîche ? »

dû servir à plusieurs générations, tant ils sont réduits à l'état de guenilles indescriptibles. Toute cette foule est calme ; on ne rencontre pas de gens ivres, on n'entend ni cris ni disputes, pas même la trompette et la grosse caisse des saltimbanques. Ces artistes nomades qui suivent en France les fêtes foraines sont rares en Espagne. Au bas du coteau, dans la prairie qui borde le Manzanarès, des centaines de grandes escarpolettes ont été dressées ; elles sont constamment en mouvement; une haie de spectateurs les entoure. Vus de loin, ces corps qui s'enlèvent, se balancent et se croisent dans le vide, au bout d'une corde, produisent un singulier effet. Vers cinq heures la foule s'écoule tranquillement et rentre à Madrid ; elle reviendra aussi nombreuse le lendemain et les jours suivants.

CHAPITRE XIII

Musée du Prado. — École des beaux-arts.

Sur la promenade du Prado s'élève un grand édifice dont la longue façade, à un seul étage, est surmontée d'un attique; il se compose d'un corps principal, avec un péristyle dorique, et de deux ailes en saillie. Quoique d'un aspect un peu lourd, cet édifice est assez monumental; il est moderne et il a été construit, ou plutôt approprié, en vue de l'installation d'un Musée de peinture. A l'extrémité de l'aile gauche, un grand escalier extérieur, à double rampe, conduit sous un portique donnant accès à un vestibule rond entouré de colonnes. De chaque côté de ce vestibule sont des salles affectées, les unes à l'École espagnole, les autres aux Écoles italiennes. En face s'ouvre une vaste galerie, longue de cent cinq mètres, haute et large de dix, dont la première section est consacrée aux peintres espagnols de notre siècle, la seconde à ceux des siècles précédents, et la troisième aux peintres

italiens. Au delà, une salle ronde comme le vestibule
d'entrée est occupée par l'École française. Les œuvres
des maîtres flamands et hollandais sont distribuées
dans les salles qui suivent. Vers le milieu de la grande
galerie, à gauche, s'ouvre une vaste salle ovale dans
laquelle ont été réunis des tableaux choisis dans toutes
les écoles. C'est la Tribune du musée du Prado; on
l'appelle *Salon de la reine Isabelle*. Une très large ouverture béante dans le parquet, et entourée d'une balustrade, laisse apercevoir, en contre-bas et comme
dans une cave, le Musée de sculpture, dont les statues en marbre blanc se profilent dans une demi-
obscurité. La grande galerie et le salon Isabelle sont
éclairés par le haut. Toutes les salles sont meublées
de banquettes et tenues avec un soin de propreté irréprochable ; elles sont assez larges pour qu'il soit possible de se placer à une distance convenable des
toiles. Bref, l'installation du Musée est excellente, et
elle permet de faire, sans trop de fatigue, de longues
stations dans ce temple de la peinture. Quant aux tableaux, ils sont dans un parfait état de conservation,
énumérés et décrits dans un catalogue très bien fait
de M. Pierre Madrazo. Il serait bien désirable que les
autres musées de l'Espagne en eussent un semblable.

Le Musée du Prado passe, avec raison, pour être
le plus considérable et le plus riche en chefs-d'œuvre
qu'il y ait en Europe. Charles-Quint et Philippe II, souverains d'une partie de l'Italie et des Provinces Unies
au XVIᵉ siècle, prélevaient de larges tributs artistiques sur tous les pays qu'ils gouvernaient; Phi-

lippe IV, peintre amateur, attirait les grands artistes flamands à sa cour, et trouvait encore dans son trésor appauvri de l'argent pour acheter les tableaux les plus renommés. Il y a, au Prado, plus de Titien qu'à Venise, plus de Rubens et de Teniers qu'à Anvers. La statistique est une science assez aride; elle est cependant bonne à consulter. Elle nous apprendra que le Musée du Prado se compose d'environ 2,400 tableaux; qu'il en possède 660 des Écoles italiennes, dont 42 du Titien, 22 du Tintoret, 10 de Raphaël; 874 flamands ou hollandais, dont 66 de Rubens, 52 de Teniers, 55 de Breughel, 22 de Van Dyck; 580 de l'École espagnole, dont 61 de Velasquez, 46 de Murillo, 57 de Ribera, 14 de Zurbaran. Notre École française est beaucoup plus pauvre. Le catalogue n'indique que 142 ouvrages, dont 21 du Poussin et 10 de Claude Lorrain. On remarquera que les tableaux de l'École espagnole sont moins nombreux que ceux des Écoles italienne et flamande, et que l'Espagne n'est représentée que par 84 artistes connus. Elle a cependant produit une multitude de peintres; un dictionnaire biographique tout récent en signale plus de onze cents, et il en omet. On remarquera aussi que les plus anciens tableaux espagnols ne remontent pas au delà de 1530 ou 1540, et encore sont-ils assez rares. Le Musée du Prado ne possède aucun ouvrage des peintres que l'on pourrait appeler primitifs, et même d'un assez grand nombre de ceux qui, dans les siècles suivants, se sont acquis une légitime célébrité. Ce n'est donc pas au Prado qu'on pourrait faire une étude complète de la peinture espagnole, mais c'est dans sa galerie et dans ses salles qu'on peut admirer les plus belles œuvres des grands artistes qui ont illustré leur art en Europe. Citer toutes celles qui méritent de fixer l'attention serait reproduire et commenter le catalogue presque en entier; il faut se borner à indiquer les plus intéressantes, et elles sont nombreuses, en les classant par école, et à donner, pour quelques-unes, une description sommaire qui permettra de rappeler au souvenir l'ordonnance générale de la composition.

ÉCOLE ITALIENNE :

La *Vierge au poisson*. Le divin RAPHAEL occupe la place d'honneur dans le salon Isabelle, et cette place lui était bien due. La *Vierge au poisson* est un de ses principaux chefs-d'œuvre; elle a été exécutée en 1514, alors que son génie était arrivé à l'apogée. Elle réunit tout: la simplicité et la grandeur du style, la vérité et la noblesse de l'expression, la puissance et l'harmonie du coloris. C'est une Vierge glorieuse. Elle est assise sur un trône tenant l'enfant Jésus debout sur ses genoux; à droite, saint Jérôme, près de son lion symbolique, lit attentivement dans un livre; à gauche, un archange présente à l'Enfant Dieu le jeune Tobie qui s'agenouille en offrant un poisson suspendu à sa main. C'est, dit-on, une allusion à l'admission, au commencement du XVIᵉ siècle, du livre de Tobie parmi les livres canoniques. La tête de la Vierge est admirable de grâce et de majesté; elle idéalise la beauté souveraine.

La *Sainte-Famille* dite *La Perle* a aussi été placée dans le salon Isabelle; elle exprime un tout autre sentiment. L'enfant Jésus est assis sur les genoux de la Vierge ; le petit saint Jean lui offre des fruits ; il va les saisir et regarde en souriant sa mère qui, appuyée sur l'épaule de sainte Anne, le contemple avec tendresse. Cette composition est charmante ; le coloris a un peu poussé au noir.

La *Sainte Famille à l'agneau* est un tout petit tableau sur bois, presque une miniature. Il porte la date de 1507. Son état de conservation laisse à désirer.

La *Vierge au lézard* et la *Vierge à la rose* sont aussi de charmantes saintes familles. Raphaël savait varier ce sujet si simple avec un art infini.

La *Visitation* représente la rencontre, dans un paysage, de la Vierge et de sainte Élisabeth ; les deux femmes se donnent la main. On aperçoit, dans le ciel, le Père éternel faisant le geste de les bénir, et, au fond, Jésus-Christ baptisé dans le Jourdain. La tête de la Vierge a une ravissante expression de grâce pudique.

Le *Portement de croix*, plus connu sous le nom de *Spasimo*, est, avec la *Transfiguration*, une des plus grandes toiles que Raphaël ait peintes. Il avait été commandé par le couvent de Sainte-Marie-du-Spasme à Palerme, et sa conservation est presque miraculeuse. Vasari raconte que le navire qui le transportait en Sicile avait été brisé dans une tempête, mais que le tableau fut retrouvé intact dans le golfe de Gênes : la mer l'avait respecté. En 1661, les moines en firent cadeau à Philippe IV, qui les rémunéra par une rente de quatre mille ducats pour le couvent et de cinq cents pour l'abbé. Il est probable que cette rente ne se paie plus depuis longtemps.

Jésus-Christ s'affaisse sous le poids de sa croix; il est tombé sur les genoux et il se soutient d'une main appuyée sur le sol. A gauche, un bourreau à musculature puissante le tire violemment par une corde attachée à sa ceinture; le Cyrénéen indigné soulève la croix. A droite, les saintes Femmes et saint Jean agenouillés le regardent en pleurant. Derrière ces groupes marche une escorte de soldats romains à cheval; l'un d'eux tient un étendard. On aperçoit dans le lointain le sommet du Golgotha. La composition de ce magnifique tableau est admirable; la scène est vivante et dramatique, toutes les figures concourent à l'action. L'expression de douleur des saintes Femmes est profondément vraie, quoique différente pour chacune d'elles; la Vierge jette ses bras en avant d'un geste désespéré. La physionomie du Christ qui les regarde en leur disant: « Ne pleurez pas sur moi, mais pleurez sur vous-mêmes et sur vos enfants, » est pleine de noblesse et de résignation. Les attitudes et les expressions des figures de ce premier plan forment un contraste saisissant avec l'indifférence des soldats et l'impassibilité du centurion romain. Il est impossible de contempler ce chef-d'œuvre sans une vive émotion; on ne peut que regretter la prédominance des tons briquetés dans les têtes et dans les nus.

La *Vierge au poisson*, la *Visitation* et le *Spasimo* avaient été peints sur bois; ils ont été très habilement reportés sur toile pendant le séjour qu'ils ont fait à Paris en 1813. Ce voyage forcé les a sauvés.

A ces œuvres magistrales, il faut ajouter les beaux portraits d'un *Jeune cardinal,* d'*Andrea Navagero* et d'*Agostino Beazzano.*

L E TITIEN n'est jamais venu en Espagne, mais pendant une partie de son existence centenaire, il a travaillé pour Charles-Quint et pour Philippe II ; aussi le Musée possède-t-il un grand nombre d'œuvres importantes de cet illustre artiste. Il accompagna plusieurs fois Charles-Quint à Augsbourg, et l'histoire raconte que l'Empereur, se trouvant un jour dans son atelier, s'empressa de ramasser et de lui remettre un pinceau qu'il avait laissé échapper. Si cette anecdote n'est pas authentique, elle témoigne du moins de la haute estime dont jouissait Le Titien à la cour de Charles-Quint. En 1553, le grand empereur lui conféra le titre de comte, ce qui n'ajoute rien à sa gloire.

Les quarante-deux tableaux de ce maître de l'École vénitienne sont tous remarquables par la richesse et la puissance du coloris, la largeur de la facture et l'élévation du style. On peut citer entre autres :

Une *Bacchanale.* Au premier plan, Ariane abandonnée est couchée sur le bord de la mer, nue et endormie. Des groupes de bacchants et de bacchantes l'entourent en dansant et en buvant. Au sommet d'une colline, Silène dort au milieu de ceps de vigne. On aperçoit, à l'horizon, le vaisseau de Thésée qui s'enfuit.

L'Offrande à la déesse des Amours. Une statue de Vénus s'élève dans un jardin émaillé de fleurs ; deux jeunes filles s'en approchent, et, pour se rendre la déesse favorable, elles lui présentent une offrande. Une multitude de petits amours (plus de soixante, dit-on), cueillent des fleurs et des fruits, se poursuivent, folâtrent sur le gazon. Il est impossible d'imaginer des enfants plus gracieux, plus mutins, plus agiles. Leurs groupes se composent sans confusion et forment un ensemble gai, vivant et lumineux.

Récréation de Vénus avec l'amour et la musique. Deux tableaux représentent, chacun, une femme nue, couchée sur un lit, dans un paysage ; l'une a près d'elle un amour, l'autre caresse un petit chien. Au second plan, un jeune homme joue de l'orgue en les regardant. Ces deux tableaux, qu'on appelle des Vénus, celui du petit chien surtout, pourraient être préférés à ceux, plus célèbres, de la Tribune des Offices à Florence ; le coloris n'en est pas moins riche et les types sont plus élégants.

La Gloire ou l'*Apothéose de la famille impériale.* Dans la partie supérieure, on voit la sainte Trinité entourée d'un chœur resplendissant d'anges et de séraphins ; au-dessous, la Vierge, portée sur un nuage au milieu de patriarches et de prophètes, semble intercéder pour les pécheurs. En bas, sont groupés, dans l'attitude de la prière, Charles-Quint et sa femme enveloppés de leur suaire, Philippe II, Marie de Hongrie et Le Titien. Ce tableau fut commandé par Charles-Quint après son abdication, et il l'avait fait placer dans le couvent de Saint-Just. Le Titien avait alors au moins quatre-vingts ans.

Allégorie de la bataille de Lépante. Philippe II tient son fils dans ses bras et l'élève au-dessus de sa tête. Une Victoire descend du ciel, tenant une couronne de laurier et une palme à laquelle est attachée une banderole avec ces mots : *Majora tibi,* et la remet à l'enfant. A gauche, sont entassés des turbans, des carquois, des étendards ; un Turc enchaîné gît à terre. On aperçoit, au fond, la flotte musulmane dévorée par les flammes. Cet admirable tableau, d'une merveilleuse puissance de coloris, a été peint par Le Titien lorsqu'il avait plus de quatre-vingt-quatorze ans ; son génie était toujours jeune et sa main toujours ferme.

On doit signaler encore :

Vénus et Adonis. La déesse veut retenir son amant qui se dispose à partir pour la chasse.

Danaé recevant la pluie d'or. Le Musée de Naples possède un tableau traitant le même sujet.

Salomé, à mi-corps, portant sur un plat d'argent la tête de saint Jean-Baptiste.

Une *Mise au tombeau ;* composition très dramatique.

Sisyphe gravissant la montagne. Figure plus grande que nature.

Le *Portrait d'Alphonse Ier,* duc de Ferrare.

Le *Portrait équestre de Charles-Quint* à la bataille de Mühlberg ; d'un grand intérêt historique. L'empereur, monté sur un cheval bai, galope à travers la campagne.

Le *Portrait en pied de Charles-Quint.* La main droite repose sur la poignée d'une dague ; un beau lévrier est tenu en laisse de la main gauche.

Le *Portrait en pied de Philippe II* dans sa jeunesse. Le roi est revêtu d'une riche armure ; la main gauche s'appuie sur la garde de l'épée, et la droite est posée sur un casque placé sur une table.

Un *Sujet mystique.* Sainte Brigitte offre des fleurs à l'enfant Jésus assis sur les genoux de sa mère ; Hulfo, mari de la sainte, vêtu d'une armure et la tête découverte, se tient près d'elle. Les figures sont vues à mi-corps. Ce magnifique tableau, d'un coloris puissant, est attribué au *Giorgione,* mais cette attribution est contestée ; on pense qu'il est du Titien, et cette opinion pourrait bien être vraie.

PAUL VÉRONÈSE.

Vénus et Adonis. Le beau chasseur est endormi ; sa tête repose sur les genoux de la déesse ; celle-ci l'évente et regarde un petit amour qui cherche à écarter un chien, lequel veut s'approcher comme pour inviter son maître à partir.

Les *Noces de Cana.* Sujet familier au Véronèse. Les personnages portent toujours des costumes du XVIe siècle.

Jésus disputant avec les docteurs. La scène se passe dans un temple de style renaissance. On aperçoit près de la porte, au milieu de la foule, la Vierge et saint Joseph à la recherche de leur enfant.

Madeleine pénitente. Les yeux au ciel et les mains croisées sur la poitrine, elle va s'agenouiller devant un crucifix ; un livre et une tête de mort sont à ses pieds.

ALLORI, DIT LE BRONZINO.

Portrait en pied de Christine de Lorraine, grande duchesse de Toscane.

Le Tintoret.

Portrait de Sébastien Veniero, général vénitien.

Portrait d'homme, vêtu de noir, portant au cou une chaîne d'or.

Portrait d'une jeune femme tenant une rose à la main.

Bellini (Giovanni).

La *Vierge et l'Enfant* entre sainte Ursule et La Madeleine. Ce charmant tableau porte la signature de l'auteur.

Fra Angelico.

L'*Annonciation*. La Vierge, assise dans un temple, dont la voûte est parsemée d'étoiles d'or, reçoit la visite d'un ange aux ailes d'or qui s'incline devant elle, les mains croisées sur la poitrine. Un rayon descendant du ciel porte l'Esprit saint sous la forme d'une colombe. On voit, à droite, au fond, Adam et Ève chassés du paradis. La predelle, ou bande inférieure de ce rare et précieux tableau, est divisée en cinq compartiments dans lesquels sont représentés les faits principaux de la vie de la Vierge.

Luini (Bernardino).

La Fille d'Hérode portant le plat qui doit recevoir la tête du Précurseur.

Une *Sainte Famille*. La Vierge contemple l'enfant Jésus et le petit saint Jean qui s'embrassent; saint Joseph appuyé sur un bâton les regarde. Ce ravissant tableau avait été attribué à Léonard de Vinci et il ne serait pas indigne de lui.

Michel-Ange.

La *Flagellation*. Le Christ est attaché à une colonne

entre deux bourreaux qui s'apprêtent à le frapper. La composition de ce tableau est d'un beau style; les corps nus sont savamment modelés, mais le coloris est terne. L'attribution à Michel-Ange est contestée.

ANDRÉ DEL SARTO.

Portrait de Lucrezia di Baccio del Fede, dont la beauté justifie bien l'amour aveugle du célèbre artiste et du mari malheureux.

Une charmante *Sainte Famille* d'une couleur ravissante.

LE CORRÈGE.

« Ne me touchez pas », dit Jésus à Madeleine prosternée devant lui, d'où le nom de *Noli me tangere* donné au tableau qui représente la scène racontée dans l'évangile selon saint Jean. La composition de ce tableau est étrange ; Jésus, presque nu, tient une bêche à la main; Madeleine est richement vêtue. Les deux figures sont admirables de mouvement et d'expression, et le coloris a la puissance et l'éclat qui caractérisent la manière du grand peintre de Parme. *Noli me tangere* est un de ses chefs-d'œuvre.

LUCA GIORDANO vint en Espagne en 1692, et bientôt il fut le peintre favori de Charles III. Soixante-six toiles de cet improvisateur si fécond ont été réunies au Prado ; la plupart sont de. grandes dimensions et de sujets très variés que le peintre emprunte à l'Ancien et au Nouveau Testament, aux légendes des saints, à l'histoire, à l'allégorie, à la mythologie et même à la *Jérusalem délivrée* du Tasse ; son imagination est fertile, sa facilité excessive, son style banal, son coloris plus brillant que solide. Luca Giordano était élève de Ribera ; jamais peintres cependant ne furent plus dissemblables.

ÉCOLE FLAMANDE ET HOLLANDAISE :

L'ancienne École flamande est brillamment représentée par un grand triptyque de MEMLING. Dans le panneau central est l'*Adoration des rois* et, sur les volets, la *Naissance du Christ* et la *Présentation au temple*. Ce triptyque est la répétition, avec quelques variantes, de celui qui se trouve à l'Hôpital de Saint-Jean à Bruges, et il n'est pas moins remarquable par la richesse du coloris et la perfection de l'exécution.

RUBENS, né à Anvers en 1577, gentilhomme, artiste et même diplomate, est la gloire de l'École flamande. A l'âge de vingt-trois ans, il venait étudier les maîtres italiens à Venise, à Rome, à Bologne ; il a séjourné en Espagne, en France, en Angleterre, recherché par tous les souverains, et partout il a laissé de nombreux témoignages de son génie. Son imagination, d'une verve et d'une fécondité inépuisables, lui inspirait des chefs-d'œuvre dans tous les genres ; histoire sacrée et profane, allégorie, mythologie, portraits, paysages, animaux, il a traité tous les sujets et dans tous il a excellé. Une composition pleine de vie et de mouvement, un dessin hardi, un coloris vigoureux et éclatant, une touche large et facile, caractérisent sa brillante organisation, et s'il pèche quelquefois, c'est par excès. Il vivait en grand seigneur et peignait en grand artiste.

Le musée du Prado est très riche en œuvres de

Rubens, et ce sont des œuvres de choix. On peut citer
entre autres :

Le *Christ mort* dans les bras de sa mère. Madeleine
embrasse la main sanglante du Sauveur.

Combat de saint Georges et du Dragon. Le mouvement
du cheval qui se cabre et celui de l'archange trans-
perçant le dragon de sa lance sont magnifiques
d'énergie.

*Rodolphe I*er *comte de Habsburg* prêtant son cheval à
un prêtre qui porte le viatique.

Le *Festin de Térée.* Progné sert à Térée les membres
de son fils Itis, et lui présente la tête de cet enfant.

Atalante et Méléagre chassant le sanglier de Calydon.
Le paysage est plus important que les figures ; il est
magnifique.

Persée et Andromède. Le héros grec est revêtu d'une
armure du XVe siècle.

Diane et Calisto. La nymphe est dépouillée de ses vêtements par ordre de la déesse.

Junon allaitant Hercule et donnant naissance à la voie
lactée.

Le *Jugement de Pâris.* Mercure remet au berger troyen
la pomme, prix de la beauté.

Mercure et Argus. Mercure coupe la tête du gardien
endormi de la vache Jo.

L'*Adoration des rois.* Rubens a traité plusieurs fois ce
sujet qui lui permettait d'étaler toutes les richesses de
sa palette.

Le *Jardin d'amour.* Des dames, des cavaliers, des
amours, sont groupés dans un beau jardin. Les por-

traits de Van Dyck, de Rubens et de ses deux femmes figurent dans ce tableau.

Une série de douze figures à mi-corps, représentant les apôtres, connue sous le nom de *el Apostolado*.

Le *Portrait de Marie de Médicis* assise, en costume de veuve. Le fond n'est pas entièrement terminé.

Le *Portrait équestre de Ferdinand d'Autriche* à la bataille de Nordlingen (1634). Dans le haut du tableau, la Victoire accompagnée de l'aigle autrichienne lance ses foudres sur l'armée protestante qu'on aperçoit dans le lointain.

La *Péché originel*. Le démon, sous la figure d'un enfant à queue de serpent, offre la pomme à Ève. Adam, assis sur un rocher, au pied de l'arbre, semble l'engager à refuser ce cadeau.

L'*Enlèvement d'Europe*. Le taureau fend les flots de la mer, portant sur son dos la fille d'Agénor. Des amours les accompagnent.

Ces deux derniers tableaux sont des copies du Titien et, à ce titre, ils méritent une attention toute particulière. L'original du Péché originel est au musée; on peut donc les comparer. A part quelques variantes dans les accessoires, la reproduction est fidèle; on reconnaît cependant dans celle-ci la touche libre et brillante du peintre flamand.

Après le maître, l'élève ; et quel élève ! L'existence de VAN DYCK, quoique trop courte, a été bien remplie. Il a laissé en Italie, en Belgique, en France, en Angleterre, un grand nombre de tableaux. Il peut être mis au premier rang des portraitistes ; c'est le peintre des figures aristocratiques : son dessin est élégant, son coloris riche et vigoureux, son style plein de noblesse, quoique parfois un peu théâtral. On peut citer de cet éminent artiste :

Le *Portrait du peintre David Rickaert*, assis, vu de face, enveloppé d'un large vêtement doublé de fourrure. Ce portrait est particulièrement remarquable par l'intensité de vie de la tête et par la puissance du coloris.

Le *Portrait de la comtesse d'Oxford*, en pied, vêtue de soie noire et tenant une rose blanche à la main.

Le *Portrait d'un musicien* vêtu de noir, jouant du luth.

Le *Portrait de Lamberti*, célèbre organiste; il tient un papier de musique. Magnifique figure.

Les *Portraits du comte de Bristol et de Van-Dyck*, à mi-corps et groupés sur la même toile. Le comte se présente de face, et est placé à la droite du peintre vu de profil. L'un est vêtu de blanc, l'autre de soie noire; tous deux s'appuient d'une main sur un rocher. L'art du peintre a su harmoniser les colorations si opposées des costumes. Ces portraits sont admirables.

La *Vierge des douleurs*. Comme dans le tableau de Rubens, la Vierge tient sur ses genoux le corps du Christ dont Madeleine baise la main.

Saint François d'Assise en extase. D'une main il appuie un crucifix sur sa poitrine, de l'autre il tient une tête de mort ; il écoute avec ravissement un ange qui joue du luth.

L'Arrestation du Christ. La composition de ce tableau

est multiple ; elle représente Judas embrassant son maître, le peuple se précipitant sur Jésus et Pierre indigné frappant Malchus. Cette vaste toile, dont les figures sont plus grandes que nature, est un véritable chef-d'œuvre par l'expression dramatique des attitudes et des physionomies et par la puissance du coloris. Les torches portées par les soldats jettent des lueurs sinistres ; le mouvement du Christ recevant le baiser de Judas exprime, avec une vérité saisissante, que ce baiser est une trahison. Il existe une réduction de cette œuvre magistrale dans une église d'Anvers.

JORDAENS.

Méléagre présentant à Atalante les dépouilles du sanglier de Calydon.

Scène de famille dans un jardin. Une dame assise près d'une fontaine entoure une petite fille de ses bras ; près d'elle un homme tient une guitare et une paysanne porte un panier de fruits. Les physionomies de ces personnages sont assez vulgaires, mais le coloris du tableau est harmonieux et éclatant.

ROMBOUTS. — Les *Joueurs de cartes.* Huit personnes sont réunies autour d'une table ; trois d'entre elles, deux femmes et un soldat, tiennent les cartes ; les autres suivent le jeu avec intérêt. Ces figures sont bien groupées, pleines de naturel et vigoureusement peintes.

PORBUS-LE-JEUNE. — *Portrait de Ferdinand II*, empereur d'Allemagne ; en pied, vêtu d'un habit de cour noir ; la main gauche est appuyée sur la garde de l'épée. Un rideau à reflets dorés garnit le fond.

16.

ANTONIO MORO. Un grand nombre de portraits; entre autres ceux de *Pejeron*, bouffon des comtes de Bénévent, tenant un jeu de cartes, et de *Marie d'Angleterre*, seconde femme de Philippe II, assise, avec une rose dans la main droite.

BREUGHEL DE VELOURS. Le musée ne possède pas moins de cinquante-deux ouvrages de cet artiste. La plupart sont de petite dimension ; ils représentent les *Cinq sens*, les *Quatre éléments*, l'*Arche de Noé*, des sujets religieux encadrés dans des guirlandes de fleurs ou de fruits, des paysages peuplés d'animaux, des fêtes champêtres. Tous ces tableaux, d'un ton très fin et un peu bleuâtre, sont composés avec beaucoup d'esprit et de goût, et très soignés d'exécution.

PAUL SNAYERS a peint une série de tableaux relatifs à des faits militaires de la guerre de Flandre pendant la première moitié du XVIIe siècle. On aperçoit au fond la vue panoramique d'une ville ; sur le premier plan s'agitent des groupes de cavaliers et de fantassins. Van der Meulen a pu s'inspirer de Paul Snayers.

FRANZ SNYDERS. Les vingt-deux tableaux de cet artiste représentent des animaux et des natures mortes. Très habile coloriste et profond observateur des allures et de la physionomie des bêtes, nul n'a su, mieux que lui, les faire vivre sur la toile.

DAVID TENIERS est le peintre des kermesses, des fêtes champêtres, des scènes de cabaret ; les petits personnages qu'il y fait figurer sont bien groupés et bien peints ; ils boivent, mangent, dansent, fument, jouent avec un entrain plein de vérité. Teniers est un réaliste très spirituel ; il est aussi excellent paysagiste et très habile coloriste. Parmi les cinquante-deux toiles de cet artiste qui sont au musée on remarquera :

Deux *Fêtes champêtres*, auxquelles assistent l'archiduc Léopold et sa cour.

Le *Roi boit*, scène bachique pendant la nuit de l'Épiphanie.

Un *Vieillard caressant sa servante*.

Un *Bivouac*.

Six petits tableaux dans lesquels les *singes* sont substitués aux hommes ; ils peignent, sculptent, fument, boivent, jouent aux cartes. Dans une école, le maître châtie un élève ; un de ses camarades sollicite sa grâce à genoux. Les attitudes simiesques de ces personnages sont très amusantes.

Une toile d'assez grande dimension représente la *Galerie de tableaux italiens de l'archiduc Léopold*. Teniers montre à celui-ci et au comte de Fuensaldaña les objets d'art qui y ont été réunis par ses soins. La salle est tapissée de tableaux très reconnaissables ; les personnages sont posés et dessinés avec beaucoup d'esprit ; tous les détails de l'ameublement sont rendus avec une netteté et un fini d'exécution merveilleux.

Trois *Tentations de saint Antoine*, dans lesquelles le peintre donne libre carrière à toutes les fantaisies de son imagination. La Tentatrice est présentée au saint anachorète tantôt par une vieille sorcière cornue, tantôt par un page élégant.

Onze petits tableaux sur bois ont pour sujets les

Amours de Renaud et d'Armide ; ils sont composés avec goût et très finements peints. Quoiqu'ils soient signés, quelques critiques contestent leur authenticité. Il peut, en effet, paraître étrange que Teniers, le peintre des cabarets, des fumeurs et des paysans que Louis XIV appelait des mâgots, ait illustré le poème chevaleresque du Tasse. Cependant cet artiste ne passait pas, comme quelques-uns de ses confrères, Franz Hals, Brauwer, Craesbeke, Steen, sa vie dans des tavernes, entre un pot de bière et sa pipe ; il vivait en gentilhomme dans son château des Trois Tours avec sa femme, la belle Anne Breughel, et ses enfants, et y recevait la plus aristocratique compagnie. L'archiduc Léopold, le prince d'Orange, le duc de Marlborough, Don Juan d'Autriche, fils naturel de Philippe IV, étaient ses hôtes.

La plupart des tableaux de Teniers proviennent de la collection d'Isabelle Farnèse, achetée par Philippe V en 1735.

Quoique le Prado possède plusieurs ouvrages d'Adrien Brauwer, de Gérard Dow, de Van Ostade, de Ruysdael, de Wouvermans, l'ÉCOLE HOLLANDAISE y est moins bien représentée que l'École flamande. On peut cependant y admirer un grand et magnifique portrait de REMBRANDT daté de 1634 ; c'est celui de sa femme transformée en *Artémise* recevant la coupe qui contient les cendres de son époux Mausole. Rembrandt pensait-il que, s'il mourait le premier, il serait régretté comme l'avait été le roi de Carie ? La figure est vue presque de face et plus qu'à mi-corps ; tous les détails d'un riche costume sont très finis d'exécution. Le visage d'Artémise est en pleine lumière ; le reste de la toile est dans la demi-teinte et dans l'ombre. Ce procédé, assez habituel à Rembrandt, donne aux personnages une puissante intensité de vie et un relief prodigieux.

Plusieurs grands paysages de JEAN BOTH garnissent les murs d'un corridor ; ils sont malheureusement très mal éclairés.

On peut citer encore un grand nombre de portraits de RAPHAEL MENGS correctement dessinés, d'une exécution très soignée, mais froide.

La salle de l'ÉCOLE FRANÇAISE n'offre relativement que peu d'intérêt ; elle renferme cependant vingt paysages historiques du POUSSIN, et dix magnifiques toiles de CLAUDE LORRAIN, entre autres un *Lever* et un *Coucher de soleil*, une *Tentation de saint Antoine* et une *Madeleine*. La plupart ont été peintes pour Philippe IV : les figures sont de Georges Courtois et de Philippe Lauri.

ÉCOLE ESPAGNOLE.

Les tableaux de cette école proviennent de la collection de Ferdinand V, des châteaux royaux et des couvents : ceux-ci ont été choisis par une commission de l'Académie de Madrid instituée en 1836.

On a fait remarquer que le musée du Prado ne possédait qu'un nombre relativement assez faible d'œuvres de peintres espagnols, et que celles des primitifs en étaient absentes. Sans parler de Pierre d'Aponte, de Pierre Berruguete, de Sanchez de Castro et même d'Antonio del Rincon, peintre de Ferdinand et d'Isabelle, que l'on considère comme le fondateur de l'École, les plus anciens maîtres ne datent que du XVI⁰ siècle. En suivant un ordre à peu près chronologique, Joanès Vicente ou Jean Macip, plus connu sous le nom de JUAN DE JUANÈS (1507 + 1579), se présente le premier. Cet artiste étudia en Italie sous la direction des élèves de Raphaël. Son dessin est correct, ses compositions d'un bon style, et son coloris ne manque pas d'éclat. Formé à l'école de Rome, il témoigne, par ses œuvres, d'un art très avancé, plus italien même qu'espagnol. Il est représenté au musée par dix-huit tableaux, entre autres :

Une *Cène*, très remarquable.

Le *Martyre de sainte Agnès*, petit tableau rond d'une composition très dramatique.

Un *Ecce Homo*. La tête du Christ est admirable par son expression de douleur et de résignation.

Quatre tableaux relatifs à la *Vie et au Martyre de saint Étienne;* ils faisaient partie d'un retable de l'église de Valence placée sous l'invocation de ce saint.

Un très beau *Portrait de don Luis de Castelvi*, seigneur de Valence au temps de Charles-Quint.

LUIS DE MORALÈS (1509 + 1586) est qualifié par les Espagnols de divin (*el divino*), non pas, comme Raphaël, à cause de la supériorité de son génie, mais parce qu'il ne peignait que des sujets religieux. Il naquit à Badajoz, où il passa presque toute sa vie ; après avoir été riche et célèbre, il y mourut pauvre dans un âge très avancé. Quoique contemporain de Juan de Juanès, il est, au point de vue de la peinture, beaucoup plus primitif, et ses tableaux qui, pour la plupart, représentent des *Ecce Homo*, des *Pieta*, des *Mater dolorosa*, rappellent un peu l'ancienne manière flamande. Il pousse à l'extrême l'expression naturaliste de la douleur; ses corps sont décharnés, ses visages pâles, presque cadavériques, les yeux de ses Vierges sont rougis et gonflés de larmes, les membres de ses christs ruissellent de sang. Le contour est sec, le coloris noir et dur, le rendu des détails et des accessoires très minutieux. Les tableaux de Luis de Moralès n'ont pas un aspect séduisant, mais ils possèdent une intensité extraordinaire d'expression. Un *Ecce homo,* une *Mater dolorosa* et une *Présentation de Jésus au temple* caractérisent bien le faire de ce peintre tout à fait espagnol.

Sanchez Coello (1515 +1590), peintre favori et ami particulier du sombre Philippe II, est un des portraitistes les plus distingués de l'École espagnole. La plupart de ses ouvrages ont disparu, cependant le musée possède quelques beaux portraits qui représentent : une des femmes de Philippe II, ses quatre filles, son malheureux fils don Carlos et don Juan d'Autriche, fils naturel de Charles-Quint. *Don Carlos* est vu de face, en pied; la main droite est appuyée sur la garde de l'épée. *Don Juan d'Autriche,* également en pied, tient d'une main le bâton de commandement et porte l'autre sur la poignée de son épée. Ce dernier portrait est une copie. Tous les deux se recommandent, non seulement par leur valeur artistique, mais encore par un intérêt historique. Don Carlos, fou ou ambitieux, mourut victime de la jalousie de son père ; don Juan était le glorieux vainqueur de Lépante et de Tunis.

Les portraits de Sanchez Coello sont bien dessinés, d'un bon style et bien vivants ; le coloris est vigoureux, quoique la touche soit un peu sèche ; les accessoires et les détails des costumes sont finis avec un soin extrême. Les historiens ne disent pas si Sanchez Coello avait voyagé hors de l'Espagne. Dans tous les cas, il a dû étudier à l'Escorial les tableaux italiens et flamands que Philippe II y avait réunis ; sa manière rappelle celle de ces deux écoles.

Juan Fernandez Navarrette (1526 + 1579), tout muet qu'il était, peut être mis au nombre des meilleurs peintres espagnols du XVIe siècle ; il était élève du Titien. On voit encore à l'Escorial plusieurs beaux ouvrages de cet artiste qui seraient mieux placés au musée du Prado. Son *Baptême du Christ* est un charmant petit tableau composé de six figures : le Christ, saint Jean et quatre anges, bien dessinées, bien groupées et d'une couleur riche et harmonieuse.

C'est à Séville et à Tolède que se trouvent les œuvres les plus importantes *du Greco* (1548 + 1625). Le Musée ne possède de cet artiste bizarre qu'une grande toile (*Jésus-Christ mort dans les bras du Père éternel*) et plusieurs portraits très expressifs, très vivants, mais d'un coloris froid et blafard, et qui paraissent à peine terminés. Un beau tableau de Blas de Prado (? + 1600) a pour sujet une *Vierge glorieuse*. Il est composé dans le style italien ; le type de la Vierge est beaucoup plus italien qu'espagnol, et le coloris ne manque ni d'éclat ni de transparence. Blas de Prado avait étudié à Rome et à Florence.

PANTOJA DE LA CRUZ (1551 + 1608) est, comme son maître, Sanchez Coello, un portraitiste très distingué ; il a les mêmes qualités et les mêmes défauts ; ses portraits sont bien composés, bien peints, mais un peu froids. Ses personnages, qui appartenaient à la famille ou à la cour de Philippe II et de Philippe III, sont toujours richement vêtus, et les détails de leur ajustement exécutés avec beaucoup de soin. Deux grands tableaux de cet artiste représentent la *Naissance de la Vierge* et la *Naissance du Christ;* ce dernier est daté de 1602. L'un et l'autre sont bien dessinés et bien peints, quoiqu'avec quelque sécheresse. Les femmes qui entourent sainte Anne portent le costume du XVIe siècle, et plusieurs figures sont les portraits de membres de la famille de Philippe III.

On a vu à Séville plusieurs beaux ouvrages de JUAN DE LAS ROELAS (1558 + 1625). Le seul que possède le Prado est connu sous le nom de *la Calabaza.* Moïse vient de frapper le rocher de sa baguette ; il en jaillit une source abondante vers laquelle les Israélites altérés se précipitent. Une femme, insensible aux cris de son enfant, boit avec avidité l'eau qu'elle a puisée dans une écorce de citrouille (*calabaza*). Ce tableau n'est pas sans mérite, cependant la composition en est confuse et le coloris dur. Quelle différence avec celui de Murillo au couvent de la Caridad !

17

Le *Portrait de Marguerite d'Autriche*, femme de Philippe III, par BARTOLOME GONZALÈS (1564 + 1627), est digne d'attention. La reine, vêtue d'une robe de satin blanc, est debout, appuyant la main droite sur la tête de son chien *Baylan*.

Les tableaux militaires sont rares au Prado ; on remarquera donc celui d'ANTONIO CAXÈS (1577 + 1642), qui représente *Les Anglais repoussés de la baie de Cadix* par don Fernando Giron. Le gouverneur, goutteux dans sa chaise à porteurs, et les officiers qui l'entourent occupent le premier plan. Ces figures sont bien posées et bien peintes. On aperçoit, au fond, la flotte anglaise qui se retire. La perspective des lointains n'est pas irréprochable.

JOSÉ RIBERA (1588 + 1656) naquit près de Valence et fit ses premières études dans l'atelier de Ribalta ; tout jeune encore, il partit pour l'Italie et y resta jusqu'à sa mort. Misérable à ses débuts, il devint bientôt riche et puissant. Favori du vice-roi à Naples, il y menait une vie de grand seigneur ; jaloux et violent, il en écartait tous ses rivaux. La manière qu'il adopta, et elle était bien dans son tempérament, fut celle du Caravage, mais avec plus de style. Quoiqu'il ait passé presque toute sa vie en Italie, son sentiment est bien espagnol ; il est essentiellement naturaliste. Sa touche est large, énergique et hardie, son coloris très vigoureux, son modelé d'un puissant relief. Il tire des effets saisissants d'oppositions souvent exagérées d'ombre et de lumière, comme dans les deux grands tableaux de *Prométhée* enchaîné sur un rocher, et d'*Ixion* attaché à la roue; il aime à peindre les figures ascétiques ou méditatives de saints, de moines, d'apôtres, à reproduire des scènes de martyre dans leurs détails les plus horribles. Avec ses qualités et ses défauts, Ribera, quoique peintre d'une époque de décadence, est un maître; il a une puissante individualité, et il occupe une place à part parmi les grands coloristes.

Le Musée du Prado possède cinquante-huit tableaux de Ribera, dont toute une série de saints, d'apôtres, d'évangélistes, de martyrs avec l'instrument de leur supplice. Ses deux ouvrages les plus importants sont l'*Échelle de Jacob* et le *Martyre de saint Barthélemy*. Dans le premier, le patriarche, dont le type est tout à fait espagnol et n'a rien de biblique, est couché au pied d'un arbre; il dort la tête appuyée sur la main. Une lueur céleste, suspendue au-dessus de lui et s'enlevant sur un ciel bleu et sur un fond lumineux, enveloppe les figures qui expliquent le songe du dormeur. Ce grand tableau, d'un coloris harmonieux, est un chef-d'œuvre dans un genre qu'on pourrait appeler tempéré. Dans le genre violent ou horrible, le *Martyre de saint Barthélemy* est aussi un chef-d'œuvre. Deux bourreaux, après avoir dépouillé le Saint de ses vêtements et l'avoir attaché à une croix, le soulèvent avec des cordes passées dans une poulie, afin de l'écorcher plus à leur aise. La tête du Saint est magnifique d'expression de douleur physique et d'extase religieuse. Des soldats et des gens du peuple regardent cet affreux spectacle.

Le Musée du Louvre ne possède qu'un seul Ribera,

C'est au Musée de Séville que se trouvent les plus belles œuvres de ZURBARAN (1598 + 1662) ; celui de Madrid possède cependant deux ouvrages remarquables de ce grand artiste. Ils faisaient partie d'une suite de douze tableaux relatifs à la vie de *Saint Pierre Nolasque*, qui décoraient le cloître du couvent des Pères de la Merci-Chaussés à Séville. Dans une vision, le saint homme, agenouillé et endormi devant une table, contemple un ange qui lui apparaît en songe et qui lui montre la Jérusalem céleste au milieu d'une gloire entourée de nuages lumineux. Murillo, qui a peint tant de visions et d'extases, aurait pu s'inspirer de ce chef-d'œuvre. Deux tableaux de cette suite sont au Louvre ; ils proviennent de la galerie du maréchal Soult.

Une série de dix tableaux de dimensions égales raconte divers *Travaux d'Hercule*.

Dans la *Vision d'Ézéchiel*, le prophète, debout au milieu de monuments en ruines et de tombeaux, prononce sa célèbre prophétie sur la résurrection des morts. Ce tableau de FRANCISCO COLLANTÈS (1599 + 1656) est bien composé, bien dessiné et d'un grand style ; quoique son coloris soit un peu froid, il appelle l'attention.

Saint Jérôme, méditant sur le jugement dernier, par ANTONIO PEREDA (1599 + 1669), est agenouillé devant une tête de mort ; la trompette retentit, il lève la tête et regarde le ciel. Ce mouvement et l'expression du visage sont magnifiques.

Les paysagistes espagnols ne sont pas nombreux : MARTINEZ DEL MAZO (1615 + 1667) est un des plus distingués. Ses grandes compositions, animées pour la plupart de scènes mythologiques, sont largement peintes, bien ordonnées et révèlent un sentiment très vrai de la nature. Une *Vue de Sarragosse* est particulièrement intéressante. Mazo était aussi un habile peintre de portraits ; ceux de *Tiburce de Redin*, mestre de camp, et de *Doña Mariana d'Autriche*, seconde femme de Philippe IV, se recommandent par la noblesse du style et la vigueur du coloris.

ALONSO CANO (1601 + 1667), peintre, sculpteur et architecte, est un des plus grands artistes de l'Espagne. Grenade, Malaga, Séville, possèdent de lui des œuvres admirables par la grandeur du style, la correction du dessin, la richesse du coloris. Ces qualités se retrouvent au Musée de Madrid, notamment dans les tableaux qui ont pour sujets : *Saint Jean écrivant l'Apocalypse, Saint Benoît contemplant la divine Trinité* et le *Christ mort* sur lequel un ange étend ses ailes.

L'esclavage existait encore en Espagne au XVIIe siècle, car Murillo et Vélasquez avaient chacun un esclave noir, et, coïncidence extraordinaire, l'un et l'autre devinrent des peintres célèbres. L'esclave de Murillo, *Gomez*, est connu sous le nom de *el Mulato* (le mulâtre) et l'on voit au Musée de Séville quelques-uns de ses ouvrages. L'esclave de Vélasquez, JUAN DE PAREJA, avait aussi le génie de la peinture. Valet d'atelier, il assistait aux leçons que Vélasquez donnait à ses élèves, et les mettait secrètement en pratique. Un petit tableau de sa main fut glissé par lui parmi les toiles du maître ; Philippe IV, furetant dans l'atelier de son peintre favori, le découvrit et l'admira. Pareja s'en avoua l'auteur, et le roi émerveillé exigea son affranchissement. Le seul ouvrage de Pareja que possède le Prado est la *Vocation de saint Mathieu*. Jésus-Christ s'approche de Mathieu assis devant une table, dans l'exercice de ses fonctions de publicain, et lui dit : « Mathieu, suis-moi. » La composition de ce tableau offre cette singularité que Mathieu est vêtu à l'orientale et que ses deux acolytes sont costumés, l'un à la vénitienne, l'autre en capitaine espagnol. La tête du Christ est un peu vulgaire ; néanmoins, l'œuvre est remarquable, et la condition servile de l'auteur lui donne un intérêt tout particulier.

PEDRO DE MOYA (1610 + 1666), soldat en Flandre et élève de Van Dyck, raconte l'*Histoire de Joseph* dans une suite de six tableaux, bien composés, bien dessinés, mais dont le coloris est loin d'avoir l'éclat et la puissance de celui de son maître.

Le Musée ne possède rien de Herrera le Vieux, et son fils (EL MOZO) n'y est représenté que par le tableau du *Triomphe de Saint Hermenegilde,* d'un dessin hardi mais quelque peu incorrect, et d'un coloris vigoureux et éclatant.

On considère CLAUDIO COELLO comme étant le dernier des grands peintres de l'École espagnole. Luca Giordano ayant été appelé à la cour de Charles II et chargé de travaux importants, Claudio Coello en mourut de chagrin un an après. Ses deux grands tableaux, au Musée, représentent des *Vierges glorieuses* que les Espagnols désignent sous le nom de Sujet mystique

(*Asunto mistico*). Dans l'un, la Vierge, assise sur un trône et entourée des personnages de la Sainte Famille, présente l'enfant Jésus à saint Louis, roi de France, qui fléchit les genoux. Dans l'autre, la Vierge offre son fils à l'adoration des fidèles; saint Jean avec son agneau, saint Pierre, saint Paul et les Vertus théologales sont groupés autour de son trône. A gauche, est l'archange saint Michel, et, au premier plan, un enfant conduit par son ange gardien. Cette grande composition est bien ordonnée, quoique un peu trop touffue; les figures sont noblement posées, savamment dessinées et d'un beau style; le coloris est harmonieux, mais un peu froid. Le chef-d'œuvre de Coello, *la Forma*, est à l'Escorial.

La coutume barbare des *auto-da-fé*, établie en Espagne dès la fin du XVe siècle, s'y est conservée jusqu'à la fin du XVIIIe; elle était devenue une institution politique et religieuse, plus digne de peuplades barbares que de chrétiens civilisés. Les auto-da-fé généraux étaient des fêtes publiques qui se célébraient avec une grande solennité à l'occasion d'évènements importants; le roi et la cour y assistaient en costumes de gala, le peuple y accourait en foule. Une cérémonie de ce genre eut lieu sur la plaza Mayor de Madrid le 20 juin 1680. Tous les détails en sont décrits dans un grand et très curieux tableau dont la composition multiple montre, sur la même toile, les actes divers et successifs de l'auto-da-fé, savoir: l'arrivée des familiers du Saint-Office à cheval, celle des inquisiteurs sur une estrade, le placement de chacun des acteurs

du drame, le retour du grand inquisiteur sur son siège
après qu'il a reçu le serment du roi, la lecture des
sentences aux condamnés, les abjurations, enfin le
sermon adressé par un prédicateur à la foule et la cé-
lébration de la messe. Toutes les fenêtres de la place
sont garnies de spectateurs, des groupes de curieux
sont distribués de tous les côtés. Ce tableau bizarre
et très intéressant au point de vue historique est
l'œuvre de FRANCISCO RIZZI (1608 + 1685), peintre
assez médiocre, mais très bien en cour. Il devait avoir
au moins soixante-douze ans lorsqu'il l'exécuta.

Un joli tableau de DON PEDRO NUÑEZ DE VILLAVI-
CENCIO (1635 + 1700) (*Des enfants jouant aux dés*) attire
d'autant plus l'attention que la scène familière qu'il représente contraste avec la sévérité des sujets religieux
qui l'entourent. Ce tableau est d'ailleurs bien peint, les
têtes des enfants sont très expressives et leurs attitudes pleines de naturel.

Après Claudio Coello, l'art de la peinture en Espagne
entre en pleine décadence; les artistes se mettent à
peindre des tableaux de salle à manger, des fruits, des
comestibles. (*Fruteros, Bodegones.*) LUIS MENENDEZ a
excellé dans ce genre inférieur, qui tient presque autant du métier que de l'art. Trente-neuf petits tableaux
de cet artiste se trouvent au musée du Prado; ils sont
composés et coloriés avec goût.

Le peintre le plus remarquable du XVIIIe siècle est,
sans contredit, FRANCISCO JOSE GOYA Y LUCIENTES; il
est presque contemporain, car il mourut à Bordeaux
en 1828, à l'âge de quatre-vingt-deux ans. Fils de

simples agriculteurs aragonais, il s'est formé seul en suivant les penchants de sa nature. Après un voyage en Italie, il fut nommé *Pintor de Camera* de Charles IV; mais, viveur et bretteur, il eut des démêlés avec la justice et même avec l'inquisition, et il fut obligé de s'expatrier. Quoique essentiellement espagnol, il ne ressemble à aucun des peintres qui l'ont précédé; il est absolument original. Tous les sujets, familiers, religieux, historiques, ont été traités par lui; il a peint aussi un grand nombre de portraits, mais il est, par excellence, le peintre des mœurs nationales, des scènes populaires, des *majas,* des *toreros,* et il a gravé, en outre, une grande quantité d'eaux-fortes humoristiques connues sous le nom de *Caprices.* Son dessin, quoique parfois incorrect, est souple et élégant, sa touche hardie et facile, son coloris gai et brillant; ses figures respirent la vie et se meuvent avec beaucoup d'esprit et de naturel. Son œuvre est considérable.

Au musée du Prado, deux grandes toiles représentent des épisodes de la guerre de l'Indépendance : *Un combat sur la place de la Puerta del sol* entre les Espagnols et les Mamelucks de la garde, et *Une fusillade de prisonniers* par les soldats de Murat. Ces tableaux sont assez médiocres; la composition en est lourde et confuse et le coloris froid. Goya ne paraît pas avoir le sentiment dramatique. Ses portraits sont beaucoup plus intéressants; celui de *Charles IV* est magnifique; le roi, à cheval, en uniforme de colonel des gardes, est bien posé et vigoureusement peint. Celui de la reine *Marie-Louise* est également remarquable. Sur une autre

17.

grande toile se trouvent reunis tous les membres de la famille royale; ils sont bien groupés, bien vivants et il y a tout lieu de croire que leur ressemblance est exacte. Dans ce cas, Leurs Majestés étaient fort laides et d'une figure peu avenante.

Pour bien apprécier le talent si original de Goya, il faut monter à l'étage supérieur du Musée. Là, plusieurs salles sont remplies de grands cartons pour tapisseries, ayant pour sujets des scènes de la vie du peuple espagnol : des *Vendanges, Une noce, Une querelle à la porte d'un cabaret,* etc. Toutes sont traitées avec beaucoup de vérité et de verve ; quelques figures sont même caricaturées d'une manière très spirituelle. Quoique Goya ait habité la France pendant assez longtemps, il y est à peu près inconnu.

On ne saurait mieux terminer cette revue sommaire du musée du Prado qu'en signalant les chefs-d'œuvre de Murillo et de Velasquez, ces deux rois de l'École espagnole. Si différents qu'ils soient sous tous les rapports, on ne se lasse pas de les revoir et de les admirer. Le Musée et les églises de Séville possèdent un grand nombre de tableaux de Murillo; le Prado est presque aussi riche; on en compte quarante-six. Presque tous devraient être cités ; il faut se borner à en mentionner quelques-uns.

Un enfant, appuyé sur le genou de son père, agace un petit chien en lui montrant un oiseau qu'il tient en l'air. Au second plan, une jeune femme assise devant un rouet interrompt son travail et les regarde. C'est une charmante scène d'intérieur dans un modeste ménage ; on en a fait une *Sainte Famille* dite du petit oiseau (*del pajarito*).

L'*Adoration des bergers*. Marie, agenouillée près de la crèche, soulève le voile qui recouvre son fils pour le laisser voir aux bergers. Une vive lumière éclaire le corps de l'enfant et la tête de la mère ; les autres parties du tableau sont dans l'ombre.

L'*Annonciation*. Marie, les bras en croix sur la poitrine, est agenouillée devant une table sur laquelle est posé le lys symbolique ; elle écoute, les yeux baissés, l'ange qui lui montre une colombe planant au milieu d'anges dans une gloire lumineuse. La tête de la Vierge a une expression ravissante d'étonnement et de pureté.

L'*Apôtre saint Jacques* tenant un livre d'une main et s'appuyant de l'autre sur un bâton de pèlerin. La pose est pleine de noblesse.

Dans un paysage émaillé de fleurs et arrosé par un ruisselet, le petit saint Jean va boire l'eau que Jésus enfant lui présente dans une coquille. Au premier plan, un agneau lève la tête et les regarde. Ce groupe est d'une grâce exquise. Le tableau est connu sous le nom de : *Enfants à la coquille* (*los niños de la concha*).

Rebecca donnant à boire à Eliezer. Les têtes des compagnes de Rebecca sont charmantes et d'un type bien espagnol.

La Conversion de saint Paul. Le juif Saul, qui deviendra l'apôtre, est renversé de son cheval et frappé de cécité ; il se retourne du côté de la voix qui lui crie : *Quid me persequeris ?* Ce groupe est dans l'ombre ou dans la demi-teinte; au haut de la toile resplendit le Christ portant sa croix.

La Porciuncula. Jésus-Christ accorde à saint François le jubilé de la chapelle d'Assise. La Vierge et le Christ, assis dans un nuage au milieu d'anges qui répandent une pluie de roses, apparaissent à saint François agenouillé sur les marches d'un autel.

Saint Ildefonse recevant une chasuble des mains de la Vierge. Une vieille femme, tenant une lumière et agenouillée derrière le Saint, assiste au miracle.

Sujet mystique. Saint Bernard à genoux dans sa cellule reçoit le lait virginal de Marie qui lui apparaît dans un nuage, portant son fils dans ses bras. Ce sujet bizarre est bien espagnol.

. *Saint Augustin*, agenouillé sur les marches d'un autel, adore la Vierge et le Christ dans une Gloire.

Saint François de Paule, appuyé sur un bâton, contemple dans le ciel le soleil de la charité brillant au milieu des nuages.

Ces six derniers tableaux représentent des apparitions ou des extases de religieux. C'est un genre de sujet que Murillo aimait à peindre, et dans lequel il est sans rival. Le coloris en est splendide, les chœurs de petits anges sont ravissants et les têtes des saints expriment un sentiment profond de béatitude et de tendresse mystique; la teinte foncée de leur robe de bure fait avec la lumière céleste un contraste d'un grand effet.

On peut citer encore :

Une Vierge assise, tenant son fils dans ses bras; un

chapelet est entre leurs mains. On l'appelle *la Vierge au Rosaire*.

Sainte Anne donnant une leçon à la Vierge. Sainte Anne est assise; la Vierge, fillette de sept ou huit ans, se tient debout près d'elle, un livre ouvert à la main, et l'écoute en la regardant. Un nœud de ruban est, suivant la mode andalouse, piqué dans ses longs cheveux flottants. Deux petits chérubins suspendus dans le ciel vont poser sur sa tête une couronne de fleurs. Ce tableau est ravissant. Le geste de sainte Anne qui, d'une main, complète les explications de la leçon, et la pose de l'enfant la regardant avec une attention intelligente, le doigt sur la ligne qu'elle vient de lire, sont d'un naturel plein de grâce et de vérité. *La leçon de sainte Anne* est, comme la *Sainte Famille au petit oiseau*, une scène familière; c'est l'apparition des anges qui lui donne une signification religieuse.

Un Christ en croix dans un pays désert et accidenté. Une lueur mourante éclaire l'horizon.

Trois Conceptions. On remarquera surtout celle dans laquelle la Vierge est portée par cinq anges tenant une palme, un rameau d'olivier, des roses et des lys; c'est un chef-d'œuvre.

Le Martyre de saint André. Suivant la tradition, le saint est attaché sur une croix en X. Ce martyre fait le sujet d'un beau et grand tableau de Roelas au musée de Séville; la composition de Murillo est à peu près semblable dans son ordonnance générale, mais elle est moins compliquée et plus claire; elle est très dramatique et d'un coloris puissant.

Quatre petites toiles racontent la parabole de l'*Enfant prodigue*. Ce sont des tableaux de chevalet et, à ce titre, ils offrent un intérêt particulier.

Murillo est réaliste comme tous les peintres espagnols, mais il anime ses figures d'un sentiment si pur et si élevé, qu'on peut dire qu'il les idéalise.

Si Murillo est peu connu en Europe, Vélasquez l'est encore moins, il l'est même à peine en Espagne; le musée de la ville où il est né, Séville, et où il a fait ses premières études, ne possède pas un seul de ses ouvrages. Son œuvre presque entier est au Prado; on ne rencontre en Italie que quelques portraits de ce célèbre artiste, et, au Louvre, qu'une seule toile un peu importante représentant Philippe IV en costume de chasse, laquelle n'est d'ailleurs que la réplique, ou même la copie de celle qui est au Prado. Le tableau du Louvre a été acheté 23,000 fr. en 1862; si c'est une copie, il est un peu cher.

Don Diego Velasquez de Silva fut élève de Herrera-le-Vieux et de Pacheco à Séville, puis il vint à Madrid et gagna promptement la faveur du roi Philippe IV, peintre amateur qui régnait sous le gouvernement du Comte-Duc d'Olivarès, et s'occupait plus de peinture que de politique. Il devint son *Privado*. A l'âge de trente ans, il partit pour l'Italie, sur le conseil de Rubens, pour y étudier les œuvres des grands artistes du siècle d'or, et, deux ans après, il revint en Espagne où il mourut en 1660, à l'âge de soixante et un ans.

Sur les soixante toiles que possède le musée du

Prado, trente-huit sont des portraits; quatre représentent des sujets religieux, un seul, un fait historique, la reddition de Breda. Les autres sont des tableaux de fantaisie et des paysages; presque tous sont de grande dimension.

Velasquez est un des maîtres de la peinture; nul ne l'a surpassé, ni peut-être égalé, dans la partie technique de son art. Sa touche est large et facile, toujours appropriée à l'effet qu'elle doit produire, son coloris vigoureux, exact et harmonieux, son dessin précis et d'une correction parfaite. Il est essentiellement naturaliste; les figures et les groupes qu'il trace sur la toile sont si vivants et si vrais, ils se gravent si bien dans la mémoire qu'on ne saurait les oublier, ne les eût-on vus qu'une seule fois. Les attitudes, les expressions, se rapportent si bien à l'action qu'on ne les imaginerait pas autrement. Velasquez possède, comme les grands écrivains, le don de la propriété des termes, et l'on peut dire de lui qu'il est le plus éminent prosateur de la peinture. Il ne s'attache pas seulement à la forme extérieure, il exprime aussi la vérité morale. Ses portraits sont admirables, ils révèlent une observation profonde du caractère du personnage représenté. Philippe III est un bellâtre glorieux et dédaigneux; le Comte-Duc d'Olivarès personnifie bien le grand seigneur impérieux et arrogant. Cependant, Velasquez étonne plus qu'il ne charme; il aurait été un artiste complet, s'il avait su mêler un grain de poésie à sa magnifique prose, un peu d'idéal à son naturalisme, s'il avait possédé la puissante imagination et le génie créateur des grands artistes italiens des XVe et XVIe siècles.

Ses portraits équestres, de grandeur naturelle, sont de véritables tableaux. Chevaux et cavaliers s'enlèvent en vigueur sur un horizon profond plein d'air et de lumière. On pourra remarquer que les chevaux sont assez lourds et de formes plutôt flamandes qu'espagnoles. Velasquez a représenté ainsi : *Philippe III* et sa femme *Marguerite d'Autriche*, *Philippe IV* et sa femme *Marguerite de Bourbon*, le prince *Balthazar Carlos*, âgé de six ou sept ans, galopant sur un poney, et le *Comte-Duc d'Olivarès* cuirassé, empanaché et tenant à la main le bâton de commandement. *Philippe IV* a été portraituré à tous les âges : à pied, en buste ; jeune homme, revêtu d'une armure ; homme fait, en costume de chasse ; à l'âge de cinquante ans, à moitié armé, éperonné, ayant un lion couché à ses pieds. Ce triste souverain n'était pas beau ; sa physionomie est sans expression, l'œil est morne, la bouche épaisse et le bas du visage proéminent. La race de Charles-Quint était déjà bien abâtardie.

Velasquez a fait aussi le portrait de plusieurs autres membres de la famille royale : *Don Carlos*, neveu du roi ; la *Reine de Hongrie*, sa sœur ; *Ferdinand d'Autriche*, son frère ; *doña Mariana*, sa seconde femme, et *Marie-Thérèse*, sa fille, qui fut plus tard reine de France. La plupart de ces portraits sont admirables ; ils respirent la vie ; les détails de leurs riches costumes sont très finis d'exécution et reproduisent fidèlement les modes ridicules du temps. La future femme de Louis XIV, la petite infante Marie-Thérèse, âgée d'environ dix ans, est plus large que haute dans son *Guard'infante* dont les crinolines d'il y a trente ans n'étaient que des diminutifs.

Une scène de l'atelier de Velasquez peut se rattacher à cette série de portraits royaux, parce qu'elle représente l'artiste peignant celui de la jeune infante Marguerite. Velasquez est debout devant son chevalet, ayant en face de lui la fillette entre ses deux menines; l'une d'elle lui offre à boire. On voit, à droite, deux nains grotesques, *Barbola* et *Pertusato,* qui taquinent un gros chien. Une glace placée au fond de l'atelier reflète les images du roi et de la reine, qui sont ainsi censés être présents; un gentilhomme ouvre, pour sortir, une porte donnant sur un jardin. Ce grand tableau est célèbre sous le nom de *Las Meninas.* L'art du peintre produit ici une illusion complète; la scène est vivante, la perspective merveilleuse; l'air et la lumière circulent partout. C'est la réalité transportée sur la toile. Des tons gris d'une finesse exquise harmonisent des effets divers et savamment ménagés de lumière et d'ombre. C'est à l'occasion de ce tableau que Philippe IV aurait nommé Velasquez chevalier de l'ordre de Saint-Jacques, et la chronique raconte que le roi peignit de sa main sur le pourpoint du peintre les insignes de l'ordre. Cette chronique n'est pas beaucoup plus vraie que beaucoup d'autres; le tableau des *Meninas* a été exécuté en 1656, et ce n'est que trois ans après que Velasquez put porter la croix de Saint-Jacques, qui aura sans doute été figurée plus tard sur le tableau.

La cour de Philippe IV, avec ses modes extravagantes de la Golille et du Guard'infante, avait conservé quelques usages des siècles précédents. Le roi attachait à son service privé des nains grotesques et difformes et des bouffons qu'on appelait hommes de plaisir ou d'amusement (*Hombres de placer*). Velasquez en a immortalisé quelques-uns par ses portraits. C'est *Pablillos* de Valladolid, vêtu de noir, les jambes écartées et dans l'attitude de la déclamation. Ce personnage, de physionomie vulgaire, a un tel relief qu'il semble sortir de la toile. Puis *Barbaroja*, costumé à la turque; enfin, le bouffon appelé *don Juan d'Autriche*, qui tient dans la main droite un long bâton garni de franges rouges et porte une clef de fer sur la poitrine. On voit au fond un navire en flammes. Serait-ce une allusion grotesque à la bataille de Lépante et à son glorieux vainqueur?

Les nains connus sous les noms de *El primo, Sebastien de Morra, Antoine l'Anglais*, sont revêtus de riches costumes; ils sont affreux, ce sont des monstres, mais ils sont admirablement peints. On pourrait ajouter à cette série le *Fou de Coria, Ésope et Ménippe*.

On doit citer encore trois grands tableaux dans lesquels le naturalisme et la science du coloris sont portés à leur plus haut degré de perfection.

Les Buveurs ou les Ivrognes (*Los Borrachos*). Un homme demi-nu (Bacchus ou le roi des buveurs), la tête ceinte de pampres, pose une couronne de feuillage sur celle d'un soudard agenouillé devant lui. A droite, et un peu en arrière, sont deux buveurs; l'un d'eux, presque nu, est appuyé sur le coude et tient une coupe. A gauche, cinq personnages à trognes avinées sont armés de verres et de tasses, coiffés de sombreros bossués, et enveloppés de vieux manteaux troués, rapiécés, effilochés, comme on en voit encore si souvent en Espagne. L'un rit au nez du spectateur d'un rire heureux et bestial, un autre salue gravement en soulevant son chapeau. Le corps nu de Bacchus, blanc, gras et bouffi, est en pleine lumière ; ses acolytes, ridés, barbus et basanés, sont dans la demi-teinte et vêtus d'étoffes sombres. Tout ce vilain monde est bien vivant et figurerait à merveille dans une taverne ou dans une cour des miracles.

La Forge de Vulcain est aussi, dans le même genre, une admirable peinture. Vulcain, debout devant une enclume, est en train de travailler avec quatre ouvriers à demi nus comme lui. Apollon survient et lui apprend ses infortunes conjugales. Le travail s'est arrêté ; les attitudes, l'expression de la physionomie des forgerons sont si vraies, qu'on devine sans peine les sentiments qui animent chacun d'eux. La grimace que fait Vulcain exprime l'étonnement et la colère ; un des ouvriers a l'air de compatir aux mésaventures de son patron ; un autre, au contraire, paraît s'en réjouir. Ils n'ont rien de mythologique ; ce sont de rudes ouvriers assez laids. Velasquez peignait rarement les nus ; ceux de la *Forge de Vulcain* sont très correctement modelés ; quant au coloris, son effet est prodigieux. La lumière de la forge et celle du jour qui pénètre par la porte où se tient Apollon sont distribuées avec un art incomparable.

Le tableau des Fileuses (*de las Hilanderas*) n'est pas moins remarquable; il représente, au premier plan, les ouvrières de la fabrique de tapis de Sainte-Isabelle se livrant à diverses opérations de leur métier, et, au fond, trois señoras qui examinent des tapis. Ce sujet n'a rien de bien intéressant et les têtes des ouvrières sont assez vulgaires. Les figures du premier plan sont dans la pénombre, celles du fond sont, au contraire, très éclairées. Il y a, dans ce tableau, d'étonnants effets de lumière et de perspective; il est très largement traité; quelques détails même paraissent à peine terminés; il faut le regarder à une certaine distance.

Velasquez a peint aussi des paysages. Le plus important a pour sujet *Saint Antoine abbé visitant saint Paul Ermite*. Les deux personnages causent assis au pied d'un énorme rocher; un corbeau apporte à saint Paul son pain quotidien. Celui-ci, les mains jointes et les yeux levés au ciel, rend grâces à Dieu, tandis que saint Antoine exprime, par son attitude, son étonnement de ce miracle. Derrière le rocher s'étend un horizon profond et lumineux. On aperçoit, au fond, dans des dimensions très réduites, saint Antoine se dirigeant vers la cellule de l'ermite, à gauche, saint Antoine priant près du corps de son ami, et deux lions creusant une fosse. C'est un paysage de haut style, comme ceux du Poussin. Son aspect grandiose et solennel s'élève bien au-dessus du naturalisme; s'il n'étonne pas autant que d'autres tableaux du maître, il émeut davantage. Velasquez l'a peint en 1659, peu de temps avant sa mort.

Le fameux *Tableau des Lances* devrait être intitulé *la Reddition de Breda ;* c'est la seule page historique de Velasquez et c'est une œuvre capitale. Le général espagnol, Spinola, entouré de son état-major et accompagné d'un détachement de piquiers, s'avance au-devant du gouverneur flamand ; celui-ci, suivi d'un groupe de hallebardiers, lui présente les clefs de la ville en s'inclinant. Spinola, avec un air plein de dignité et de courtoisie, pose la main droite sur l'épaule du vaincu, et semble vouloir le consoler de sa défaite. Dans un fond lumineux on aperçoit la ville de Breda et les grandes plaines du Brabant. A droite, derrière la croupe d'un cheval bai qui sert de repoussoir, apparaissent la tête brune et les moustaches en croc d'un officier coiffé d'un chapeau à larges bords ; c'est le portrait de Velasquez. La ville de Breda a été prise en 1625 et le tableau peint en 1647. La composition de ce chef-d'œuvre est claire, bien ordonnée ; elle n'a rien de banal ni de convenu, rien qui ne se rapporte à l'action ; les physionomies sont expressives, les attitudes pleines de vérité, et le coloris est puissant et harmonieux, comme dans tous les tableaux de Velasquez. Les soldats de Spinola sont armés de longues lances qui se dressent verticalement et rayent de leurs lignes noires près de la moitié du fond. Cette rayure produit un effet bizarre, et elle pourrait passer pour une faute de goût, si elle n'était pas justifiée par les exigences de la mise en scène ; il n'y a pas de piquiers sans piques. Elle a donné au tableau le nom sous lequel il est resté célèbre.

Velasquez n'a peint qu'un très petit nombre de tableaux religieux ; celui qui représente *Jésus crucifié* offre donc un intérêt particulier. Le Sauveur est attaché sur la croix ; le corps s'enlève en vigueur sur un fond presque noir, la tête s'incline sur l'épaule et une partie du visage est voilée par la chevelure ; les pieds et les mains sont tachés de sang. Cette magnifique peinture est savamment dessinée et d'un coloris puissant, mais le sentiment naturaliste y domine. C'est un homme crucifié ; ce n'est pas l'Homme-Dieu mourant pour racheter les fautes du genre humain.

En circulant dans la grande galerie, on passe près de deux longues vitrines remplies de gemmes et de cristaux gravés, de coupes, de vases, de coffrets enrichis de pierres précieuses, ciselés et décorés par des artistes de la Renaissance. Quelque intéressants que soient ces objets par la beauté de la matière et la perfection du travail, on les regarde à peine ; l'attention est absorbée par les chefs-d'œuvre de la peinture. Il en est de même pour le Musée de sculpture placé au-dessous du salon de la reine Isabelle ; il renferme pourtant quelques antiques et des ouvrages modernes assez importants en marbre et en bronze. C'est à Valladolid que se trouve le véritable Musée de la statuaire espagnole en bois peint.

Si riche qu'il soit, le musée du Prado ne possède pas tous les chefs-d'œuvre que la peinture espagnole peut offrir à l'admiration des voyageurs ; l'Académie des beaux-arts de San-Fernando le complète. Sa collection de tableaux est distribuée dans plusieurs grandes salles dont quelques-unes sont malheureusement assez mal éclairées. On y remarquera :

Un Saint Jérôme écrivant au son de la trompette céleste et une *Tête coupée* par Ribera.

Madeleine dans le désert et une copie *du Spasimo* de Raphaël par Carreño. Dans cette copie, Carreño a beaucoup exagéré la coloration un peu briquetée de l'original.

Un *Songe sur la fragilité des choses humaines*, tel est le titre un peu long d'un très beau tableau d'Antonio Pereda représentant un jeune homme endormi devant une table, la tête appuyée sur la main. La table est couverte de bijoux et de têtes de mort ; au-dessus plane une figure ailée déployant une banderole.

La *Prédication de Saint Jean-Baptiste*, par Vicente Carducci.

Un magnifique *Christ en croix*, par Alonso Cano.

Un *Ecce Homo* et une *Pietà* noirs, durs, décharnés, du divin Moralès.

Un *Moine à genoux devant le Christ*, et la *Vierge et l'Enfant apparaissant à un moine*, grand tableau bien composé, bien dessiné et d'une bonne couleur. Ces deux toiles sont de Claudio Coello.

Quatre *Moines vêtus de blanc* par Zurbaran ; figures vigoureusement peintes et d'un beau style.

Les Funérailles du comte d'Orgaz, par Le Greco. Le tableau entier est à Tolède, dans l'église de San-Tomé ; San-Fernando n'a que la copie ou la répétition de la partie inférieure.

Plusieurs tableaux de Goya spirituellement com-

posés et d'une grande fraîcheur de coloris; entre autres :
Une *Maja, le Tribunal de l'inquisition* et la *Maison des fous.*

Enfin trois chefs-d'œuvre de Murillo qui se trouvent heureusement placés dans les salles les mieux éclairées; ils ont fait le voyage du Louvre pendant les dernières années de l'Empire. Deux d'entre eux ont pour sujet la légende de la *Fondation de Sainte-Marie-Majeure* à Rome. Dans l'un, la Vierge et l'enfant Jésus apparaissent à deux personnages endormis dans leur palais et leur montrent la place où l'église devra être édifiée. Dans l'autre, les deux personnages à genoux devant le pape Liberio lui racontent leur vision. On aperçoit dans le lointain, à droite, une longue procession se dirigeant vers le lieu désigné pour l'érection du nouveau temple. Ces deux admirables tableaux sont connus sous le nom de *Los medios puntos.*

Sainte Élisabeth de Hongrie guérissant les teigneux. Au milieu de la toile, Élisabeth, debout et portant la couronne royale, éponge la tête d'un enfant demi-nu penché sur un bassin d'argent. A droite de la reine sont deux dames de la cour tenant, l'une une aiguière, l'autre un plateau. A sa gauche, un teigneux faisant la grimace se gratte avec énergie la tête et la poitrine, et un paralytique s'éloigne appuyé sur ses béquilles. En bas, au premier plan, un malade assis sur la marche d'un escalier enveloppe sa jambe rongée d'ulcères; de l'autre côté une vieille femme accroupie se retourne vers la reine. Au fond, on aperçoit, sous les arcades d'un palais, de petites figures qui représentent Élisabeth présidant u repas de ses hôtes.

Le naturalisme de Velasquez n'aurait pas rendu avec plus de puissance et de vérité la laideur et les infirmités des malheureux qui entourent la reine ; celle-ci, richement vêtue, ainsi que ses deux jeunes suivantes, est belle d'une beauté idéale. Le mouvement de ses mains indique que ce n'est pas sans une répugnance instinctive qu'elle accomplit l'acte de charité que sa foi chrétienne lui commande. Ce contraste entre la beauté, la jeunesse, la richesse et la laideur, la souffrance et la misère est d'un effet saisissant et porte en soi un haut enseignement moral. Murillo ne fait pas intervenir le surnaturel dans cette scène ; elle est toute humaine et n'en est que plus admirable. Son tableau n'excite pas seulement l'étonnement par la perfection de l'exécution ; il inspire un sentiment plus élevé ; il émeut profondément, et c'est avec raison qu'il est mis au nombre des plus grands chefs-d'œuvre de la peinture.

On ne peut pas faire un voyage en Espagne sans passer par Madrid, et l'on ne peut pas passer par Madrid sans s'y arrêter. Cette capitale ne présente pas un intérêt bien particulier, cependant on y prolonge volontiers son séjour pour pouvoir admirer à loisir les nombreux chefs-d'œuvre que renferment ses Musées. Alors même que Madrid n'offrirait pas d'autres attractions, celle-là suffirait.

CHAPITRE XIV

L'Escorial. — Le couvent. — L'église. — La bibliothèque.
— L'appartement de Philippe II. — Le palais. — **Valla-
dolid.** — La ville. — La cathédrale. — San-Pablo. — San-
Grégorio. — Le musée.

DOUZE lieues seulement séparent l'Escorial de Madrid. En quittant cette capitale, on aperçoit bientôt
à l'horizon la haute muraille du *Guadarrama*, dont les
cimes neigeuses se découpent sur le ciel. La voie
ferrée traverse d'abord une plaine nue, mamelonnée,
sans arbres, sans habitations; puis elle s'engage au
milieu de massifs de roches granitiques, franchit des
torrents desséchés et s'élève sur les pentes de la
montagne. La pierre est grise, la végétation noire et
rabougrie; çà et là croissent quelques chênes verts et
quelques maigres oliviers; tout est triste et monotone.
C'est bien là le cadre qui convenait à un monument tel
que l'Escorial. On découvre bientôt sa masse, terne
comme tout ce qui l'entoure, hérissée de tours, d'aiguilles, de coupoles, de clochetons. Ce Léviathan de

pierre, tout énorme qu'il est, est écrasé par la montagne qui le domine.

On sait que, le 10 août 1557, l'armée espagnole remporta, près de Saint-Quentin qu'elle assiégeait, une victoire sur les troupes françaises. En commémoration de cet évènement, Philippe II fit construire le couvent de l'ESCORIAL, dont le nom officiel est *San-Lorenzo-el-real*. Pourquoi choisit-il ce pays désert et désolé? C'est bien là un trait du caractère de ce roi hypocondriaque. Comme le 10 août était alors, comme il l'est encore aujourd'hui, consacré à saint Laurent, Philippe eut la fantaisie bizarre de donner au monument la forme d'un gril, instrument du supplice de ce martyr.

Pour retrouver cette forme, il faudrait avoir un plan sous les yeux, car, par son aspect général, l'édifice ne la reproduit guère. Sa construction, commencée en 1663 sur les plans de Herrera, ne dura que vingt ans. C'est peut-être le plus grand amas de pierres de taille qui existe en Europe. Une armée d'ouvriers dut y être employée; elle était terminée en 1584, mais les décorations intérieures se continuèrent durant les siècles suivants. L'Escorial est un quadrilatère de deux cents mètres sur cent cinquante-six, plus un appendice qui représenterait le manche du gril; les tours qui s'élèvent aux angles figurent les pieds. Extérieurement, ses hautes murailles, composées de larges assises d'un granit grisâtre, présentent trois étages de petites fenêtres et un étage de mansardes que recouvre une toiture en ardoise. C'est triste, froid, monotone, sans autre caractère que celui de la grandeur géométrique, et ressemble à un vaste hôpital.

Quoique plus de trois fois centenaire, l'Escorial est dans un état parfait de conservation; il paraît fait pour braver l'action destructive du temps. L'intérieur est un labyrinthe inextricable de couloirs, de cours, de portiques à lourdes arcades : quelle différence avec les cloîtres si élégants de l'architecture ogivale ! Le voyageur qui s'y aventurerait sans un guide s'y égarerait certainement. Il renferme, dit-on, quatre mille cinq cents logements, et le nombre de ses fenêtres, tant au dedans qu'au dehors, ne serait pas moindre de dix mille. Quelques cours sont gazonnées et plantées d'arbres verts; dans l'une d'elles, des lignes de buis bien tondu figurent un gril et le dessin des croix d'ordres militaires. Autrefois cet immense couvent était animé par la présence des moines, par le mouvement des courtisans, des généraux, des ambassadeurs; car c'est de là que le sombre Philippe II dirigeait le gouvernement de ses vastes possessions. Aujourd'hui la solitude et le silence règnent partout, le soleil y est sans chaleur et la lumière sans éclat; l'Escorial n'est plus qu'une curiosité dont le principal intérêt est dans son étrangeté et dans les souvenirs historiques qui s'y rattachent.

L'édifice s'élève au milieu d'une grande cour dallée qu'entourent des bâtiments de servitude qui paraissent inhabités. La porte principale s'ouvre sur un des petits côtés; elle est étroite et basse et n'a rien de monumental, quoiqu'elle soit flanquée de hautes colonnes doriques dont l'entablement porte quatre autres colonnes encadrant une statue de saint Laurent avec son gril, et surmontées d'un fronton. Elle donne accès à la cour d'honneur, dite *Cour des Rois;* au fond se développe la façade de l'église, entre deux hauts clochers s'effilant en pyramide. Cette façade, d'ordre dorique, est percée de trois portes et décorée de six statues colossales de rois d'Israël, couronne en tête et tenant des sceptres et d'autres attributs en bronze doré. Au-dessus est un fronton triangulaire et, en arrière, on aperçoit le sommet d'une coupole et le lanternon qui la surmonte.

L'intérieur de l'église est imposant par la grandeur de ses proportions. Quatre énormes piliers soutiennent une large coupole hémisphérique. Le maître autel, élevé d'une vingtaine de degrés, s'appuie à un immense retable décoré de peintures, de statues, d'ornements dorés et de marbres de couleur sombre. De chaque côté, des groupes en bronze doré plus grands que nature, exécutés par Pompeo Leoni, représentent, l'un *Charles-Quint et sa famille,* l'autre *Philippe II, ses trois femmes et son fils don Carlos.* Les personnages sont dans l'attitude de la prière. Les voûtes des nefs et du transept sont couvertes de fresques de Luca Giordano, dont les sujets ont été empruntés à l'Ancien et au Nouveau-Testament. Ces peintures, d'un style assez banal, accusent une prodigieuse facilité de main; l'éclat de leur coloris fait d'autant plus ressortir la nudité et la tonalité grise et froide des parties inférieures de l'église.

18.

Le *Coro* n'occupe pas la nef principale; il est suspendu au-dessus de cette nef sur une voûte très surbaissée d'une grande hardiesse. Son pourtour est garni de stalles Celle dans laquelle Philippe II venait s'asseoir pendant les offices se trouve dans l'angle à gauche; une petite porte pratiquée dans la boiserie faisait communiquer le chœur avec l'appartement de ce moine couronné. On remarquera un énorme lutrin en cuivre sur lequel sont posés des missels dont les feuillets en vélin, illustrés de riches enluminures, n'ont pas moins d'un mètre de hauteur. Au-dessus pend un lustre en cristal de roche de la plus belle eau; certains morceaux étaient assez gros pour qu'on ait pu y tailler des figures d'oiseaux. De grandes fresques d'un coloris brillant, exécutées par Cincinnato et Cangiasi, couvrent la voûte et les murs latéraux; enfin deux buffets d'orgues complètent la décoration de cette partie de l'église.

Dans une petite chapelle ménagée derrière le Coro, au-dessus de la porte d'entrée de l'église, on peut admirer un *Christ en croix* en marbre blanc, de grandeur naturelle, sculpté en 1562 par Benvenuto Cellini, œuvre rare et capitale du célèbre artiste florentin. L'expression de la tête du Sauveur et le modelé du corps sont magnifiques. Quelle différence avec les statues en bois peint! Ce Christ est malheureusement placé dans des conditions peu favorables; on le voit de beaucoup trop près à cause de l'étroitesse de la chapelle.

L'Escorial n'est pas seulement un couvent et un palais; c'est aussi une nécropole royale. Philippe III et

Philippe IV firent creuser, sous le maître autel, une vaste crypte destinée à recevoir les corps des rois, de leurs femmes et de leurs enfants. Cette crypte s'appelle modestement le PANTHÉON. Les souverains de l'Espagne croyaient sans doute qu'en quittant la terre ils iraient prendre leur place parmi les dieux. Un escalier de granit conduit à une porte en bronze et en marbre qui s'ouvre sur un second escalier dont la voûte et les parois sont revêtues de marbres de diverses couleurs. A droite est un caveau dans lequel les morts vont attendre leur sépulture définitive; on le nomme le *Pudridero*, c'est-à-dire le pourrissoir. C'est un vilain mot, mais il exprime bien la destination du lieu. Au bas de cet escalier inférieur, deux portes donnent accès au caveau des rois et à celui des infants. Le premier est octogone, d'un diamètre de trente pieds et d'une hauteur à peu près égale; ses parois sont couvertes d'ornements en bronze doré et de plaques de marbres précieux. A la lueur des torches, on aperçoit, à gauche, quatre étages de niches renfermant des urnes de marbre noir portées par des griffes de lion, dans lesquelles sont déposés les restes mortels des Rois; les Reines ayant donné un héritier au trône sont à droite. Le caveau des Infants et des Reines qui n'ont pas laissé de postérité est disposé de la même manière, mais il est moins somptueux.

Après cette lugubre visite, il faut entrer dans la SACRISTIE. L'Escorial possédait une nombreuse et belle collection de tableaux de maîtres de toutes les écoles; ils y étaient enfouis et ignorés. Presque tous en ont été retirés et placés dans le musée du Prado, où le public et les artistes peuvent les admirer et les étudier. Il en reste cependant quelques-uns dans la sacristie. Au fond d'une vaste salle, à voûte très surbaissée et richement décorée de caissons et de rosaces, s'élève un autel dont le retable a été peint par Claudio Coello en 1690. L'histoire raconte que Rodolphe II, empereur d'Allemagne, ayant sauvé du sacrilège une hostie consacrée que des hérétiques avaient foulée aux pieds, l'envoya à Philippe II. Cette hostie (*Santa Forma*) fut reçue à l'Escorial en grande solennité. Le tableau de Coello, appelé de la *Sainte Forme*, représente la cérémonie qui eut lieu à cette occasion. On voit, à droite, le roi à genoux, un cierge à la main, au milieu d'un groupe de courtisans, et, de l'autre côté, des dignitaires de l'Église. La composition, le dessin, le coloris de ce grand tableau, sont magnifiques. C'est, dit-on, le chef-d'œuvre du dernier des maîtres de l'École espagnole. Il masque une petite chapelle, *el Camarin*, dans laquelle la *Sainte Forme* est conservée sous un riche tabernacle en bronze doré; on l'expose plusieurs fois par an; alors le tableau de Coello descend dans les dessous, au moyen de coulisses et de contre-poids, comme un décor de théâtre.

On remarquera aussi dans cette sacristie :

Le *Martyre de saint Maurice* du Greco; c'est un de ses meilleurs tableaux. La composition en est assez confuse et le coloris terne, mais les figures ont beaucoup de mouvement et l'expression des têtes est bien vivante.

Un *Lavement des pieds*, par Le Tintoret;

Les Fils de Jacob rapportant à leur père la tunique de Joseph, par Vélasquez;

Une très belle *Cène* du Titien;

Une *Descente de croix* de Van-der-Weiden;

La *Décollation de Saint-Jacques-le-Majeur*, par Navarette. La composition de ce tableau est dramatique, les figures d'un bon style, le coloris puissant et les effets perspectifs habilement ménagés. L'Escorial possède en outre deux belles œuvres de cet artiste sourd-muet, un *Christ à la Colonne* et une *Sainte Famille*. Ses tableaux sont rares, il n'y en a que trois au musée de Madrid.

Juan Fernandez de Navarette est surtout connu sous le nom de *El Mudo* (le Muet). A peine âgé de trois ans, il perdit l'ouïe, et, par suite, la parole. Celui-là était bien né peintre, car, malgré la double infirmité qui semblait devoir le condamner à l'impuissance, les facultés exceptionnelles dont la nature l'avait doué acquirent leur plein développement, et il devint un des peintres les plus éminents du XVIe siècle. Après avoir étudié et travaillé en Italie pendant vingt ans, particulièrement dans l'atelier du Titien, il revint en Espagne où il fut investi de la charge de peintre du roi. Il mourut à Tolède en 1579. On l'a surnommé le Titien espagnol; son style simple et élevé ainsi que la richesse harmonieuse de son coloris rappellent, en effet, la manière du célèbre Vénitien.

En sortant de la sacristie, on se trouve dans une grande cour carrée entourée d'un portique à deux étages et égayée par quelques massifs de verdure et par une fontaine en marbre. D'assez mauvaises fresques couvrent les murs du rez-de-chaussée. Au milieu de l'un des côtés, s'ouvre un escalier monumental composé d'une large rampe aboutissant à un grand palier et se continuant par deux rampes en retour. La partie supérieure de cette vaste cage a été décorée par Luca Giordano. Le *Siège*, la *Bataille,* et la *Prise de Saint-Quentin* sont représentés sur la frise; les peintures de la voûte ont pour sujets la *Fondation de l'Escorial* et *saint Jérôme présentant Charles-Quint et Philippe II à la Sainte-Trinité* trônant sur des nuages au milieu des phalanges célestes. Au premier plan, des personnages, costumés comme au temps de Charles II, sont groupés le long d'un balcon. Luca Giordano justifie bien son surnom de *Fa presto;* c'était un brillant improvisateur; il possédait une facilité de travail peu commune; ses compositions ont du mouvement, son coloris de l'éclat; mais son style est banal et surtout décoratif. On raconte que des courtisans, jaloux de la faveur dont il jouissait près de Charles II, firent courir le bruit qu'il ne savait pas peindre à fresque, mais seulement sur toile, et que la toile était ensuite appliquée à la muraille. Profitant d'une visite que le roi faisait à l'Escorial, ils lui firent remarquer une déchirure sur le bord de la frise, à droite. On l'y voit, en effet; mais cette déchirure avait été malicieusement peinte sur le mur par Giordano, prévenu à temps par ses amis. Le trompe-l'œil était très réussi, et la calomnie se trouva confondue.

La Bibliothèque occupe, au premier étage, une longue et large galerie dont la partie supérieure a été peinte à fresque par Pellegrini et Carducci. Les tableaux de la voûte représentent les Arts libéraux ; leur coloris est éclatant et criard ; ils sont de Pellegrini. Ceux de Carducci, qui couvrent la frise, ont une tonalité plus harmonieuse ; l'ensemble est d'un assez bel effet décoratif. Les livres sont rangés dans de hautes armoires vitrées ; quelques grands in-folio portent leur titre sur la tranche dorée. Cette bibliothèque est, dit-on, très riche en livres rares, en manuscrits précieux et en documents orientaux ; il est à craindre que toutes ses richesses ne soient stériles, car elle paraît peu fréquentée. Il vient à l'Escorial plus de curieux que d'érudits.

Au milieu de la galerie, des vitrines renferment des livres et des manuscrits rarissimes et de toute beauté, tels que :

Les *Bréviaires de Charles-Quint, d'Isabelle et de Philippe II*, dont les feuillets sont encadrés d'ornements élégants et de belles miniatures.

Le *Livre des quatre Évangélistes,* avec de grandes enluminures ; il date de 1050. L'ordonnance des groupes et le dessin des figures sont d'une naïveté toute primitive.

Une *Bible en hébreu* du VIII⁰ siècle.

Un *Coran* de 1594 en caractères arabes; c'est une merveille de calligraphie.

Un volume du X⁰ siècle intitulé : *Vigilamos.*

El Arbol de amor, recueil de poésies de 1288, par Malfre.

Des *Portraits de Charles-Quint et de Philippe II* ont été placés dans cette galerie; ils sont de Pantoja de la Cruz. Charles-Quint est cuirassé; la bouche est fine, les yeux grands et un peu saillants, le nez assez long et légèrement busqué, les cheveux bruns et taillés en brosse : une moustache et une mouche couvrent en partie le bas du visage. Philippe II, déjà vieux, est vêtu de noir; il a bien la physionomie de son caractère, l'air dur, triste et grognon. Tel il devait être lorsqu'il errait dans les cloîtres de l'Escorial. Son portrait doit être authentique; le peintre était contemporain du roi.

On arrive à l'appartement qu'habitait Philippe II par un couloir assez sombre, pavé en granit, après avoir traversé une longue galerie dite *des Batailles*. Les murs de cette galerie sont couverts de peintures qui ont pour sujet : d'un côté, la *Bataille de la Higuerela entre les Maures et les Chrétiens* (1431), et de l'autre le *Siège*, la *Bataille* et la *Prise de Saint-Quentin*. Les nombreuses petites figures qui peuplent ces tableaux ont beaucoup de mouvement, mais le dessin en est assez incorrect. Aux deux extrémités, d'autres fresques représentent : le *Port de Madère* et un *Combat naval*. Ces peintures ont été exécutées sous le règne de Philippe II et elles doivent reproduire exactement l'ordonnance, la composition et l'armement des troupes et des flottes à cette époque. Presque toute l'infanterie porte de longues piques; les vaisseaux sont percés de plusieurs étages de canons et sont surmontés de châteaux à l'avant et à l'arrière, comme devaient être ceux de

Lépante et de l'invincible Armada. Ces détails d'armement et de gréement sont très curieux et très intéressants à étudier au point de vue de l'histoire militaire.

Philippe II est une des grandes figures politiques du XVIe siècle; c'est cependant de son règne, qui ne dura pas moins de quarante-deux ans, que date la décadence de l'Espagne. Son père, le puissant Charles-Quint, parcourait sans cesse ses vastes États, négociant et guerroyant de sa personne : du fond de son cabinet, Philippe agitait toute l'Europe par ses intrigues et faisait la guerre par ses généraux. Génie dur, sombre, absolu, tenace, très laborieux et très appliqué, il échoua dans la plupart de ses entreprises; champion du Catholicisme contre la Réforme, il épuisa l'Espagne par son despotisme politique et son fanatisme religieux. Les dernières années de sa vie s'écoulèrent au couvent de l'Escorial dans les pratiques d'une dévotion minutieuse et dans l'austérité d'une existence presque monacale. L'appartement qu'il habitait est encore garni de la plupart des meubles dont il se servait, et ce n'est pas la partie la moins curieuse du couvent. Il ne se compose que de trois pièces, une salle oblongue et deux grandes alcôves s'ouvrant sur cette salle; l'une était sa chambre à coucher, l'autre son cabinet de travail. On y voit encore un fauteuil grossier en bois noir recouvert de cuir, deux tabourets, et la chaise sur laquelle il posait sa jambe goutteuse et rongée d'ulcères, un grand bureau sans ornements, un casier à papiers, un casier à livres en bois presque brut, un portefeuille et une sphère armillaire en cuivre. Les murs sont nus et blanchis à la chaux. Lorsque Philippe II était hors d'état de se lever, une petite fenêtre s'ouvrait près de son lit, afin qu'il pût voir le prêtre officiant à l'autel. C'est là que vécut longtemps et que mourut, à l'âge de soixante et onze ans, celui qui pouvait se croire alors le souverain le plus puissant de l'Europe. La salle qui précède les cellules royales est nue et carrelée ; elle n'a pour tout ameublement que des chaises grossières et des pliants sans dossiers, en bois noir et en cuir. C'était l'antichambre où les généraux, les prélats, les inquisiteurs, les ambassadeurs, venaient attendre que sa majesté voulût bien les recevoir.

Les souverains qui succédèrent à Philippe II n'eurent sans doute pas la même prédilection que ce prince pour la triste résidence de l'Escorial ; dans tous les cas, ils s'y installèrent d'une façon moins monacale et plus confortable. La partie de l'édifice qu'ils s'étaient réservée s'appelle le *Palais*, et elle ne ressemble pas aux cellules de Philippe II. Ce soi-disant Palais se compose aujourd'hui d'une enfilade de galeries et de salons qu'égayent de belles tapisseries aux vives couleurs exécutées d'après des cartons de Teniers, de Bayeu, de Goya, et représentant des fêtes champêtres et des scènes de la vie espagnole. Plusieurs salons et cabinets sont décorés avec une grande recherche ; les murs sont tendus d'étoffes de soie encadrées de bordures brodées à la main ; les panneaux des portes, les cadres des fenêtres, les volets, les cimaises, les parquets, sont couverts de dessins en marqueterie rehaussés de filets de cuivre doré : on les qualifie de Chambres des beaux bois (*de maderas finas*). Toute la serrurerie est en acier poli d'une délicatesse et d'un fini d'exécution remarquables. Quant aux meubles, la plupart sont vieux, usés et de tout style. Rien n'indique d'ailleurs que ces appartements soient habités maintenant; ils sont devenus une curiosité.

Auprès du couvent se sont groupées quelques maisons qui forment deux agglomérations; l'une s'appelle l'Escorial d'en haut (*de Arriba*), l'autre l'Escorial d'en bas (*de Abajo*). Ce sont de tristes résidences; cependant on y remarque plusieurs habitations assez élégantes dans lesquelles les Madrilègnes viennent passer les mois les plus brûlants de l'été.

En quittant l'Escorial, le chemin de fer escalade les pentes désolées du *Guadarrama*, au milieu de rochers, de ravins, de broussailles; les tunnels, les viaducs, se succèdent sans cesse. A *Naval-Peral*, il traverse une grande forêt de pins et de chênes; à *Herradon*, il atteint son point culminant (1,359 mètres). C'est une altitude supérieure à celle du Saint-Gothard et du mont Cenis. Il descend ensuite dans la vieille Castille, passe à *Avila*, patrie de sainte Thérèse, à *Medina del Campo*, où mourut Isabelle-la-Catholique, traverse le *Duero* et arrive à *Valladolid*. D'Avila à Valladolid le pays est pauvre, triste, dépourvu de grande végétation; il n'offre aucun intérêt pittoresque.

Les étymologistes sont gens très ingénieux; on ne les trouve jamais en défaut. D'où peut venir le nom de

Valladolid ? Des érudits affirment que cette ville a été bâtie sur l'emplacement d'une cité romaine appelée *Pincia;* mais il serait difficile de faire dériver Valladolid de Pincia. Les étymologistes prétendent donc que Valladolid doit venir de *Valle de Lides* (Vallée des Lices) à cause des plaines qui l'entourent, ou de *Valle de Olores* (Vallée des Odeurs) à cause des plantes aromatiques qui croissent dans ses environs, ou de *Valle de Olivos* (Vallée des Oliviers) à cause de la multitude d'arbres de cette espèce qui couvraient le sol. On peut choisir l'une de ces trois étymologies, sauf à en chercher une autre aussi acceptable. Quoi qu'il en soit, VALLADOLID ne joue un rôle historique qu'au Xe siècle; à cette époque, elle était occupée par les Arabes et s'appelait *Belad-Oualed.* Ordoño II, roi de Léon, s'en empara en 920, et, en 1074, Alphonse V la donna en fief au puissant comté don Pedro de Ansurez qui l'embellit et l'agrandit. Elle fit ensuite retour au royaume de Castille et devint la capitale de l'Espagne. C'est à Valladolid que fut célébré le mariage de Ferdinand et d'Isabelle, que naquit leur arrière-petit-fils Philippe II, et que mourut Christophe Colomb.

Valladolid n'a plus aujourd'hui qu'une importance très secondaire, quoiqu'elle soit la ville la plus peuplée des provinces centrales de l'Espagne. Elle s'étend dans une plaine, sur la rive gauche de la petite rivière de *Pisuerga*, et ne communique avec la rive opposée que par un seul pont construit par le comte Ansurez. Les arches des extrémités de ce pont sont ogivales; celles du milieu, ayant été coupées pendant la guerre

de l'indépendance, ont été reconstruites en plein cintre.
La ville est triste et laide ; ses rues sont irrégulières,
mal pavées, bordées de maisons peu élevées, sans
caractère et d'assez pauvre apparence. La circulation
n'est un peu active que sur la grande place *(Plaza
mayor)* et dans les rues qui y aboutissent. La *Plaza
mayor* est assez vaste, rectangulaire et entourée de
maisons à plusieurs étages ornés de balcons. C'était
autrefois le théâtre des courses de taureaux et des
auto-da-fé ; c'est là que le connétable Alvaro de Luna
fut décapité en 1453. Les rez-de-chaussée sont occupés
par des boutiques qui s'ouvrent sous un portique soutenu par des colonnes de granit assez grossières ; un
marché de denrées se tient au milieu. Cette place, aux
dimensions près, ressemble à celle du même nom à
Madrid. Non loin de là se trouve la place triangulaire,
ou plutôt le carrefour de la *Fuente dorada,* dont la fontaine est décorée d'une colonne qui porte encore des
traces de dorure. Les rues qui s'y croisent sont les
plus marchandes et les plus animées de la ville ; elles
sont bordées de portiques dont les colonnes ébréchées
sont surmontées d'un large tailloir. De grands stores
blancs ou rayés descendent du haut des fenêtres et
flottent au gré du vent, comme du linge mis à sécher.
Ce quartier est le seul dont la physionomie ait quelque
originalité.

Les monuments intéressants sont assez rares. LA
CATHÉDRALE a été construite sur les plans de Herrera,
ce lourd architecte de l'Escorial. Non seulement elle
n'est pas achevée, mais une de ses tours, la seule qui

ait été terminée, s'est effondrée en 1841 et n'a pas été relevée. La façade, d'ordre dorique, est percée de trois portes ; celle du milieu est flanquée de colonnes entre lesquelles on aperçoit les statues colossales de saint Pierre et de saint Paul ; une Assomption remplit le tympan de la large arcade qui l'enveloppe. Le corps supérieur est orné d'une balustrade portant les statues de quatre docteurs de l'Église ; il est percé d'une grande fenêtre encadrée de pilastres et surmontée d'un fronton. Cet ensemble est très correct, mais froid et sans caractère. La cathédrale aurait été immense, si elle avait été terminée dans les dimensions projetées. Les piliers, les arcades, les voûtes, atteignent d'énormes proportions ; mais leurs surfaces grisâtres sont à peine dégrossies ; elles sont nues et tristes. Les nefs ne sont même pas achevées jusqu'au transept ; le maître autel, surmonté d'un grand retable, s'appuie à un mur provisoire en briques : ce provisoire durera sans doute longtemps encore. A droite se trouve le tombeau du comte don Pedro de Ansurez. Plusieurs chapelles sont décorées de tableaux de Luca Giordano. Dans le prolongement extérieur de l'un des bas-côtés, s'élève une haute muraille dentelée de pierres d'attente, et ornée de pilastres corinthiens auxquels se rattachent des moulures d'archivoltes tronquées. Une grue hissée au sommet exprime sans doute l'intention de reprendre les travaux. En attendant, et dans son état actuel, la cathédrale a l'air d'une ruine neuve.

C'est à l'extrémité nord de la ville que se trouvent

les deux monuments les plus remarquables, L'ÉGLISE
DE SAN-PABLO et le COUVENT DE SAN-GREGORIO. San-
Pablo est une véritable curiosité ; il semble que l'architecte ait voulu résoudre le problème de couvrir une
surface donnée du plus grand nombre possible d'ornements de tout genre. La façade, en pierre de couleur jaunâtre, s'élève sur une place déserte entre deux
tours carrées portant des clochers ; la nudité des tours
fait ressortir d'autant plus l'exubérance de l'ornementation de cette façade que l'on attribue à don Alonso,
évêque de Burgos, surnommé *Frà Mortero* (Frère Mor-
tier), par allusion à son goût pour les constructions
somptueuses. Une seule porte, couronnée d'une arcade
en accolade, s'ouvre sous un portail large et profond,
décoré de statues et surmonté d'un groupe en haut
relief représentant le couronnement de la Vierge. Au-
dessus, une rose festonnée s'arrondit entre deux
grands écussons armoriés. La partie supérieure présente trois étages de compartiments peuplés de statues
groupées ou isolées, et se termine par un fronton
triangulaire renfermant un écusson ayant des lions
pour supports. Le tympan du fronton est revêtu d'imbrications, le champ des compartiments est semé
d'étoiles, les cordons qui les encadrent sont couverts
de rinceaux et d'arabesques, les consoles et les dais
des statues sont dentelés et fouillés à jour ; enfin, il
n'y a pas un pouce de la surface de cette façade qui
soit nu. C'est une œuvre d'ingéniosité et de patience
plus curieuse que belle. Les portes latérales sont décorées avec le même excès. Intérieurement, l'église est

assez vaste ; elle n'a qu'une seule nef très élevée. Le maître autel s'appuie à un beau retable de marbres de couleurs variées. On remarquera un tableau de Bartolome de Cardenas représentant la *Chute de saint Paul* et une statue de *Saint Dominique* par Gregorio Hernandez.

Devant San-Pablo sont rangés de petits piliers surmontés de lions héraldiques tenant entre leurs griffes l'écusson de Castille. L'ancien *Palais royal* est de l'autre côté de la place ; il n'a aucun caractère architectural ; Philippe III y résida longtemps et Napoléon Ier l'habita pendant son séjour à Valladolid.

L'église des Dominicains s'appelle San-Pablo ; SAN-GREGORIO était leur couvent ; il a été construit en 1488. Sa façade est aussi surchargée d'ornements que celle de l'église. La porte s'ouvre sous une arcade trilobée et festonnée ; de chaque côté se dressent, dans les niches des ébrasements, des guerriers barbus, couverts de peaux d'animaux à longs poils ; ils tiennent une lance, un bouclier est déposé à leurs pieds. Les pieds-droits et le linteau sont semés de fleurs de lys, et le tympan de l'arcade renferme un groupe composé de deux Saints assis et d'un Évêque agenouillé devant un Pape. Au-dessus, on voit un arbre dont les deux maîtresses branches retombent vers le sol ; des enfants s'y suspendent ou jouent autour du tronc. C'est une décoration bien fantaisiste pour la porte d'un couvent de Dominicains. Le reste de la façade est peuplé de statues, décoré d'armoiries, et couvert de broderies de pierre. Chaque détail est remarquable par la délicatesse de l'exécution, mais l'excès nuit à l'effet de l'ensemble.

Le grand *Patio* est d'une élégance ravissante. Au rez-de-chaussée, de sveltes colonnes torses portent des arcades surbaissées d'un profil très simple; sur toute la frise court une chaîne d'anneaux allongés. Au-dessus de ce portique règne une galerie dont les fenêtres géminées s'appuient sur une balustrade à jour, et sont surmontées d'un arc qui retombe sur des colonnettes à l'aplomb de celles du rez-de-chaussée. Les archivoltes sont délicatement festonnées; les tympans des arcs sont remplis de guirlandes de feuillage et de figurines d'enfants; la frise est couverte de griffons, de rinceaux, d'arabesques d'une fantaisie très originale; l'ensemble est d'un goût exquis. Plusieurs fenêtres, du même style, s'ouvrent sur l'intérieur de la galerie, à laquelle on accède par un vaste escalier dont les murs sont couverts d'ornements variés, et dont le plafond en bois est décoré de lambris autrefois dorés. Malheureusement ce patio est très dégradé; l'herbe pousse entre les dalles de la cour, des décombres et des immondices s'entassent au pied des colonnes du portique. Les bâtiments de San-Gregorio ont été livrés à des administrations publiques, les pires locataires qu'il y ait, et, avant qu'il soit longtemps, ils tomberont en ruines. La ville de Valladolid aura ainsi perdu, par indifférence ou par incurie, un des plus charmants monuments de ce genre qu'il y ait en Espagne.

On pourrait signaler encore la façade du *Palais de*

l'Université, décorée de statues personnifiant les sciences et les arts, ou représentant les rois qui les ont protégés.

Le Musée de peinture et de sculpture a été installé, tant bien que mal, dans les bâtiments du collège de *Santa-Cruz*, fondé par le cardinal Mendoza à la fin du XVᵉ siècle. Sa façade se développe sur une place plantée, ornée d'une fontaine; elle est assez simple et d'un bon style. Au-dessus de la porte encadrée de colonnes, un bas-relief représente le cardinal agenouillé devant la Vierge. On pénètre ensuite dans un *patio* dont le portique est surmonté de deux étages de fenêtres cintrées et d'élégants balcons. Ce patio est aussi mal tenu que celui de San-Gregorio; l'herbe y croît comme dans un champ, et des débris de sculpture et d'architecture gisent pêle-mêle de tous côtés. Ils appartiennent au style roman et proviennent d'un arc de triomphe qui décorait le vieux pont de don Pedro Ansurez. Il pourrait être intéressant de les classer; dans tous les cas, il faudrait au moins nettoyer la cour.

Ce Musée est un des plus importants de l'Espagne, sinon par le mérite, du moins par le nombre de ses tableaux; beaucoup appartiennent à l'école dite primitive. Le catalogue, tout sommaire qu'il est, facilite l'étude des ouvrages exposés. Son auteur paraît l'avoir établi avec une conscience très scrupuleuse, et avoir été très réservé dans ses attributions, car, pour 742 numéros, il ne mentionne nominativement que trente-huit peintres, et ne leur attribue que 121 toiles; les autres appartiendraient à l'école primitive espagnole et à des écoles étrangères. Pour celle-là, les indications sont d'autant plus insuffisantes qu'elles ne font connaître ni la provenance ni la date approximative des tableaux. La plupart sont, sans doute, du XVᵉ ou du commencement du XVIᵉ siècle. C'est cette ignorance des origines et des dates qui rend si difficile, sinon impossible, une étude complète de l'École espagnole.

Les tableaux sont distribués dans des salles, dans des galeries, et tapissent les murs d'un grand escalier obscur ; tous représentent des scènes religieuses, des saints, des évêques, des moines ; ils proviennent de la dépouille des couvents. La plupart sont noirs et encrassés ; le contour est sec, le coloris dur, presque sans demi-teintes : le dessin est, en général, assez correct et les têtes sont souvent très expressives. On remarquera des scènes de martyre d'un réalisme tout à fait espagnol. Ainsi un tableau attribué à l'école de Martinez est rempli de figures à mi-corps de saints personnages tels qu'ils devaient être après leur supplice ; l'un n'a plus de tête, on ne voit que le moignon sanglant de son cou ; un autre a le crâne fracassé ; une épée a traversé le cœur d'un troisième, etc.

Les peintres dont le Musée possède le plus grand nombre d'ouvrages sont Gil de Mena et Diego Frutos. L'un et l'autre étaient originaires de Valladolid ; le premier appartient au XVIIᵉ, le second au commencement du XVIIIᵉ siècle. *Gil de Mena* est représenté par quatorze grands tableaux dont les sujets sont empruntés à la *Vie de saint François*. Le style maniéré et surtout le coloris sec et dur de cet artiste rappellent le faire de l'École primitive, quoiqu'il ait été contemporain de Vélasquez et de Murillo. *Diego Frutos* était un moine franciscain dont le Musée n'a pas recueilli moins de trente-quatre compositions qui, pour la plupart, racontent la vie et les miracles de *saint François* et de *San Pedro Regalado*, évêque et patron de Valladolid. Le coloris ne manque pas d'éclat, mais le style est banal. Le tableau qui a pour sujet le *Chapitre tenu à Rome en 1723* est intéressant sous le rapport historique ; on y voit le portrait de l'auteur.

Parmi toutes ces toiles plus ou moins enfumées on remarquera :

Une Tentation de saint Antoine, de Bosch, ou de son école, dans laquelle s'agitent une foule de petits personnages grotesques et d'animaux impossibles ; l'artiste a donné carrière aux fantaisies les plus extravagantes de son imagination.

Une très belle *Vision mystique*, de Espinosa.

Une *Sainte Famille* peinte en grisaille sur bois par Alonso Berruguete. Les tableaux de cet ancien maître sont rares.

Saint François en extase, de Cerezo.

Une *Annonciation* d'un très beau style, par Martinez.

Une *Sainte Famille* accompagnée d'anges, de Valentin Diaz. Sainte Catherine donne un oiseau à l'Enfant Jésus.

Les fiançailles de la Vierge, par Palomino, composition correcte, mais froide d'expression et de couleur.

Saint Dominique distribuant des aumônes, par Bartolome

de Cardeñas. Les figures des mendiants sont d'un réalisme très vrai.

Une *Sainte Famille*, par Menessès Osorio, élève de Murillo. Tous les détails sont exécutés avec un soin minutieux. La robe de la Vierge est couverte de riches broderies.

Luca Giordano est surtout connu par ses grandes compositions décoratives. Le musée de Valladolid possède deux tableaux sur cuivre de petite dimension peints par cet artiste expéditif avec un grand fini d'exécution. Le faire de Giordano se révèle ici sous un aspect tout nouveau.

Une salle très vaste et bien éclairée renferme plusieurs ouvrages importants, entre autres une immense toile qui en garnit tout le fond, et qui représente l'*Assomption de la Vierge* au milieu d'anges et d'enfants. Cette peinture est célèbre sous le nom de *Fuensaldañas*. Elle appartenait à un couvent de ce nom situé près de Valladolid, et elle a été longtemps attribuée à Rubens. Aujourd'hui l'attribution est contestée. L'historien Cean Bermudez dit que cette *Assomption* fut exécutée par l'artiste flamand pour le couvent des Fuensaldañas pendant le séjour de Philippe III à Valladolid; or la cour ne séjourna dans cette ville que de 1601 à 1608, et le couvent ne fut fondé qu'en 1652, par un acte en date du 28 mai. Rubens était mort en 1640. On prétend maintenant que l'auteur du tableau est Tyssens, peintre flamand renommé en son temps, directeur de l'Académie d'Anvers en 1661, et mort en 1692. Quoi qu'il en soit de ces controverses d'érudits, on reconnaîtra, en examinant le tableau, que le type de la Vierge est épais et vulgaire, que les anges et les enfants sont, il est vrai, charmants et bien groupés, mais que le coloris n'a ni la vigueur ni l'éclat qui caractérisent si bien la manière de Rubens.

On remarquera aussi dans cette grande salle :

Une copie *du Spasimo* de Raphaël, avec quelques variantes.

Un *Christ en croix entre la Vierge et saint Jean* par Antonio de Moralès, qu'il ne faut pas confondre avec Luis de Moralès, le peintre des *Ecce homo* décharnés. Le tableau d'Antonio est très beau, d'un grand style; le coloris en est chaud et vigoureux. Il porte la date de 1573.

San Diego de Alcala ravi au ciel par des anges, de Vicente Carducco, grande figure d'une belle expression extatique.

Saint Antoine, saint François, attribués à Rubens.

Une magnifique *Silleria* provenant du couvent de San-Benito par Alonso Berruguete. Les figures en relief sont admirables de style et d'exécution.

Les statues en bronze doré du *Duc* et de la *Duchesse de Lerme* par Pompeo Leoni; elles sont agenouillées et prient, les mains jointes.

L'intérêt tout spécial du musée de Valladolid est dans les ouvrages de sculpture exécutés par des artistes espagnols; ils y sont réunis plus nombreux, plus variés, plus importants que dans aucun autre Musée. Pendant les XVIᵉ et XVIIᵉ siècles, d'Alonso Berruguete à Alonso Cano, l'Espagne a donné naissance à de grands sculpteurs qui auraient pu rivaliser avec ceux de l'Italie et acquérir une célébrité européenne s'ils avaient travaillé le bronze et le marbre au lieu du bois.

ALONSO BERRUGUETE, né en 1480 près de Valladolid, étudia en Italie sous la direction de Michel-Ange ; il était aussi peintre et architecte. Ses œuvres se recommandent par la correction de la forme, la largeur et la noblesse du style et le bel agencement des draperies. Le Musée possède plusieurs statues de cet artiste éminent, entre autres une *Sainte Monique* de grandeur colossale, des Saints, des Patriarches, et, exception rare, deux statuettes en marbre de *Sainte Catherine* et de *Saint Sébastien*. Ce martyr est nu et modelé avec une grande science anatomique. On reconnaît l'élève de Michel-Ange.

GREGORIO HERNANDEZ, né en 1614, à l'époque la plus brillante des beaux-arts en Espagne, a laissé à Valladolid plusieurs œuvres remarquables ; on peut citer :

Le baptême de Jésus-Christ. Les figures, de grandeur naturelle, en haut relief, sont bien posées, correctement modelées et drapées avec goût.

Le *Mauvais larron*, groupe de six grandes figures. Les deux larrons sont solidement attachés sur la croix ; leur physionomie et leur attitude sont bien en rapport avec le rôle qu'ils jouent dans le drame de la passion ; les corps sont parfaitement modelés.

Une *Pietà*. La Vierge soutient le corps de son fils sur le bras gauche et étend l'autre, la main ouverte, vers le ciel. Ce geste et l'expression de la tête sont très dramatiques et magnifiques de désespoir. Un artiste italien aurait sans doute rendu ce sentiment d'une manière moins humaine. Quoi qu'il en soit, cette *Pietà* est une œuvre magistrale.

Un très beau *Christ en croix*, bien espagnol. Les cheveux sont noirs et non blonds ou roux, suivant la tradition; le sang ruisselle sur toutes les parties du corps.

Deux statues de *Sainte Thérèse*. L'une représente la Sainte regardant un crucifix avec une tendresse extatique. Les vêtements sont enjolivés de dorures et de broderies telles que n'en portait certainement pas la célèbre mystique.

JUAN DE JUNI, né en Hollande, a passé sa vie en Espagne, et il appartient bien à l'École espagnole; il était contemporain de Hernandez. Les trois ouvrages de cet artiste qu'on voit au Musée sont : *Un Christ au tombeau*, groupe de cinq figures de grandeur naturelle; un *Saint Antoine de Padoue*, un *Saint Bruno* très beau de mouvement et d'expression ; il tient un livre d'une main et de l'autre un crucifix qu'il contemple avec adoration. Il est colorié à l'espagnole, c'est-à-dire que sa robe blanche de chartreux est bordée d'un galon d'or.

Saint Paul, beau buste en haut relief dans un médaillon, par Antonio Villabrille. Les yeux regardent le ciel; la bouche entr'ouverte laisse voir une superbe rangée de dents. C'est encore bien espagnol.

D'après le catalogue, le nombre des ouvrages de sculpture est de 246, mais ce nombre comprend beaucoup de statues représentant les divers personnages qui jouent un rôle dans les scènes de la Passion, et que l'on promène dans les rues pendant la Semaine Sainte. On leur a fait l'honneur de les loger au Musée; il est vrai que quelques-unes sont d'Alonso Berruguete et de son élève Hibarne, mais la plupart sont de grossières images en bois peintes de couleurs criardes.

Valladolid, autrefois capitale de l'Espagne, résidence de la cour brillante de Philippe III, n'est plus qu'une ville assez triste et sans aucun caractère. Sa cathédrale est un édifice mort-né, et ses monuments si intéressants du XV⁰ siècle menacent ruine faute d'être entretenus.

Les environs de Valladolid sont peu pittoresques; le trajet de cette ville à Burgos est assez monotone; on traverse de vastes plaines largement ondulées, déboisées et presque désertes. En approchant de Burgos on aperçoit la masse de sa magnifique cathédrale dont les flèches ajourées et dentelées s'élancent vers le ciel.

CHAPITRE XV

Burgos. — Ville. — Cathédrale. — Églises. — Couvent de las Huelgas. — Chartreuse de Miraflores. — **Saint-Sébastien**.

LES fils des compagnons de Pélage, descendant des montagnes des Asturies, commencèrent, dès le IX.º siècle, à refouler le flot de l'invasion arabe, et les royaumes d'Oviedo, de Léon, de Castille, se formèrent successivement avec les territoires reconquis. La vieille Castille fut érigée en royaume par Ferdinand Ier, en 1055; Burgos était sa capitale. C'est à cette époque que naquit, au château de Bivar près de Burgos, le célèbre Rodrigue Diaz, surnommé le *Cid Campéador*. Bataillant sans cesse, tantôt contre les ennemis de Sanche-le-Fort, fils de Ferdinand, tantôt contre les Maures, il mourut en 1099 à Valence, où il s'était taillé une petite principauté. Ses restes, inhumés d'abord dans l'église du couvent de Saint-Pierre-de-Cardeña, sont maintenant déposés dans un oratoire de l'hôtel de ville de Burgos. Moins de cent ans après sa mort, ses exploits étaient devenus légendaires, et le *Poëma del Cid*, qui n'a pas moins de quatre mille vers, les raconte en mêlant toutefois beaucoup de fictions à la réalité. En France, c'est la tragédie de Corneille, dont le sujet a été emprunté à Guilhem de Castro, qui a immortalisé le héros castillan.

Burgos s'étend au pied d'une haute colline sur les bords de l'*Arlanzon*, petite rivière torrentueuse aux eaux troublées. Autrefois, c'était une capitale riche, commerçante et industrielle; ses fabriques de draps étaient renommées. Elle devait couvrir les flancs et le sommet de la colline, maintenant déserte, car on y voit encore les ruines d'un vieux château, d'une église et d'une enceinte fortifiée. Là se trouve aussi un *Arc de triomphe* du temps de Philippe II, et un monument érigé en 1784 sur l'emplacement qu'occupait la maison du Cid (*Solar del Cid*). Ce monument assez bizarre se compose de deux obélisques entre lesquels s'élève une colonne portant un écusson armorié. Aujourd'hui, Burgos n'est plus qu'une petite ville triste, fort laide et sans physionomie caractéristique. Les mendiants y pullulent. Les hommes se drapent dans de longs manteaux lavés par la pluie, roussis par le soleil, d'une couleur indéfinissable, frangés et rapiécés. Ce sont de pittoresques guenilles que les Castillans portent en toute saison, en vertu du proverbe espagnol qui dit que « ce qui garantit du froid garantit du chaud. » L'altitude de Burgos étant considérable (860 mètres), son climat est dur et variable.

Les maisons ont une assez pauvre apparence;

cependant, il en est un certain nombre dont les façades sont, comme à Tolède, décorées d'anciennes armoiries. Le palais dit du Cordon (*Casa del Cordon*), occupé maintenant par une administration militaire, a été construit à la fin du XVe siècle par Fernando de Velasco, le fondateur de la chapelle du connétable. C'est un grand et lourd bâtiment en pierre grise, flanqué de deux tours carrées ; un cordon à nœuds encadre la porte et les fenêtres et court le long de la corniche. Les insignes de l'ordre Teutonique sont sculptées en relief au-dessus de la porte. Deux étages de galeries s'élèvent autour du Patio.

La *Plaza mayor* est, comme celle de Valladolid, entourée de portiques sous lesquels s'ouvrent de modestes boutiques ; c'est là que se tient le principal marché des denrées. On aperçoit, au milieu, une très médiocre statue de Charles III. Ce prince intelligent et réformateur, qui fit de si sérieux efforts pour arrêter la décadence de l'Espagne, méritait mieux.

Une des portes de la ville, du côté de Madrid, s'ouvre dans une massive construction en granit nommée l'*Arco* ou la *Puerta de Santa-Maria*. Son arcade large et profonde est surmontée de deux étages de statues assez grossières qui représentent des Docteurs et des Guerriers, entre autres le Cid et Charles-Quint. Au-dessus d'une arcature dont le tympan est décoré d'une statue, s'élève un édicule qui renferme une Vierge tenant l'Enfant Jésus sur ses genoux. Deux grosses tours rondes crénelées flanquent la partie inférieure de la porte ; la partie supérieure est couronnée par un attique dentelé de merlons auquel se suspendent des tourelles en encorbellement. La *Puerta de Santa-Maria* n'est certainement pas élégante, mais elle est imposante par sa masse; c'est à la fois une forteresse et une porte. Intérieurement, cette construction est assez vaste pour qu'on ait pu y loger l'administration municipale et y installer une sorte de musée composé de fragments de sculpture et d'architecture.

La Cathédrale est, sans contredit, un des monuments les plus remarquables de l'Espagne, et c'est surtout pour la voir qu'on s'arrête à Burgos. Ce magnifique édifice est malheureusement entouré de maisons, et l'un de ses côtés se trouve en contre-bas d'un relèvement du terrain, de sorte qu'on ne peut ni l'embrasser du regard dans son ensemble, ni en faire le tour. Il a été construit sur l'emplacement d'un palais de Ferdinand III; la première pierre fut posée le 20 juillet 1221; trois siècles après il était à peine terminé.

La façade s'élève au fond d'une petite place irrégulière (*Plaza de Santa-Maria*) plantée d'acacias chétifs et décorée d'une fontaine portant le groupe de la Vierge et de l'Enfant Jésus. Cette façade paraît un peu étroite pour la hauteur de l'édifice; elle appartient au style ogival riche et élégant de la première moitié du XVe siècle. Son architecte fut Jean de Cologne que le chapitre avait fait venir d'Allemagne. Vers le milieu du siècle dernier, la partie inférieure menaçait de s'écrouler; on la reconstruisit de 1753 à 1758, mais d'une façon peu heureuse. On l'a faite beaucoup trop nue, eu égard à la somptuosité de la partie supérieure, et, quoique les trois portails soient restés ogivaux, la porte principale a été surmontée, comme d'un accent circonflexe, par le banal fronton triangulaire. Une balustrade court au-dessus des portails; une large rose à vitraux de couleur s'épanouit au milieu de la façade; plus haut s'alignent de grandes statues et s'ouvrent deux fenêtres géminées. Enfin, une galerie portant un groupe composé de la Vierge et de l'Enfant entourés d'anges présente cette inscription en grands caractères gothiques : *Pulchra est et decora.*

Au-dessus des portails latéraux s'élèvent deux tours à trois étages, dont les contreforts évidés sont peuplés de statues et encadrent de hautes et profondes fenêtres. Une balustrade portant à ses angles des pinacles aigus en couronne le sommet. De chacune de ces tours s'élance une svelte pyramide à huit pans dont les arêtes dentelées se relient entre elles par des rosaces, des fleurons, des trèfles ajourés d'une légèreté et d'une élégance merveilleuses. Ces pyramides montent à trois cents pieds au-dessus du sol, et, lorsque le soleil se joue à travers leurs capricieuses broderies, elles semblent suspendues dans l'air.

Le côté gauche de la cathédrale se trouve en contrebas, et, pour arriver à la porte du transept nord, il faut gravir la pente rapide de la rue *Fernando Gonzalès.* Cette porte, dite *de la Coroneria* ou porte haute (*Puerta alta*), s'ouvre à six ou sept mètres au-dessus du pavé de l'église; elle date de la fondation de la cathédrale ou au moins du XIVᵉ siècle. Là encore une restauration maladroite a défiguré la baie qui sert d'entrée par un arc en plein cintre entre deux lourds pilastres; mais le portail ogival est magnifique et d'un style très pur. Dans ses ébrasements se dressent de grandes statues de Saints et d'Apôtres ; au-dessus, se développe une profonde arcade dont les voussures sont peuplées de figures étagées d'anges ; la plupart sont, hélas ! mutilées. Le tympan renferme un groupe de Jésus-Christ entre la Vierge et un Saint dans l'attitude de l'adoration. Une balustrade à jour portant des statues couronne cette arcade; elle est plus élevée que le toit et comme suspendue. Un peu plus loin s'ouvre une porte élégante du style plateresque (la *Puerta pellejeria*); elle a été construite en 1516.

On peut ensuite, par des rues étroites et obscures, passer le long des contreforts et des arcs-boutants qui soutiennent l'abside et faire le tour de la chapelle du Connétable, dont les murs sont décorés de guirlandes ajourées et de grands écussons soutenus par des lions héraldiques; puis on arrive à la porte du transept méridional (*Del sarmental*), d'un beau style ogival, comme celle de la Coroneria. Quatre grandes statues, saint Pierre, saint Paul, Moïse et Aaron, flanquent la double porte d'entrée; dans les voussures se nichent une foule de statuettes étagées de Prophètes, de Bienheureux et d'Anges tenant toutes à la main un instrument de musique : c'est la cour céleste exécutant ses divins concerts. Dans le tympan, le Rédempteur est entouré des Évangélistes qui écrivent sur des pupitres, en compagnie de leurs animaux symboliques. Au-dessus, s'arrondit une grande rose à vitraux coloriés du XIVᵉ siècle, et s'ouvrent trois fenêtres géminées avec des figures d'Anges tenant un chandelier. Le trumeau qui sépare les battants de la porte est surmonté de la statue de l'évêque Maurice, fondateur de la cathédrale; on prétend qu'elle lui ressemble. La porte est précédée d'un large escalier que ferme une belle grille moderne.

Pour avoir une vue d'ensemble de la cathédrale, il faut gravir la colline au sommet de laquelle se trouvent les ruines de l'ancien château. On voit alors toute l'énorme masse de l'édifice qui domine les modestes maisons de la ville groupées confusément autour de lui. Les sveltes pyramides ajourées de sa façade s'élancent vers le ciel; au-dessus du transept s'élève une tour octogonale, presque aussi haute, percée de larges fenêtres et hérissée de clochetons aigus et dentelés; plus loin, une autre tour semblable et couronnée de pinacles enveloppe la chapelle du Connétable. Celle-ci, soudée à l'abside et se trouvant dans le grand axe du vaisseau, n'en brise pas les lignes architecturales. Un peuple de statues anime cette somptueuse décoration de pierre.

Il faudrait des volumes, et on en a fait, pour énumérer et décrire toutes les richesses artistiques de la cathédrale de Burgos. L'intérieur est d'une simplicité grandiose; les voûtes et les murs sont sobrement décorés. L'église est divisée en trois nefs; elle a près de cent mètres de longueur sur soixante-dix de largeur au transept. Les arcades ogivales qui séparent les nefs reposent sur des faisceaux de colonnes puissantes sans être massives; les voûtes de la nef principale sont très élevées, mais celle des collatéraux sont relativement un peu basses. A l'intersection des bras de la croix, une haute et large coupole s'arrondit au-dessus d'une tour percée, sur ses huit faces, de grandes fenêtres ogivales qui versent une vive lumière dans toute la partie moyenne de l'église ; la coupole semble ainsi flotter dans le vide. La cathédrale de Cordoue présente une disposition semblable. Quatre énormes piliers ronds et cannelés portent cette construction aérienne. A travers les vitraux coloriés de leurs baies, les trois nefs reçoivent une lumière douce et harmonieuse dont les reflets donnent aux ombres une admirable transparence.

L'autel de la *Capilla mayor* est adossé à un immense retable à quatre étages de compartiments remplis de statues d'Apôtres et de bas-reliefs racontant la vie de la Sainte-Vierge. Au-dessus est un Christ en croix entre sa mère et son disciple saint Jean. Ce retable est un remarquable travail de la fin du XVIᵉ siècle. Devant l'autel sont de beaux chandeliers en argent et un grand candélabre pascal dans le style de la Renaissance. La grille qui ferme cette Capilla mayor est en bronze ciselé et incrusté d'or et d'argent; deux chaires modernes en cuivre, artistement ouvragées, sont appliquées aux piliers de la coupole. De la voûte descend le vénérable et glorieux étendard qui conduisait les chrétiens à la victoire dans les plaines de Las Navas de Tolosa. C'est un carré d'étoffe jaunie par le temps sur lequel Jésus crucifié est représenté entre la Vierge et saint Jean. Les figures sont d'un dessin tout à fait primitif.

La face postérieure du mur auquel s'appuie le grand retable est couverte de magnifiques sculptures de haut relief, en pierre blanche, exécutées pendant la première moitié du XVI° siècle par Felipe de Bigarny. Des groupes de grandes figures, encadrés d'ornements fouillés comme des pièces d'orfévrerie, reproduisent des scènes de la Passion. La composition et l'exécution en sont admirables; c'est une œuvre de haut style, et, dans son genre, une des plus importantes que l'art de la statuaire ait produites en Espagne.

Comme dans toutes les cathédrales, le *Coro* occupe plusieurs travées de la grande nef. La *Silleria* se compose de plus de cent stalles disposées sur deux rangs; la plupart ont été sculptées par Bigarny. Les dossiers du rang inférieur racontent des faits relatifs à l'Ancien-Testament et aux légendes des saints; ceux du rang supérieur ont pour sujets des épisodes du Nouveau Testament. C'est un très excellent travail de sculpture en bas-relief. Les sièges représentent, en marqueterie, avec une fécondité d'invention aussi variée qu'inépuisable, des scènes de tout genre, voire même des personnages grotesques et des aventures mythologiques, telles que l'Enlèvement d'Europe. Une galerie à colonnettes et deux jeux d'orgues couronnent cette silleria. Au milieu, repose l'évêque Maurice; sa statue est couchée sur un cénotaphe. La grille, vraiment monumentale, est une œuvre capitale du célèbre

orfèvre Juan de Arfé (1602). Les parties extérieures du
Coro ont été travesties à la moderne par des arcades
et des colonnes corinthiennes qui font une assez triste
figure dans ce magnifique édifice gothique. Ces héré-
sies architecturales ne sont que trop fréquentes.

De nombreuses chapelles s'ouvrent dans l'abside et
dans les nefs latérales; la plupart renferment des
œuvres d'art remarquables ou présentent des particularités intéressantes. La plus somptueuse est celle
dite du *Connétable;* elle est presque aussi vaste qu'une
église, et elle a été greffée sur l'abside, à la fin du
XVe siècle, par Simon de Cologne. Sa forme est octogonale, et sa riche architecture appartient au style
ogival fleuri. Au-dessus de l'autel s'élève un grand retable que surmonte un *Calvaire* (le Christ en croix entre
les deux larrons, la Vierge et saint Jean). Les belles
statues qui composent ce groupe sont encore de Bigarny, dit le Bourguignon. Quelques biographes ont
prétendu que cet habile artiste était né à Burgos d'un
père étranger, mais il résulte de documents authentiques qu'il naquit à Langres. Quoi qu'il en soit, il a
passé presque toute sa vie en Espagne, et il a laissé à
Tolède, à Valladolid et à Burgos beaucoup d'ouvrages
du plus haut mérite. Au-dessous de ce *Calvaire*, des
figures en haut relief représentent des épisodes de la
Passion (*le Christ au jardin des Oliviers, le Christ à la colonne, le Portement de croix*). Dans une niche large et
profonde, encadrée de fines colonnettes et de statues
de Saints et d'Apôtres, on voit la scène de la circonci-
sion en figures de grandeur naturelle. De chaque côté

de l'autel, et sur les parois de la chapelle, sont sculptés
en relief quatre grands écussons armoriés ; ceux de la
partie supérieure s'appuient sur une balustrade et ont
pour supports, l'un, deux personnages couronnés,
l'autre, deux guerriers à longue barbe armés d'une
massue. Des arcades ogivales, dont les archivoltes
sont ajourées comme de la dentelle, se dessinent au-
dessus du retable et des écussons, et ont pour amor-
tissement des statues de Saints. Une rose délicatement
ouvragée s'épanouit à la clef de la voûte d'une coupole
portée par huit larges fenêtres qui donnent passage à
une vive lumière.

La chapelle a été érigée par un connétable de Castille, don Pedro Hernandez de Velasco, et par sa femme
doña Mencia de Mendoza. Leur tombeau est au pied
de l'autel. C'est une œuvre admirable ; la composition
en est simple et sévère ; comme il convient à un monument funéraire, et l'exécution en est remarquable. Les
époux, la tête posée sur un coussin, sont couchés, côte
à côte, sur le même cénotaphe ; ils ont les mains
jointes. Leurs statues, en marbre blanc, sont d'un
grand style ; les têtes ont une expression pleine de
noblesse et de sérénité. On ignore quel est l'auteur de
ce splendide mausolée. C'est sans doute un artiste
italien du commencement du XVIe siècle, doña Mencia, qui survivait au connétable, étant morte en 1500.
De chaque côté de l'autel sont les portraits des époux
par un artiste également inconnu. On peut aussi leur
attribuer une origine italienne, car leur facture témoigne d'un art assez avancé et, à l'époque où ils ont

dû être exécutés, la peinture, en Espagne, était encore dans l'enfance. La grille monumentale, surmontée d'une statue équestre de saint Jacques, est un chef-d'œuvre de Cristobal de Andino (1523), célèbre artiste en serrurerie (*Maestro rejero*) de Burgos. La chapelle du Connétable est le joyau de la cathédrale.

La sacristie de cette chapelle possède une très belle *Madeleine* attribuée à Léonard de Vinci, et un médaillon en marbre blanc, représentant la *Vierge et l'Enfant,* qu'on prétend être de Michel-Ange. Quoi qu'il en soit de ces attributions, le tableau et le médaillon doivent appartenir à l'École de Florence et sont des œuvres magistrales. On y conserve une image de la Sainte-Vierge, en ivoire, que le connétable portait avec lui à la guerre, divers objets richement ciselés, destinés aux cérémonies du culte, et de somptueux vêtements sacerdotaux brodés de soie, d'argent et d'or.

Plusieurs autres chapelles méritent aussi une attention particulière. Celle de *Saint-Jean-de-Sahagun* est une des plus anciennes ; on y voit plusieurs tableaux de l'École flamande primitive, qui y ont sans doute été apportés au temps de la domination de Charles-Quint et de Philippe II dans les Pays-Bas. Près de cette chapelle est celle des *Reliques ;* il y en a, dit-on, trois mille cinq cents ; elles sont conservées dans de vastes armoires et dans un grand retable. Un beau reliquaire en argent renferme les restes de trois frères martyrs.

La grande chapelle dite de la *Consolation* et de la *Présentation* a été fondée, en 1520, par *don Gonzalo de Lerma,* protonotaire apostolique ; le tombeau de ce

20.

prélat, mort en 1527, est près de l'autel. En homme prévoyant, il avait pris ses dispositions pour être enterré somptueusement. Le 18 août 1524, il faisait, avec Bigarny, un traité en bonne forme qui déterminait d'une manière très détaillée la grandeur, la décoration et même le prix de son tombeau. Il ne pouvait confier à de plus habiles mains le soin d'embellir sa dernière demeure. Ce monument, en marbre blanc, est magnifique; il prouve que les artistes de cette époque, en Espagne, pouvaient aussi bien sculpter le marbre que tailler le bois. Bigarny, avant de se fixer à Burgos, avait sans doute étudié en Italie sous les grands maîtres de la renaissance. Don Gonzalo est étendu sur un cénotaphe décoré de statues allégoriques de Vertus; sa tête repose sur un coussin soutenu par des anges ; à ses pieds, des enfants tiennent des écussons armoriés.

On remarquera, dans la même chapelle, le tombeau en marbre du chanoine Bilbao, surmonté d'une belle *Pietà* en bas-relief. On y voit aussi un tableau représentant *la Vierge assise et l'enfant Jésus* debout près d'elle ; deux anges tiennent une couronne suspendue au-dessus de sa tête. Ce tableau est un pur florentin, un vrai chef-d'œuvre. On l'attribuait jadis à Michel-Ange, mais on croit maintenant, avec beaucoup plus de raison, que, s'il a été dessiné par ce grand artiste, il a été peint par Sébastiano del Piombo.

Dans la première chapelle, à droite en entrant, on aperçoit, dans une demi-obscurité, un *Christ en croix*, couleur bistre ; il est à moitié vêtu d'un jupon de soie blanche brodé d'or. Ses cheveux épars (de vrais cheveux) voilent une partie du visage, et le sang ruisselle du front couronné d'épines, des bras, du flanc, des genoux et des pieds. Le corps est informe ; la tête paraît mieux modelée ; elle est en bois, mais le corps serait, dit-on, recouvert d'une peau humaine rembourrée d'étoupes et de son. C'est d'un réalisme hideux et dégoûtant. Ce Christ n'en est pas moins l'objet d'une grande vénération ; de nombreux *ex voto* sont suspendus à la muraille, à gauche de l'autel. De l'autre côté est un beau tableau de Ribera dont le sujet est une *Pietà*.

La grande et belle chapelle de *Sainte-Anne* a été construite, comme celle du Connétable, dans le style gothique fleuri, par Jean et Simon de Cologne. Son fondateur, l'évêque don *Luis de Acuña*, repose dans un beau tombeau en marbre du même style, œuvre magistrale de Diego de Siloé (1519). La cathédrale de Burgos est plus riche en monuments funéraires qu'aucune autre église d'Espagne. L'autel s'appuie à un haut retable d'une composition assez originale ; il représente l'arbre généalogique de Jésus-Christ. Le patriarche Abraham est étendu sur le dos ; de sa poitrine sort un gros tronc dont les branches feuillues et étagées portent, chacune, un ascendant du Christ. Au sommet, la Vierge trône sur des nuages. C'est un prodigieux travail de patience et d'adresse. On remarquera, en outre, une *Sainte Famille* dont l'attribution à André del Sarto paraît bien justifiée, et un petit crucifix en ivoire admirablement modelé ; les mains et les pieds sont d'une finesse d'exécution merveilleuse. Un tombeau a été élevé, dans cette chapelle, à un chanoine du nom de *Pellayo*. Les membres du chapitre de Burgos étaient sans doute d'importants personnages, puisque leur sépulture était placée dans l'église cathédrale, honneur réservé, en général, aux prélats seulement.

L'art churrigueresque n'a rien produit de plus compliqué et de plus extravagant qu'une vaste chapelle placée sous l'invocation de *Sainte-Thècle*. La voûte, en forme de coupole surbaissée, et les murs sont couverts d'ornements de tout genre, rinceaux, arabesques, guirlandes de feuillages, grappes de fruits, figures de chérubins enveloppés de nuages; tout est doré ou peint de couleurs criardes. Cette décoration excessive et déplacée est du plus mauvais goût. Le tableau principal du retable a pour sujet le *Martyre de Sainte Thècle*. La victime, les yeux au ciel et une palme à la main, est debout sur un bûcher dont deux bourreaux truculents activent la flamme. Au fond de la chapelle est une grande cuve dans laquelle les néophytes recevaient jadis le baptême par immersion.

La *Nouvelle Sacristie*, construite au XVIII° siècle, comme la chapelle de Sainte-Thècle, est du même style. Le fond est rempli par un immense bas-relief en bois colorié de tons fades, roses et blancs, représentant le couronnement de la Vierge au milieu d'une multitude infinie de petits anges perdus dans des nuages dont les ondulations en spirales font penser à des vrilles. La voûte et les pendentifs sont surchargés

d'ornements dorés. De belles armoires artistement ouvragées garnissent le pourtour. Sept tableaux, qui ne
sont pas sans mérite, décorent les parois; l'un d'eux
(*la Naissance du Christ*) est de Luca Giordano; les autres,
dont les sujets sont empruntés au Nouveau-Testament,
sont de *Juan de Urbina*.

Il ne faut pas quitter la cathédrale sans aller saluer,
et même voir fonctionner *Papa-Moscas* et son jeune compagnon *Martinillo*. Près de la voûte de la grande nef, à
gauche, on aperçoit un cadran d'horloge. Lorsque
l'heure va sonner, Martinillo sort par une petite porte,
frappe sur un timbre, puis disparaît. Pendant cette
manœuvre, Papa-Moscas, un papier de musique à la
main, ouvre la bouche comme s'il chantait. Ce Jacque-
mart date du XVII° siècle; c'est sans doute une impor-
tation flamande.

La porte qui conduit de la cathédrale au cloître a été
construite en 1480 par l'évêque don Luis de Acuña;
ses panneaux sont couverts de bas-reliefs très bien
exécutés qui représentent l'entrée de Jésus-Christ à
Jérusalem, et sa descente aux limbes. Sur l'imposte
de gauche est une tête de moine barbu et encapu-
chonné qu'on prétend être le portrait authentique de
saint François d'Assise. *Le cloître* est du XIV° siècle et
d'un beau style ogival; les portiques qui entourent son
patio sont remplis de tombeaux portant des statues
couchées de prélats et de chevaliers. Les archivoltes
des arcades sont découpées à jour et ont conservé
quelques traces de polychromie.

Rodrigue de Bivar est le héros de Burgos, et on y

conserve avec un soin pieux tout ce qui se rapporte à
son histoire vraie ou légendaire. Dans une grande chapelle abandonnée qui s'ouvre sur le cloître, on aperçoit, suspendu au haut de la muraille, un énorme
coffre vermoulu, bardé de fer et garni de serrures et
de cadenas. Le Cid partant en guerre n'avait pas d'argent; il en emprunta à un Juif et lui remit en nantis-
sement ce coffre rempli, disait-il, d'objets précieux; il
ne contenait que des pierres et du sable. La victoire
se chargea d'acquitter la dette et le gage fut retiré. A
cette époque les Juifs étaient sans doute très confiants
et les héros peu scrupuleux. On remarquera, dans
cette chapelle, les beaux tombeaux en marbre du duc
et de la duchesse de *Castañera*.

L'*Ancienne Sacristie* renferme la collection complète
des portraits des évêques et des archevêques de Burgos; ses murs sont revêtus de belles boiseries exécutées, au commencement du XVIII⁰ siècle, dans un
couvent de Bénédictins. On y montre une statuette en
marbre blanc, trouvée dans les décombres de la cathédrale : c'est un saint Jérôme assis devant une tête
de mort et regardant le ciel. Cette œuvre, d'un artiste
inconnu est très remarquable.

La *Salle Capitulaire* n'a été construite que dans les
dernières années du XVI⁰ siècle; elle est très vaste
et assez nue; son plafond est décoré de sculptures
dans le style mozarabe. Un grand tableau représente
le *Christ agonisant.* Le corps du Sauveur crucifié s'enlève en vigueur sur le fond; il est savamment modelé;
l'expression de la tête est admirable de douleur et de

résignation, le coloris est chaud et transparent. C'est
une œuvre magistrale qui rappelle la manière de Murillo. Bosarte l'attribuait à Mateo Cerezo, mais, en net-
toyant la toile, on a découvert, dans une ombre portée
du pied de la croix, la date de 1576 et le nom du
Greco. Quoi qu'il en soit, ce tableau diffère tellement,
par la richesse de son coloris, de la manière dure,
sèche, blafarde du Greco, qu'il est encore permis de
douter qu'il soit de cet artiste, et même qu'il ait été
peint au XVIe siècle.

Quelques autres églises sont à visiter; dans celle de
Saint-Nicolas, le maître autel est décoré d'un retable
d'une grandeur exceptionnelle; il est en pierre blanche
et se compose de myriades de figures de toute grandeur. L'arcade qui s'élève au-dessus de l'autel renferme douze compositions relatives à la légende du
saint évêque; au milieu, se dresse sa statue, la mître
en tête et la crosse à la main. De chaque côté s'étagent
six rangées de niches remplies de statuettes; les dais
et les consoles qui enveloppent tous les groupes sont
fouillés à jour et festonnés comme une dentelle. Au-
dessus de l'arcade, s'arrondit une grande rosace dont
le centre est occupé par trois figures qui représentent
le couronnement de la Vierge. De ce centre rayonne
une multitude de figurines d'anges dans l'attitude de
l'adoration. La couleur blanche de la pierre rend ce
retable éblouissant; l'étude des détails révèle une fécondité d'invention et une délicatesse d'exécution
inouïes. Que de travail, d'habileté et surtout de patience
n'a-t-il pas fallu pour accomplir une pareille œuvre!

L'église de Saint-Gilles, de style ogival, est assez
nue et très dégradée. Elle renferme plusieurs tombeaux appliqués, sous des arcades, aux murs latéraux;
les statues des défunts sont couchées sur le cénotaphe; quelques-unes ont la tête et les mains en
marbre blanc et les vêtements en marbre noir. Sur l'un
de ces tombeaux, un homme est étendu entre deux
femmes, un enfant est à leurs pieds. Le mari survi-
vant n'aura eu sans doute qu'à se louer de son double
hymen, puisqu'il a admis ses deux épouses à partager
sa dernière demeure. Dans une chapelle sont suspendus un grand nombre d'*ex voto* féminins, car ils con-
sistent en tresses de cheveux enrubannées. La chaire
est un curieux ouvrage de serrurerie; elle est en fer et
artistement travaillée.

Deux établissements religieux situés à peu de distance de Burgos méritent une excursion : ce sont le
couvent de las Huelgas et la chartreuse de Miraflores.
Le couvent, dit de *Santa-Maria-la-Real,* occupe, sur les
bords de l'Arlanzon, l'emplacement d'une résidence
d'été des anciens rois de Castille nommée *Las Huelgas
del rey* (les distractions ou le repos du roi), et, malgré
sa sainte destination, on l'appelle couvent de las
Huelgas. On n'y admettait que des filles nobles et
l'abbesse devait être de sang royal. Alphonse IX, le
vainqueur de Las Navas, et sa femme Léonor le fon-
dèrent à la fin du XIIe siècle. Aujourd'hui, cet aristocratique couvent est bien déchu de son ancienne
splendeur; le nombre des religieuses qui y vivent
cloîtrées n'est plus que de quinze ou vingt. L'église

est romane dans sa partie inférieure et ogivale dans sa partie supérieure. Après avoir traversé un portique sous lequel on a conservé un vieux tombeau du XIIe siècle, on entre dans l'église par une porte s'ouvrant dans le transept de gauche, décorée seulement des armoiries de Castille; elle est donc antérieure à la réunion de ce royaume avec celui de Léon (1230). La nef est vaste, les voûtes très élevées; de chaque côté du maître autel sont agenouillées les statues des fondateurs. En face est une grille qui sépare le transept ouvert au public de la grande nef réservée aux religieuses. Lorsque le rideau qui y est suspendu est tiré, on découvre deux rangées de belles stalles et, au milieu, le tombeau d'Alphonse et de Léonor. Au-dessus de la grille, un tableau représente la bataille de Las Navas. L'étendard royal des Maures vaincus est conservé au couvent. Une ancienne chaire mobile en fer est appliquée à la grille; elle se meut sur une potence suivant que le prédicateur s'adresse aux fidèles réunis dans le transept, ou aux religieuses enfermées dans leur *coro*. Le clocher qui s'élève à l'extrémité de l'église est flanqué de tours rondes et couronné de mâchicoulis qui lui donnent l'aspect d'une forteresse.

Deux grandes portes ogivales assez dégradées donnent accès à la cour principale; l'une d'elles est surmontée de créneaux. Au fond, un portique Renaissance abrite les écussons armoriés des abbesses. Le cloître intérieur (*Los Claustrillos*) est remarquable par l'élégance de son architecture romane et l'originalité des chapiteaux de ses colonnes accouplées. Malheureusement, il menace ruine; sa cour est remplie de décombres et de ronces. La communauté n'est sans doute plus assez riche pour le faire restaurer.

En suivant, de l'autre côté de Burgos, la vallée de l'Arlanzon, on ne tarde pas à apercevoir, au sommet d'une assez haute colline, dans un pays triste et désert, un grand édifice isolé; son toit est entouré d'une balustrade ajourée, et ses contreforts se terminent en pyramides dentelées. Cet édifice est la CARTUJA DE MIRAFLORES; quelques chartreux l'habitent encore. La route qui y conduit passe sous un arc ogival érigé sous Henri III, à peu de distance du couvent. Du plateau sur lequel il est bâti la vue s'étend sur la vallée de l'Arlanzon, dont les eaux s'écoulent entre des collines monotones et déboisées. A l'horizon s'élève une chaîne de montagnes souvent couvertes de neige.

La Chartreuse de Miraflores, autrefois très importante, a été construite, en 1441, sur les dessins de Jean de Cologne. Aujourd'hui, la grande porte, qui ressemble à une entrée de ferme, s'ouvre sur une cour où l'herbe pousse librement. A peine le voyageur en a-t-il franchi le seuil que les habitants des bâtiments de servitude accourent en tendant la main. La façade de l'église est à gauche; sa porte ogivale est décorée de lions tenant des écussons; une *Pietà* en remplit le tympan. A quatre heures cette porte s'ouvre, un chartreux en froc noir apparaît, fait signe d'entrer et va s'agenouiller dans une stalle. Un écriteau intérieur recommande une tenue discrète.

L'église n'a qu'une seule nef, très vaste; elle est

divisée en deux parties par une haute balustrade. On
remarquera, dans la première, de belles stalles sculptées par Berruguete. C'est au pied du maître autel,
dans la partie réservée aux chartreux, que se trouve
le magnifique *mausolée*, en marbre blanc, *de Jean II et
de sa femme Isabelle*, œuvre capitale de Diego de Siloé.
Les époux sont couchés sur un haut et large cénotaphe à huit saillants ; une balustrade ajourée les sépare : Jean II tient un sceptre, Isabelle un livre. Tous
les détails des vêtements, les broderies et les dessins
des étoffes sont imités et exécutés avec une merveilleuse perfection. Autour des deux souverains viennent
se ranger des statues d'Apôtres, de Saints, de Vertus ;
elles sont d'un grand style ; quelques-unes, cependant,
sont un peu courtes, et plusieurs ont été décapitées.
A chacun des angles des saillants se dressent des
lions héraldiques coiffés d'une couronne et soutenant
un écusson aux armes royales. Entre les pilastres qui
flanquent le cénotaphe, des figures allégoriques portées par des consoles s'abritent sous des dais découpés à jour. Ce somptueux monument, de style ogival
fleuri, est un des plus beaux de ce genre qu'il y ait en
Espagne ; on ne pourrait lui reprocher que d'être décoré avec une richesse un peu excessive, eu égard à
sa destination.

Le Tombeau de l'infant don Alonzo fils de Jean et d'Isabelle, mort à l'âge de seize ans, est à gauche, sous
une arcade festonnée de pampres au milieu desquels
jouent de charmants enfants. Alonzo, vêtu d'une
longue robe, est agenouillé devant un prie-Dieu. Ce

tombeau, moins fastueux que le précédent, est aussi
de Diego de Siloé. Dans l'un reposent deux souverains
peut-être fatigués de la vie, dans l'autre, un adolescent qui n'en connaissait encore que les joies et les
espérances. On ne saurait trop admirer ces deux magnifiques œuvres de la sculpture espagnole.

Au moment où le voyageur va sortir de l'église, le
Chartreux, toujours en prière, lui montre, en étendant
le bras, la porte d'une grande sacristie où se trouvent
une très belle statue en bois de *saint Bruno* par Pereira, artiste portugais, et un tableau remarquable de
Ribera représentant une *Sainte joignant les mains ;* un
livre est posé sur ses genoux.

La ville du *Cid* ne possède pas d'autres monuments
réellement intéressants ; elle est morne, froide, et
l'hospitalité que vend au voyageur la moins mauvaise
de ses *Fondas* ne l'engage pas à y faire un long séjour.

En quittant Burgos, le chemin de fer suit la vallée de
l'Arlanzon, se fraie un passage à travers les rochers
abrupts et dénudés des gorges de *Pancorbo*, aussi sauvages que celles de Despeñaperros et de Gayetan, et
vient déboucher dans la grande plaine de l'*Alava*. Toute
cette contrée est triste et dépeuplée. A *Miranda,* il
traverse l'Èbre, dont les eaux sont déjà chargées de
limon, puis il arrive à *Vitoria,* au pied de la chaîne
Cantabrique. On aperçoit la ville flanquée de hauts
clochers étageant ses maisons sur les pentes d'une
colline. Le pays a changé d'aspect ; il est plus riant,
mieux cultivé et moins désert. A partir d'*Alsasua,* on

pénètre dans la montagne. La route devient pittoresque; elle suit le cours torrentueux de l'*Oria* et s'élève par une série de tunnels et de viaducs. De belles forêts de chênes et de châtaigniers s'étendent à perte de vue; il y a là de précieuses ressources forestières, mais elles paraissent assez mal exploitées. Les massifs montagneux sont séparés par de profondes vallées tapissées de verdure et arrosées par des cours d'eau qui font mouvoir de nombreuses usines. Cette région doit être riche et industrieuse; partout il y a du mouvement et de la vie. C'est une Espagne nouvelle.

Un peu au delà d'Alsasua le chemin de fer atteint son point culminant; il descend ensuite par une pente moyenne qui n'est pas moindre de treize mètres par kilomètre. La voie serpente au flanc de montagnes boisées et accidentées; les viaducs, les ponts, les tunnels se succèdent presque sans interruption; l'un d'eux, celui d'Oazurza, a trois mille mètres de longueur. On aperçoit bientôt *Tolosa*, l'ancienne capitale du *Guipuzcoa*, assise au fond d'une riante vallée, près du confluent de deux rivières, et on arrive à Saint-Sébastien sur les bords de l'Océan.

On ne saurait désirer une station balnéaire plus attrayante que SAINT-SÉBASTIEN. La ville est propre, bien bâtie, coupée de jolies promenades; ses rues sont droites et bordées de hautes maisons correctement alignées, dont de luxueux magasins occupent le rez-de-chaussée. Elle n'a aucun caractère espagnol; c'est une ville cosmopolite. Sa population sédentaire est peu considérable, mais elle est presque décuplée pendant la saison des bains. Un immense rocher, le *Monte Orgullo*, domine la ville; de grands arbres voilent la nudité de ses escarpements, et une forteresse, *la Mota*, en couvre le sommet. Au pied de ce rocher, l'Océan s'est ouvert une large brèche dont la courbe régulière et gracieuse aboutit, de l'autre côté, au mont *Igueldo*. Au milieu de la passe surgit la petite île de *Santa-Clara*. Cette échancrure presque circulaire s'appelle *la Concha* (la conque). C'est une charmante et magnifique baignoire. Au fond, derrière une plage de sable fin, s'élèvent des hôtels, des villas, des maisons meublées à l'usage des étrangers. Abrités par le mont Orgullo, un petit port et un bassin reçoivent des bateaux de pêche et des caboteurs. De l'autre côté de la ville coule, dans un large lit rempli de cailloux, la rivière torrentueuse d'*Urrumea*. Du haut du mont Orgullo, on jouit d'un panorama aussi varié que grandiose. Au nord, l'Océan déroule, jusqu'à l'horizon, ses vagues étincelantes; au midi, la vue s'étend sur toute la ville, sur le port, sur la concha et sur un amphithéâtre de collines et de montagnes verdoyantes semées de villages.

Saint-Sébastien est une ville presque neuve; elle fut en partie détruite, en 1812, lorsque les Français l'évacuèrent après un assez long siège. Une inscription placée à l'angle d'une rue rappelle que, « le 31 août, les armées alliées l'ont reprise à l'ennemi envahisseur, l'ont brûlée et ont tué un grand nombre de ses habitants ». Elle semble trouver que la délivrance a coûté très cher.

A une lieue de Saint-Sébastien, le chemin de fer côtoie la baie profonde de *Passajes*, dont le port était autrefois assez fréquenté ; c'est là que Lafayette s'embarqua pour l'Amérique. Cette baie ne communique avec la mer que par une étroite ouverture ; les montagnes qui l'entourent lui donnent l'aspect d'un lac de la Suisse.

On arrive bientôt au bord de la *Bidassoa*, et l'on découvre, à droite, la petite et célèbre *Ile des Faisans*, théâtre d'évènements importants dans notre histoire. Un pont monumental a été construit sur cette modeste rivière : l'Espagne finit au milieu ; au delà, c'est la France.

TABLE ALPHABÉTIQUE

DES PEINTRES ESPAGNOLS

DONT LES OUVRAGES SONT CITÉS OU DÉCRITS DANS CE VOLUME.

Pages.

Valdès-Leal (Juan de), 1630 + 1691 :

Vargas (Luis de), 1502 + 1568 :

Vasquez (Alonso), fin du XVIe siècle :

Velasquez de Sylva (don Diego), 1599 + 1660 :

TABLE ALPHABÉTIQUE

DES SCULPTEURS ESPAGNOLS

DONT LES OUVRAGES SONT DÉCRITS OU CITÉS DANS CE VOLUME.

TABLE DES MATIÈRES

www.ingramcontent.com/pod-product-compliance
Ingram Content Group UK Ltd.
Pitfield, Milton Keynes, MK11 3LW, UK
UKHW022005170726
13837UKWH00001B/7